Robert Feil und Wolfgang Hesse (Hrsg.)

miteinander leben

Unterrichtsmaterial für Orientierungs- und Sprachkurse

lpb
Landeszentrale für politische Bildung
Baden-Württemberg

punkt

IMPRESSUM

Herausgeber
Landeszentrale für politische Bildung Baden-Württemberg (LpB)
Stafflenbergstraße 38, 70184 Stuttgart

Konzeption, Entwicklung und Redaktion
Robert Feil und Wolfgang Hesse, LpB

Autorinnen und Autoren
Robert Feil mit Nurcan Bilen (S. 192–193), Axel Eberhardt (S. 180–181), Günther Gugel (S. 196), Wolfgang Hesse (S. 146–151), Elisabeth Rangosch-Schneck (S. 79) und Dr. Irene Tröster (S. 162–163;166).

Sprachdidaktische Bearbeitung
Dr. Dorothea Hartkopf, freie Mitarbeiterin des Goethe-Instituts München

Redaktionelle Mitarbeit
Yvonne Amico, Geraldine Guckes

Gestaltung
Christoph Lang, Studio für Mediendesign, www.8421medien.de

Titelfoto
i-punkt

Herstellung
Appel & Klinger Druck und Medien GmbH, Schneckenlohe

Weitere Informationen
www.i-punkt-projekt.de

4. aktualisierte Auflage

ISBN 978-3-945414-18-7

Inhalt

Willkommen im Kurs

Liebe Kursteilnehmerin, lieber Kursteilnehmer,

jetzt haben Sie den Sprachkurs beendet und der Orientierungskurs beginnt. Im Sprachkurs mussten Sie Vokabeln und Grammatik lernen. Sie können jetzt Gespräche führen oder einen Brief auf Deutsch schreiben. Herzlichen Glückwunsch: Deutsch ist keine leichte Sprache und Sie haben einen wichtigen Schritt für Ihr Leben in Deutschland gemacht. Wozu jetzt auch noch einen Orientierungskurs, werden Sie vielleicht fragen. Was lernt man da und warum ist das eigentlich wichtig?

Der Orientierungskurs hat ein großes Thema: miteinander leben. Deshalb haben wir auch dieses Buch so genannt. Wenn Menschen gut miteinander leben wollen, reicht eine gemeinsame Sprache nicht aus: Streit, Missverständnisse, Konflikte und sogar Gewalt gibt es auch zwischen Menschen, die perfekt mit dem Dativ und dem Genitiv umgehen können. Und manche Leute reden nicht einmal miteinander, obwohl sie (fast) alle Worte einer Sprache kennen.

Miteinander leben – was brauchen Deutsche und Migrantinnen/Migranten dazu?

Interesse und Neugierde:
Ich will wissen, wo ich lebe. Ich will wissen, welche Geschichte dieses Land und seine Menschen haben. Ich will wissen, welche Rechte ich habe und welche Regeln für alle Menschen in Deutschland gelten. Ich will wissen, was Politik für mich bedeutet und wie ich mich im Alltag in Entscheidungen einmischen kann.

„miteinander leben" will Sie neugierig auf diese Themen machen. Der Orientierungskurs soll Spaß machen und nicht langweilig sein. Deshalb sind die Menschen in diesem Buch besonders wichtig: Sie erklären, wie die Geschichte Deutschlands ihr eigenes Leben verändert hat. Sie beschreiben, wie ihr Leben heute aussieht, was ihnen daran gefällt, welche Probleme sie haben und welche Entscheidungen sie treffen müssen. Mit den Zeichnungen und Fotos im Buch können Sie sich das alles leichter vorstellen und auch komplizierte Themen besser verstehen.

Offenheit und Mut:
Ich gehe auf andere Menschen zu und erkläre ihnen, was mir wichtig ist. Ich sage anderen, was ich gut finde und was mich stört. Ich mische mich ein, wenn mir etwas wichtig ist.

Natürlich ist das nicht einfach, wenn man gerade erst den Sprachkurs hinter sich hat. Aber wichtiger als alle Vokabeln und alle Grammatik ist, dass Sie sich trauen, im Alltag aktiv zu werden. Zum Beispiel, wenn Sie sich für Ihre Kinder in der Schule einsetzen.

Mit diesem Buch können Sie im Orientierungskurs für den Alltag üben. Sie sollen nicht ruhig auf den Stühlen sitzen und zuhören, sondern aktiv lernen und Ihre Meinung zu den Themen im Buch sagen.

Verständnis und Toleranz:
Was für andere wichtig ist, ist mir nicht egal. Was für mich gut ist, muss für andere nicht besser sein. Ich kann mit anderen über Unterschiede und Gemeinsamkeiten reden.

Menschen haben unterschiedliche Interessen, unterschiedliche Werte, unterschiedliche Religionen und Kulturen. In „miteinander leben" lernen Sie verschiedene Meinungen kennen und bestimmt denken Sie im Kurs auch nicht immer gleich über die Themen im Buch. So können Sie Unterschiede und Gemeinsamkeiten mit anderen entdecken, neue Argumente kennenlernen und sich eine eigene Meinung bilden.

Im Orientierungskurs können Sie nicht über alle Seiten in „miteinander leben" sprechen. Wir haben das Buch „dicker" gemacht. So können Sie im Kurs auswählen, was Sie besonders interessiert. Ihre Kursleiterin/Ihr Kursleiter weiß genau, welche Themen für den Test wichtig sind. Am Ende des Buches stehen Lösungen zu allen Aufgaben in den Materialien. Mit dem Stichwortverzeichnis können Sie schnell Informationen zu einem bestimmten Begriff finden. Damit Sie im Test zum Orientierungskurs erfolgreich sind, gibt es zu „miteinander leben" eine Beilage mit allen Testfragen. So können Sie auch zu Hause überprüfen, was Sie schon können und was Sie noch einmal wiederholen sollten.

Wir wünschen Ihnen viel Freude beim Lernen mit unserem Buch und Erfolg im Test.

Lothar Frick, Direktor der Landeszentrale für politische Bildung Baden-Württemberg

Robert Feil, Wolfgang Hesse, Projektleitung i-punkt, Landeszentrale für politische Bildung Baden-Württemberg

Gleichberechtigung
Mann muss ran
Gesetz!
Gesetz ist Gesetz!

i-punkt

Für Kursleiterinnen und Kursleiter

Liebe Kursleiterin, lieber Kursleiter,

mit dieser Neuauflage von „miteinander leben" wollen wir Ihnen Ihre anspruchsvolle Arbeit im Orientierungskurs erleichtern. Bei der Konzeption des Buches haben wir Wünsche und Erwartungen berücksichtigt, die Ihre Kolleginnen und Kollegen bei Kursleiter-Qualifizierungen an uns gerichtet haben:

1. Ich will wissen, wie ich mit dem knappen Zeitbudget auskommen kann!

Dabei helfen Ihnen die Modulübersichten auf den folgenden drei Seiten. Hinter jedem Material finden Sie eines dieser Symbole:

B **steht für Basismaterialien.**
Wenn Sie diese Materialien im Kurs behandeln, erfüllen Sie das „Pflichtprogramm" und decken die Lernziele des Orientierungskurses ab.

D **steht für Diskussion**
und kennzeichnet Materialien zu kontroversen politischen oder gesellschaftlichen Fragen.

S **steht für sichern**
und weist Sie auf Materialien zur Lernzielkontrolle und Ergebnissicherung hin.

E **steht für Ergänzungsmaterialien**
zu integrationsrelevanten Themen in Ergänzung des Curriculums zum Orientierungskurs.

Jeder Würfel steht für eine Unterrichtseinheit.

So können Sie bei Ihrer Planung abschätzen, wie Sie den roten Pflichtbereich durch die Wahlthemen (grüne Symbole) ergänzen können.

2. Ich will meine Kursteilnehmerinnen und Kursteilnehmer möglichst gut auf den Test vorbereiten!

- Dazu haben wir die Materialien sorgfältig auf die Testfragen abgestimmt und durch übersichtliche Vorlagen und Zusammenfassungen ergänzt.
- In der Beilage zu „miteinander leben" finden Sie alle Testfragen, eine Zuordnung der Fragen zu den einzelnen Themen des Kurses und eine Übersicht mit den richtigen Antworten. So können die Teilnehmer/innen die entsprechenden Testfragen jeweils nach Abschluss eines Themas (zu Hause) bearbeiten.
- Im Kurs können Sie alternativ zu den Testfragen auf vielfältige und motivierende Formen der Lernzielkontrolle in „miteinander leben" zurückgreifen.

3. Ich will möglichst wenig Vorbereitungsaufwand!

- Deshalb haben wir alle Materialien entlang des gängigen Unterrichtsmodells in der politischen Bildung didaktisiert (Einstieg – Information – Anwendung – Problematisierung/Diskussion).
- Eine Vielzahl großformatiger Fotos und Grafiken erspart Ihnen eigene Recherchearbeit.
- Zu allen Aufgaben gibt es am Ende des Buches ausführliche Lösungshinweise.

4. Ich will ein Buch, das der Vielfalt meiner Teilnehmer/innen gerecht wird!

- Damit Ihre Teilnehmer/innen Politik und Geschichte besser verstehen, lernen sie in „miteinander leben" an konkreten Fällen und einfachen Modellen.
- Die Materialien sprechen Frauen und Männer, ältere und jüngere Teilnehmer/innen sowie Menschen aus unterschiedlichen Herkunftsländern gleichermaßen an oder können alternativ ausgewählt werden.
- Variantenreiche methodische Zugänge werden unterschiedlichen Lerntypen gerecht.
- Fragen und Aufgabenstellungen können binnendifferenzierend auf die jeweilige Lerngruppe abgestimmt werden.
- Die sorgfältige sprachdidaktische Überarbeitung sorgt für verständliche, authentische und erwachsenengerechte Texte.

PS: Was Sie noch interessieren könnte:

Die Landeszentrale für politische Bildung Baden-Württemberg ist als Trägerin für die Zusatzqualifizierung Kursleiter/in im Orientierungskurs akkreditiert. Auf unserer Homepage www.i-punkt-projekt.de können Sie sich über die Termine informieren. Dort erfahren Sie auch mehr über weitere Lernmedien und Service-Angebote rund um den Orientierungskurs.

Modul 1 – Politik in der Demokratie

Modul 2 - Geschichte und Verantwortung

Modul 3 – Mensch und Gesellschaft

Inhalt Modul 1: Politik in der Demokratie

M 1 | Wo leben wir?

picture-alliance / Globus Infografik

AUFGABEN UND AKTIVITÄTEN

1. Legen Sie bitte mit den 20 Puzzle-Teilen eine Deutschland-Karte.
2. Zeichnen Sie Ihren Wohnort in die Karte ein.
3. Zeichnen Sie die Grenzen Ihres Bundeslandes nach.
4. Markieren Sie die Hauptstadt der Bundesrepublik Deutschland und die Landeshauptstadt Ihres Bundeslandes.
5. Welche großen Städte gibt es in Ihrem Bundesland?
6. Welche Sehenswürdigkeiten sollte sich ein Tourist in Ihrem Bundesland unbedingt anschauen?
7. Füllen Sie bitte die Tabelle aus. Ergänzen Sie die Namen der Bundesländer und der Landeshauptstädte.

Bundesland	Einwohner	Fläche	Hauptstadt
	10,63 Mio	35.751 km²	Stuttgart
Bayern	12,60 Mio	70.550 km²	
Berlin	3,42 Mio	892 km²	Berlin (Stadtstaat)
Brandenburg	2,45 Mio	29.654 km²	
Bremen	0,66 Mio	419 km²	Bremen (Stadtstaat)
	1,75 Mio	755 km²	Hamburg (Stadtstaat)
	6,05 Mio	21.115 km²	Wiesbaden
Mecklenburg-Vorpommern	1,60 Mio	23.212 km²	
	7,79 Mio	47.614 km²	Hannover
Nordrhein-Westfalen	17,57 Mio	34.110 km²	
	3,99 Mio	19.854 km²	Mainz
	0,99 Mio	2.569 km²	Saarbrücken
Sachsen	4,05 Mio	18.420 km²	Dresden
Sachsen-Anhalt	2,24 Mio	20.452 km²	
Schleswig-Holstein	2,82 Mio	15.800 km²	Kiel
Thüringen	2,16 Mio	16.173 km²	
Bundesrepublik Deutschland	**80,77 Mio**	**357.340 km²**	**Berlin (Bundeshauptstadt)**

Quelle: Statistische Ämter des Bundes und der Länder 2014

M 1 | Wo leben wir?

Lösen Sie bitte das Kreuzworträtsel und suchen Sie die Orte auf der Karte.
Ü = UE, Ä = AE, Ö = OE

Lösungswort: 1 2 3 4 5 6 7 8 9 10 11 12 13 14 15 16 17

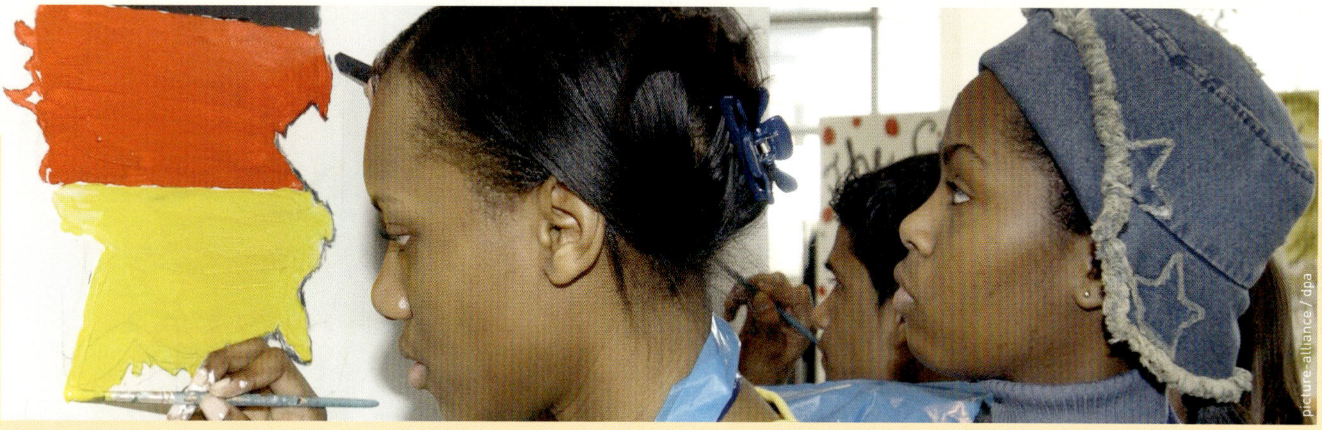

Mein Wohnort

Wohnort

Einwohnerzahl

Landkreis

Bürgermeister/in

Mein Bundesland

Bundesland

Einwohnerzahl

Landeshauptstadt

Landeswappen

Ministerpräsident/in

Flüsse

Bundesrepublik Deutschland

Staatsform

Einwohnerzahl

Bundeskanzler/in

Hauptstadt

Wappentier

Bundespräsident/in

Zahl der Bundesländer

Tag der Deutschen Einheit

Farben der Nationalflagge

M 2 | Was bedeutet Deutschland für mich? - Staatssymbole und Nationalstolz

Tragen Sie die Staatssymbole in den Steckbrief auf Seite 15 ein.

Bundeswappen

Ein-Euro-Münze seit Januar 2002

ullstein bild - Sawatzki

picture alliance / dpa

picture alliance / dpa

picture alliance / Sueddeutsche Zeitung Photo

Nationalhymne der Bundesrepublik Deutschland

Text: Hoffmann von Fallersleben
Melodie: Joseph Haydn

Einigkeit und Recht und Freiheit
für das deutsche Vaterland!
Danach lasst uns alle streben,
brüderlich mit Herz und Hand!
Einigkeit und Recht und Freiheit
sind des Glückes Unterpfand:
Blüh im Glanze dieses Glückes,
blühe, deutsches Vaterland!

INFOBOX - STAATSSYMBOLE FÜR DEUTSCHLAND

Die Bundesflagge:
Die Farben Schwarz-Rot-Gold haben Studenten schon 1832 benutzt. Sie haben damals für mehr Freiheit gekämpft und wollten, dass Deutschland eine Nation, ein Land wird. Für Freiheit und Einheit stehen diese Farben heute noch.

Die Nationalhymne:
„Einigkeit und Recht und Freiheit", mit diesen Worten beginnt die deutsche Nationalhymne. Der Text stammt von Hoffmann von Fallersleben, die Melodie von Joseph Haydn.

Das Wappentier:
Der Adler ist das Wappentier der Bundesrepublik Deutschland. Man findet ihn zum Beispiel auf der Ein-Euro-Münze oder auch im Deutschen Bundestag. Er steht für Kraft, Macht und Mut.

Der Nationalfeiertag:
Deutschland war nach dem Zweiten Weltkrieg ein geteiltes Land. Es gab die Deutsche Demokratische Republik (DDR) und die Bundesrepublik Deutschland. Erst am 3. Oktober 1990 wurde aus den beiden deutschen Staaten wieder ein Land. Der 3. Oktober ist deshalb ein Nationalfeiertag und heißt „Tag der Deutschen Einheit".

„Was bedeutet Deutschland für Sie?" - „Sind Sie stolz auf Deutschland?"

Diese Fragen haben wir einigen Reisenden auf einem Flughafen gestellt. Wir wollten wissen, was den Menschen wichtig ist und was sie mit Deutschland verbinden. Vier Aussagen haben wir für Sie ausgewählt:

Sandra, 28 Jahre
Ich lebe seit drei Jahren in Spanien. Nach Deutschland komme ich nur noch zweimal im Jahr, wenn ich meine Eltern besuche. Inzwischen ist mein Spanisch fast perfekt, manchmal träume ich sogar auf Spanisch. Ich habe schnell Freunde gefunden und meine Kollegen sind auch okay. Mir fehlt nichts, sage ich immer zu meiner Mutter. Eigentlich stimmt das nicht. Manchmal vermisse ich das Dorf, in dem ich aufgewachsen bin, und den Dialekt, den die Menschen dort sprechen. Oder den Geruch in der Küche, wenn meine Mutter einen Kuchen backt. Das gehört alles zu Deutschland. Als ich nach Spanien gegangen bin, habe ich nicht gewusst, wie wichtig mir das ist.

Peter, 68 Jahre
Bei mir hängt die deutsche Flagge aus dem Fenster, wenn im Fernsehen ein Länderspiel kommt. Natürlich bin ich stolz Deutscher zu sein. Warum soll ich das nicht sagen? Wir bauen die besten Autos, bei uns gibt es das beste Bier und schöner als hier ist es in keinem anderen Land. Aber wenn immer mehr Ausländer nach Deutschland kommen, wird sich das bald ändern. Was bleibt denn dann noch übrig von Deutschland? Mein Sohn hat sich mit einer Frau aus dem Kosovo verlobt. Ich bin dagegen, aber das interessiert ihn nicht. „Dein Vater ist doch auch erst nach dem Krieg nach Deutschland gekommen", sagt er zu mir. Stimmt, aber das ist doch etwas anderes.

Bahar, 30 Jahre
Meine Eltern sind aus dem Iran nach Deutschland gekommen und ich bin hier geboren. Trotzdem fällt es mir schwer zu sagen, was mir Deutschland bedeutet. Wenn ich mit meiner Tante im Iran telefoniere, merke ich, wie groß der Unterschied zwischen ihrem und meinem Leben ist. Ich bin froh, dass ich in Deutschland so frei leben kann: Hier habe ich viele Möglichkeiten, auch als Frau. Andererseits werde ich traurig, wenn meine Tante mir erzählt, dass es in unserem Heimatdorf ein großes Fest gibt. Meine Cousine heiratet und ich will unbedingt dabei sein. Ich fühle mich mit beiden Ländern verbunden. Ich lebe in Deutschland, aber im Iran liegen meine Wurzeln.

Max, 42 Jahre
Wenn ich mich für ein Land entscheiden müsste, würde ich Deutschland wählen. Ich will aber nicht, dass andere Menschen zuerst den Deutschen in mir sehen. Bei manchen Leuten bist du sofort in einer Schublade, wenn sie hören, dass du aus Deutschland kommst: Die glauben, die Deutschen gehen zum Lachen in den Keller und machen einen Plan, wenn sie mit ihrem Kind eine Burg im Sandkasten bauen. Das ist doch alles Quatsch. Ich finde es okay, dass bei der Fußball-Weltmeisterschaft überall deutsche Fahnen hängen. Es macht Spaß, zusammen zu feiern, wenn die deutsche Mannschaft ein Spiel gewinnt. Aber so richtig stolz kann ich darauf nicht sein. Stolz bin ich nur auf etwas, was ich selbst gemacht habe.

Und was bedeutet Deutschland für die Migranten?

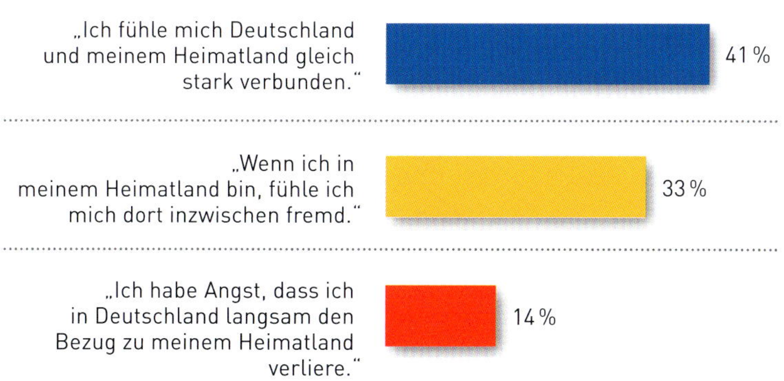

Quelle: Allensbacher Archiv, IfD-Umfrage 5252; Basis: repräsentative Umfrage unter Migranten ab 16 Jahre; Bertelsmann Stiftung 2009.

AUFGABEN UND AKTIVITÄTEN

Arbeiten Sie in Gruppen oder mit einer Partnerin / einem Partner zu einem der vier Texte:

1. Was denken die Menschen über Deutschland?
   Was bedeutet Deutschland für sie?
2. Wie denken Sie über diese Aussagen?
3. Sprechen Sie über das Schaubild und die drei Aussagen. Denken Sie auch so?

M 3 | Eine Inselgeschichte – Was gehört zur Demokratie?

Comic: Hans-Michael Scheurlen

Comic: Hans-Michael Scheurlen

M 3 | Eine Inselgeschichte – Was gehört zur Demokratie?

Comic: Hans-Michael Scheurlen

Comic: Hans-Michael Scheurlen

M 3 | Eine Inselgeschichte – Was gehört zur Demokratie?

	richtig?	falsch?
1. Die Menschen verbringen ihren Urlaub auf der Insel.		
2. Die Menschen kommen super miteinander aus.		
3. Der Gorilla hat das Deospray gestohlen.		
4. Die Menschen wählen den Piloten zum Chef.		
5. Der Pilot trägt nach der Wahl einen Lorbeerkranz. Niemand soll sehen, dass er eine Glatze hat.		
6. Wer nicht arbeiten kann, muss betteln.		
7. Der junge Mann macht einen Schwimmkurs.		
8. Der Mann mit den langen Haaren will den Piloten töten.		
9. Der Pilot und der Kopilot freuen sich über die Rettung.		

INFOBOX

Die wichtigsten Regeln für die Politik und das Zusammenleben der Menschen stehen im **Grundgesetz.**
Es ist die Verfassung der Bundesrepublik Deutschland und gilt **seit 1949**.

Auf den nächsten Seiten lernen Sie die vier Grundsätze, die **Verfassungsprinzipien,** im Grundgesetz kennen.

GRUNDSATZ 1

Deutschland ist eine Demokratie.

AUFGABEN UND FRAGEN

1. Warum wählen die Menschen einen „Chef"? Könnten sie auch ohne einen Chef zusammenleben? Was denken Sie?
2. Welche Fehler haben die Passagiere bei der Wahl gemacht? Denken Sie dabei auch daran, was man tun sollte, bevor man ein neues Auto auswählt, einen Kurssprecher oder einen Lebenspartner wählt.
3. Arbeiten Sie in Gruppen zu folgenden Fragen. Sie können Ihre Ergebnisse auch auf ein Plakat oder eine Folie schreiben.

Was ist ungerecht auf der Insel?

....

....

....

....

....

....

....

....

....

....

Was muss sich ändern? Was ist gerecht?

....

....

....

....

....

....

....

....

....

....

4. Welche Staatsformen (Demokratie/Diktatur) passen zu den beiden Boxen?

Freiheit

Gerechtigkeit

Konflikte

Kontrolle

Sicherheit

Macht

AUFGABEN UND FRAGEN

1. Ordnen Sie die Sätze den Begriffen und Symbolen auf der linken Seite zu. Warum ist jeder Baustein für eine Demokratie wichtig?
2. Warum ist die Demokratie eine Baustelle? Warum sind wir Bürger/innen „Bauarbeiter/innen"?
3. Was gehört zur Demokratie? Schreiben Sie Stichworte in das Schaubild auf S. 34.

M 4 | Was ist ein Rechtsstaat?

GRUNDSATZ 2
Deutschland ist ein Rechtsstaat.

Der Rechtsstaat schützt die Freiheit der Menschen und sorgt für Gerechtigkeit.
Das kann nur funktionieren, wenn bestimmte Regeln gelten.
Die vier Bilder zeigen, was passiert, wenn der Staat diese Regeln nicht beachtet.

Zeichnungen: Hans-Michael Scheurlen

Welche Regeln des Rechtsstaates beachten die Personen nicht?

	Bildnummern:
1. Der Staat muss sich an die Gesetze halten.	
2. Für alle Menschen gelten die gleichen Gesetze.	
3. Der Staat muss die Grundrechte der Bürger schützen.	
4. Strafen sind nur erlaubt, wenn jemand ein Gesetz nicht beachtet.	
5. Ich kann vor Gericht gehen, wenn meine Rechte verletzt werden.	
6. Die Gerichte müssen alle Menschen gleich behandeln.	
7. Politiker dürfen den Richtern nicht sagen, wie sie entscheiden sollen.	
8. Jeder hat das Recht auf einen Rechtsanwalt.	

GESETZGEBENDE GEWALT
Legislative

Bundestag und Bundesrat, Länderparlamente
- entscheiden über Gesetze.
- ändern Gesetze.

Beispiele:
Wie hoch sind die Steuern auf Benzin?
Wer darf nach Deutschland zuwandern?

Kein Gesetz darf das Grundgesetz verletzen.

AUSFÜHRENDE GEWALT
Exekutive

Bundesregierung, Landesregierungen, Polizei, Ämter
- sorgen dafür, dass Gesetze umgesetzt werden.
- Regierungen schlagen neue Gesetze vor.

Beispiele:
Lohnsteuer einziehen, Integrationskurse finanzieren

Regierung, Polizei und Ämter müssen sich an die Gesetze halten.

RECHTSPRECHUNG
Judikative

Bundesverfassungsgericht, Land- und Amtsgerichte
- entscheiden, ob das Grundgesetz oder andere Gesetze verletzt wurden.
- legen Strafen fest.

Beispiele:
Ist jemand ein Verbrecher?
Verletzt ein Gesetz die Grundrechte?

Alle Gerichte sind an Recht und Gesetz gebunden.

Werbeagentur Rechl

Wer macht auf der Insel die Regeln?

....

....

Wer setzt die Regeln durch?

....

....

Wer entscheidet über Strafen?

....

....

AUFGABEN UND AKTIVITÄTEN

1. Wer beschließt in Deutschland die Gesetze? Wer setzt sie durch? Wer spricht Recht und entscheidet über Strafen?
2. Warum müssen die drei Staatsgewalten in einem Rechtsstaat getrennt sein?
3. Was gehört zu einem Rechtsstaat?
   Schreiben Sie Stichworte in das Schaubild auf S. 34.

ZUM NACHDENKEN UND DISKUTIEREN

Zwei Verbrecher fordern eine Million Euro von einer Stadt. Wenn die Stadt nicht bezahlt, schütten sie Gift in das Trinkwasser. Die Polizei kann nur einen der beiden Verbrecher verhaften. Der Kommissar sagt zu dem Mann: „Wir schlagen dich solange, bis du uns sagst, wo der zweite Mann mit dem Gift ist." Der Verbrecher antwortet: „Wenn ihr mich gehen lasst, gebe ich euch die Informationen."

- Handelt der Kommissar richtig?
- Soll die Polizei den Verbrecher freilassen?

M 5 | Was tut der Sozialstaat für uns?

1

2

3

GRUNDSATZ 3

Deutschland ist ein Sozialstaat.

INFOBOX

Der Sozialstaat sorgt für die Menschen, wenn sie alt sind und nicht mehr arbeiten können. Er hilft ihnen auch, wenn sie krank werden oder ihre Arbeit verlieren.

Sozialversicherungen

- Rentenversicherung
- Arbeitslosenversicherung
- Krankenversicherung
- Pflegeversicherung

Die Beiträge zu den Sozialversicherungen bezahlen **die Arbeitnehmer und Arbeitgeber**.
Die Beiträge von Arbeitnehmern und Arbeitgebern sind **ungefähr gleich hoch**.
Wenn jemand **mehr als 450 Euro im Monat** verdient, müssen Beiträge bezahlt werden.

Jeder Mensch hat ein Recht auf ein Leben in Würde. Der Sozialstaat schützt dieses Recht, z. B. durch das Arbeitslosengeld II (Hartz IV).

Arbeitslosengeld II (Hartz IV)

Das Arbeitslosengeld II soll dafür sorgen, dass arme Menschen

- genug zum Leben haben (Essen, Kleidung, Wohnung ...) und
- sich am Leben beteiligen können (Freizeit, Bildung, Unterhaltung ...).

Für Kinder in Hartz IV-Familien gibt es weitere Hilfen: zum Beispiel Geld für Schulhefte, das Mittagessen in der Schule, Nachhilfeunterricht oder Vereinsbeiträge.

Wer bekommt Arbeitslosengeld II?
Menschen, die schon länger arbeitslos sind und kein Einkommen haben.
Menschen, die in ihrem Beruf sehr wenig verdienen.

Beispiele für weitere Sozialleistungen

Kindergeld, Elterngeld, Sozialhilfe, Ausbildungsförderung

Im Jahr 2013 wurden in Deutschland 812 Milliarden Euro für Sozialleistungen ausgegeben. Dabei tut der Sozialstaat besonders viel für die Menschen. Deshalb hat jede Bürgerin und jeder Bürger auch Verantwortung für den Sozialstaat. Wir bezahlen Steuern und Beiträge zu den Sozialversicherungen. Und: Wir dürfen Sozialleistungen nur nutzen, wenn wir ein Recht darauf haben.

1 Meine Mutter hatte einen Schlaganfall und kann nicht mehr alleine für sich sorgen. Ich besuche sie am Wochenende und helfe ihr. Zweimal in der Woche kommt eine Pflegerin und freitags macht ein Therapeut Sprechübungen mit ihr.

2 Es ist ein blödes Gefühl, wenn dein Chef zu dir sagt, dass er dich nicht mehr braucht. Ich habe über zehn Jahre für die Firma gearbeitet. Jetzt suche ich einen neuen Job. Hoffentlich finde ich schnell etwas.

3 Wir haben wenig Geld. Unsere Familie lebt von Hartz IV. Da kannst du deinen Kindern nicht viel kaufen. Ich bin froh, dass Paul jetzt in den Fußballverein gehen kann. Das Geld dafür gibt es in unserer Stadt vom Jobcenter.

4 Ich habe mir bei einem Fahrradunfall den rechten Arm und ein Bein gebrochen. Es dauert noch ein paar Wochen, bis ich wieder arbeiten kann. In den ersten sechs Wochen bezahlt meine Firma den Lohn weiter. Danach gibt es Krankengeld von der Krankenkasse.

5 Ich gehe einmal im halben Jahr zu meiner Zahnärztin. Meistens ist das gar nicht schlimm, aber jetzt soll ich eine Zahnspange bekommen, weil die Zähne nicht gerade wachsen.

6 Ich bin 1962 nach Deutschland gekommen. Eigentlich wollte ich nur ein paar Jahre hier arbeiten. Jetzt bin ich Rentner. Ich muss nicht mehr arbeiten und habe Zeit für meine Enkel. Sie wohnen auch in Bochum.

4 picture-alliance / © Manfred Uselmann / OKAPIA

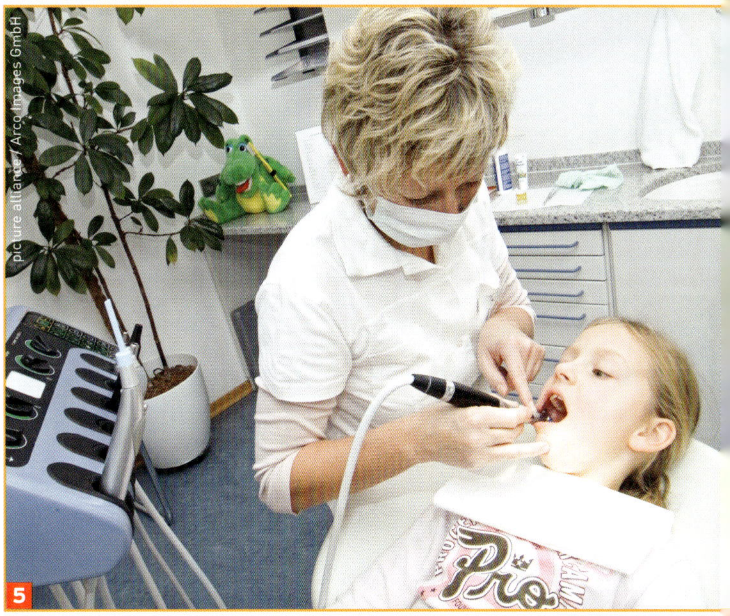

5 picture alliance / Arco Images GmbH

6 picture-alliance / Suedeutsche Zeitung Photo

AUFGABEN UND AKTIVITÄTEN

1. Arbeiten Sie mit einer Partnerin / einem Partner zu einem Bild und einem Text.
   - In welcher Situation ist die Person auf Ihrem Bild?
   - Was tut der Sozialstaat für diese Person?
   - Wer übernimmt die Kosten?
2. Stellen Sie Ihre Ergebnisse den anderen Kursteilnehmerinnen / Kursteilnehmern vor.
3. Schreiben Sie die wichtigsten Informationen zum Sozialstaat in das Schaubild auf S. 34.

M 6 | Was kostet der Sozialstaat?

Isabel Klein ist 19 Jahre alt und hat noch keine Familie. Nach Schule und Ausbildung arbeitet sie in einem Friseursalon in Kassel. Am Ende des Monats erhält sie ihre Gehaltsabrechnung.

GEHALTSABRECHNUNG ISABEL KLEIN

Lohnsteuerklasse	1
Kinderfreibeträge	0
Monatliches Bruttogehalt	1.550,00
Lohnsteuer	104,08
Kirchensteuer	9,36
Solidaritätszuschlag	4,61
Steuern insgesamt	118,05
Rentenversicherung (18,7 %)	144,93
Krankenversicherung (15,5 %)	127,10
Pflegeversicherung (2,35 %)	18,21
Arbeitslosenversicherung (3,0 %)	23,25
Sozialversicherungen insgesamt*	313,49
Monatliches Nettogehalt	1.118,46

* Der Arbeitgeber von Isabel muss noch einmal ungefähr die gleiche Summe in die Renten-, Kranken-, Pflege- und Arbeitslosenversicherung zahlen.

MONATLICHE AUSGABEN

Miete	195 €
Nebenkosten (Heizung, Strom, Wasser, Abfall)	85 €
Essen und Trinken	200 €
Monatsfahrkarte für den Bus	59 €
Radio und Fernsehen	18 €
Ausgaben insgesamt	

AUFGABEN UND AKTIVITÄTEN

1. Wie viel muss Isabel für Steuern und Sozialversicherungen bezahlen?
2. Wie viel muss ihr Arbeitgeber für sie in die Sozialversicherungen einbezahlen?
3. Isabel hat eine Liste mit ihren monatlichen Ausgaben gemacht. Für was muss sie sonst noch Geld ausgeben oder Geld sparen?
   Diskutieren Sie in Gruppen. Tragen Sie Ihre Ergebnisse in die Liste ein.
   Urlaub, Bücher, Tageszeitung, Kleidung, Schuhe, Kosmetik und Hygiene, Internet, Telefon, Freizeit (Kino, Tanzen, Restaurant, Ausflüge ...), Zigaretten, Sport (Verein, Fitness-Studio), Elektrogeräte (Kühlschrank, Staubsauger), Möbel, Auto (Benzin, Steuer, Versicherung) ...
4. Wie hoch sind Isabels Ausgaben insgesamt? Bleibt genug Geld zum Leben übrig?
5. Kann sie von ihrem Lohn ein „gutes Leben“, ein Leben in Würde führen?

Soll Isabel schwarz arbeiten?

Isabel will neue Möbel für ihre kleine Wohnung kaufen. Im Möbelhaus entdeckt sie einen Schrank und ein Sofa. Leider ist der Preis sehr hoch: Für die Möbel müsste sie über ein Jahr sparen.
Ein Bekannter von Isabel besitzt ein kleines Restaurant. Als er hört, dass Isabel Geld braucht, fragt er sie, ob sie bei ihm arbeiten will.
Natürlich will Isabel wissen, wie viel sie verdient.
Er antwortet ihr: „Ich brauche dich samstags und an zwei Abenden in der Woche. Du verdienst 12 Euro in der Stunde. Das macht bei 60 Stunden im Monat 720 Euro. Steuern und Sozialabgaben musst du nicht bezahlen. Du arbeitest schwarz für mich. Das ist für uns beide besser."

Isabel weiß nicht, wie sie sich entscheiden soll. Sie will darüber noch einmal nachdenken.

INFOBOX

Wenn Isabel schwarz arbeitet ...

- bezahlt sie keine Steuern und Sozialabgaben.
- bezahlt ihr Bekannter keine Sozialabgaben.
- ist sie bei einem Unfall nicht versichert.
- bekommt sie später weniger Rente, weil sie nicht in die Rentenversicherung einbezahlt.
- und krank ist, bekommt sie keinen Lohn von ihrem Bekannten.
- und erwischt wird, muss sie Strafe bezahlen oder kann sogar vor Gericht kommen.
- und keinen deutschen Pass hat, darf sie vielleicht nicht in Deutschland bleiben (Ausweisung).

Wenn viele Menschen schwarz arbeiten ...

- fehlen den Sozialversicherungen viele Milliarden Euro.
- muss der Staat die Beiträge zu den Sozialversicherungen erhöhen.
- kann der Staat weniger Sozialleistungen bezahlen.

Schwierige Wörter - was ist eigentlich ...? Ordnen Sie die schwierigen Wörter den richtigen Erklärungen zu.

1. Der Bruttolohn	**a) werden vom Lohn für die Renten-, Kranken-, Arbeitslosen- und Pflegeversicherung abgezogen.**
2. Der Solidaritätszuschlag	**b) bezahlen nur die Mitglieder einiger Kirchen (z. B. der evangelischen und katholischen Kirche).**
3. Der Kinderfreibetrag	**c) wird vom Lohn abgezogen und soll helfen, die Situation der Menschen in Ostdeutschland zu verbessern.**
4. Der Nettolohn	**d) ist der Lohn, der übrig bleibt, wenn Steuern und Sozialabgaben abgezogen sind.**
5. Die Kirchensteuer	**e) ist ein Teil vom Lohn, für den Eltern keine Steuern zahlen müssen.**
6. Sozialabgaben	**f) ist der Lohn, bevor Steuern und Sozialabgaben abgezogen werden.**

AUFGABEN UND AKTIVITÄTEN

1. Warum will Isabels Bekannter, dass sie schwarz für ihn arbeitet?
2. Kennen Sie andere Bereiche, in denen Schwarzarbeit üblich ist?
3. Warum gibt es so viel Schwarzarbeit in Deutschland?
4. Welche Nachteile hat Schwarzarbeit für die Gemeinschaft und für Isabel? Die Infobox hilft Ihnen, die Frage zu beantworten.
5. Bereiten Sie ein Rollenspiel vor: Isabel spricht mit ihrem Bekannten einen Tag später über das Angebot.

M 7 | Warum machen (junge) Leute Schulden?

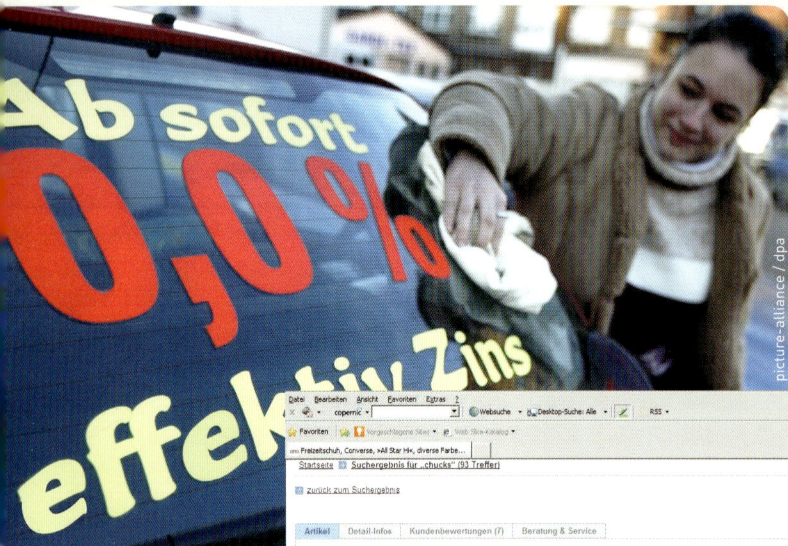

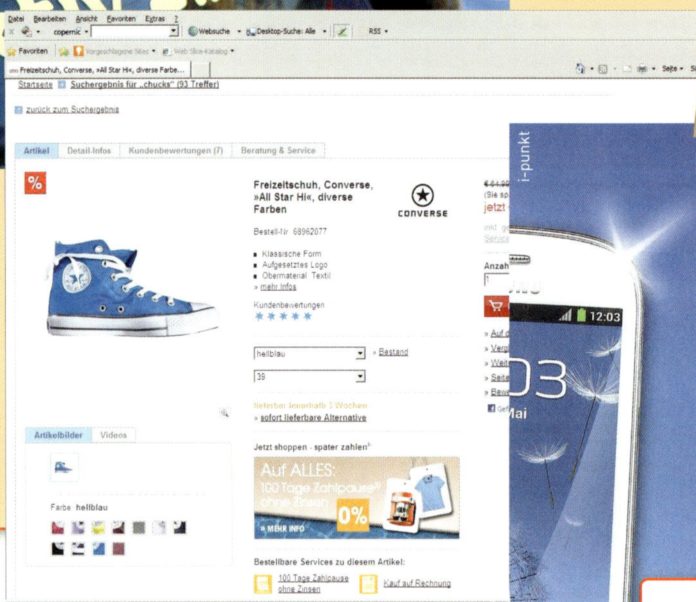

Simone (18) erzählt, wie sie Schulden gemacht hat:

Ich habe über 2.000 Euro Schulden. Für mich ist das viel Geld. In bin noch in der Ausbildung und verdiene nicht viel. Mit dem Handy hat alles angefangen. Ich habe manchmal 40 SMS am Tag geschrieben.

Mit meinen Freunden habe ich in jeder Pause telefoniert. Natürlich habe ich auch Klingeltöne und Musik aus dem Internet runtergeladen. Das geht so leicht. Ein Klick genügt. So bestellt man Sachen, die man gar nicht braucht: Kleider, Schuhe, Parfüm ...

Für meinen Laptop muss ich jeden Monat 40 Euro abbezahlen. Das ist doch kein Problem, habe ich damals im Geschäft gedacht. Jetzt weiß ich nicht mehr, wie ich meine Rechnungen bezahlen soll.

Tipps zum richtigen Umgang mit Geld

1. ....
2. ....
3. ....
4. ....
5. ....
6. ....
7. ....
8. ....
9. ....
10. ....

i-punkt

i-punkt

picture alliance / Arco Images GmbH

picture-Alliance / Tagesspiegel

picture alliance / ZB

INFOBOX

Wer nicht mehr weiß, wie er seine Schulden bezahlen soll, kann zu einer Schuldnerberatung gehen.

Die Berater/innen besprechen mit den Schuldnern (den Menschen, die Schulden haben) zuerst genau ihre Situation und machen dann mit ihnen einen Plan, wie sie nach und nach ihre Schulden abbezahlen können. Sie helfen auch bei Gesprächen mit den Gläubigern (z. B. einem Unternehmen oder Personen, bei denen man Schulden hat).

Wichtig ist, dass die Schuldner bei der Beratung darüber nachdenken, wie sie in Zukunft mit Geld umgehen sollten. Sonst kommen zu den alten Schulden schnell neue Schulden.

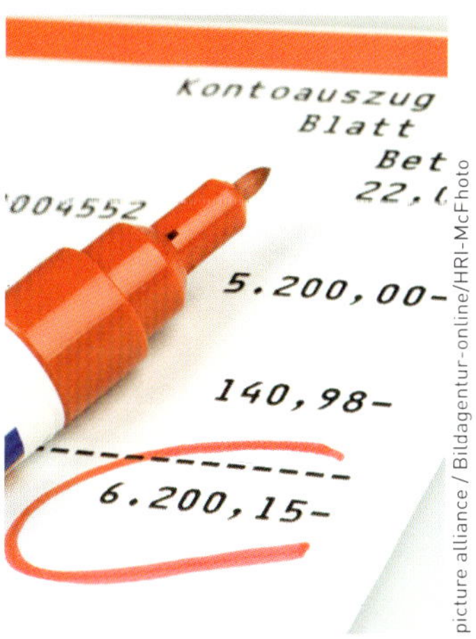

picture alliance / Bildagentur-online/HRI-McFhoto

Unter www.schuldnerberatungen.net kann man herausfinden, wo die nächste Schuldnerberatung ist. Informationen dazu geben auch die Sozialämter.

AUFGABEN UND AKTIVITÄTEN

1. Wofür machen (junge) Menschen Schulden?
2. Warum geben sie so viel Geld für diese Dinge aus?
3. Formulieren Sie Tipps zum richtigen Umgang mit Geld. Vergleichen Sie im Kurs Ihre Ergebnisse.
4. Wo können Menschen mit vielen Schulden Rat und Hilfe suchen?

M 8 | Was ist ein Bundesstaat?

GRUNDSATZ 4

Deutschland ist ein Bundesstaat.

Schreiben Sie die wichtigsten Informationen zum Bundesstaat in das Schaubild auf Seite 34.

Die sechzehn Bundesländer bilden die Bundesrepublik Deutschland.

Bundesstaat bedeutet:

Die Bundesländer dürfen über die Politik im Bund mitentscheiden.

Über die Politik im Bund entscheidet vor allem der Bundestag.

MITENTSCHEIDEN dürfen die Bundesländer bei allen Gesetzen, die sie direkt betreffen (z. B. wenn sie etwas mitbezahlen sollen).

Dazu gibt es den **Bundesrat** in Berlin. Im Bundesrat sitzen Vertreter/innen der sechzehn Bundesländer.

Der Bundesrat **kontrolliert** so auch die Politik, die im Bund gemacht wird.

Die Bundesländer dürfen über manche Dinge selbst entscheiden.

SELBST ENTSCHEIDEN dürfen die Bundesländer über Schulpolitik, Polizei, Fernsehen und Rundfunk.

Die Bundesländer haben eigene Parlamente: Sie heißen **Landtage** (in Berlin Abgeordnetenhaus, in Hamburg und Bremen Bürgerschaft).

Jedes Bundesland hat eine **Landesregierung** und **eine Ministerpräsidentin / einen Ministerpräsidenten** (Bremen: Bürgermeister; Berlin: Regierender Bürgermeister; Hamburg: Erster Bürgermeister).

picture-alliance / Sven Simon

AUFGABE

Wie lange sollen Kinder gemeinsam lernen?

www.8421medien.de

In manchen Bundesländern werden schwächere und gute Schüler/innen früh getrennt: Sie lernen an unterschiedlichen Schulen oder in unterschiedlichen Klassen. In anderen Bundesländern bleiben schwächere und gute Schüler/innen länger zusammen. Die Länderparlamente entscheiden darüber, wie lange alle Kinder gemeinsam lernen sollen.

- Wie denken Sie im Kurs darüber?
- Machen Sie zuerst eine Abstimmung über diese Frage.
- Diskutieren Sie anschließend über die roten und blauen Aussagen. Danach können Sie ja noch einmal abstimmen.

Wenn Schüler/innen zu unterschiedlich sind, können sie nicht voneinander lernen.

In gemischten Klassen lernen die Kinder Geduld und Toleranz.

Schwache Schüler/innen verlieren die Lust, wenn andere immer besser sind als sie.

Wenn gute Schüler/innen den schwächeren Schülerinnen/Schülern helfen, lernen alle dabei.

?

Bei manchen Kindern sieht man erst spät, was sie alles können.

Alleine können gute Schüler/innen schneller lernen.

Wenn schwächere Schüler/innen Kontakt zu guten Schülerinnen/Schülern haben, verbessern sie ihre Sprache.

Alleine können gute Schüler/innen mehr lernen.

M 9 | Auf einen Blick: Die Verfassungsprinzipien

Verfassungsprinzipien im Grundgesetz

„Die Bundesrepublik Deutschland ist ein demokratischer und sozialer Bundesstaat.“

Demokratie	Rechtsstaat	Sozialstaat	Bundesstaat

LpB Baden-Württemberg

„Alle Staatsgewalt geht vom Volke aus.“

Demokratie

Demokratie heißt Herrschaft des Volkes. Die Bürger/innen regieren aber nicht selbst. Sie wählen Vertreter/innen: die Abgeordneten im Bundestag. Wichtig ist, dass es mehrere Parteien gibt. So können die Bürger/innen vergleichen, welche Partei am besten zu ihnen passt. Die Mehrheit im Bundestag entscheidet dann, welche Politik gemacht wird. Wenn die Bürger/innen mit dieser Politik nicht zufrieden sind, können sie bei den nächsten Wahlen die Opposition zur Mehrheit machen.

Rechtsstaat

Der Rechtsstaat schützt die Grundrechte der Menschen und sorgt für Gerechtigkeit. Nicht nur die Bürger/innen müssen sich an die Gesetze halten, sondern auch der Staat. In einem Rechtsstaat gibt es eine Gewaltenteilung: Legislative (Parlamente), Exekutive (Regierung, Polizei, Verwaltung) und Judikative (Gerichte) sind voneinander getrennt. Wer sich in seinen Rechten verletzt fühlt, kann vor einem Gericht klagen. Die Gerichte sind unabhängig und müssen alle Menschen gleich behandeln.

Sozialstaat

Der Sozialstaat sorgt für die Menschen, wenn sie alt sind und nicht mehr arbeiten gehen. Er hilft ihnen außerdem, wenn sie krank werden oder ihre Arbeit verlieren. Auch in diesen Situationen sollen die Menschen ihre Würde behalten und genug zum Leben haben. Zu den wichtigsten Leistungen gehören die Renten-, Kranken-, Arbeitslosen- und Pflegeversicherung. Arbeitgeber und Arbeitnehmer bezahlen ungefähr gleich viel in die Versicherungen ein.

Bundesstaat

Die Bundesrepublik Deutschland besteht aus 16 Bundesländern. Die Bundesländer können über manche Bereiche der Politik (z. B. Schulpolitik) selbst entscheiden. Dazu hat jedes Bundesland ein Länderparlament (Landtag) und eine Landesregierung mit einer Ministerpräsidentin / einem Ministerpräsidenten. Auch über viele Gesetze des Bundes dürfen die Länder mitentscheiden. Dazu gibt es den Bundesrat. Im Bundesrat sitzen Vertreter/innen der 16 Bundesländer.

AUFGABE

Testen Sie Ihr Wissen!

	richtig	falsch
1. Die Verfassung der Bundesrepublik Deutschland heißt Grundbuch.		
2. Deutschland ist eine Demokratie.		
3. Der Sozialstaat sorgt dafür, dass alle gleich viel zum Leben haben.		
4. Politiker/innen beraten die Richter/innen, wie sie entscheiden sollen.		
5. In einer Demokratie muss es mehrere politische Parteien geben.		
6. Der Bundestag gehört zur Exekutive und führt Gesetze aus.		
7. In einer Demokratie gelten Gesetze nur, wenn alle einverstanden sind.		
8. Ohne Grundrechte gibt es keine Demokratie.		
9. Im Bundesrat sitzen Vertreter/innen des Bundes.		
10. Die Chefs der Landesregierungen heißen Landtagspräsident.		
11. Über Schulpolitik entscheidet der Bundestag.		
12. Die Bundesrepublik Deutschland besteht aus 16 Bundesländern.		
13. Die Haftpflichtversicherung ist die wichtigste Sozialversicherung.		
14. Der 17. Juni ist der Tag der Deutschen Einheit.		
15. Volkssouveränität bedeutet, dass alle Staatsgewalt vom Volk ausgeht.		

M 10 | Wozu brauchen wir Grundrechte?

Mensch

Ich darf nicht anders sein als andere.

Ich darf nicht sagen, was ich denke.

Ich darf nicht hingehen, wo ich will.

Ich darf nicht glauben, was ich will.

Ich darf nicht treffen, wen ich will.

Ich darf nicht lesen, was ich will.

Ich darf nicht leben, wo ich will.

Ich darf nicht sein, wer ich will.

mensch

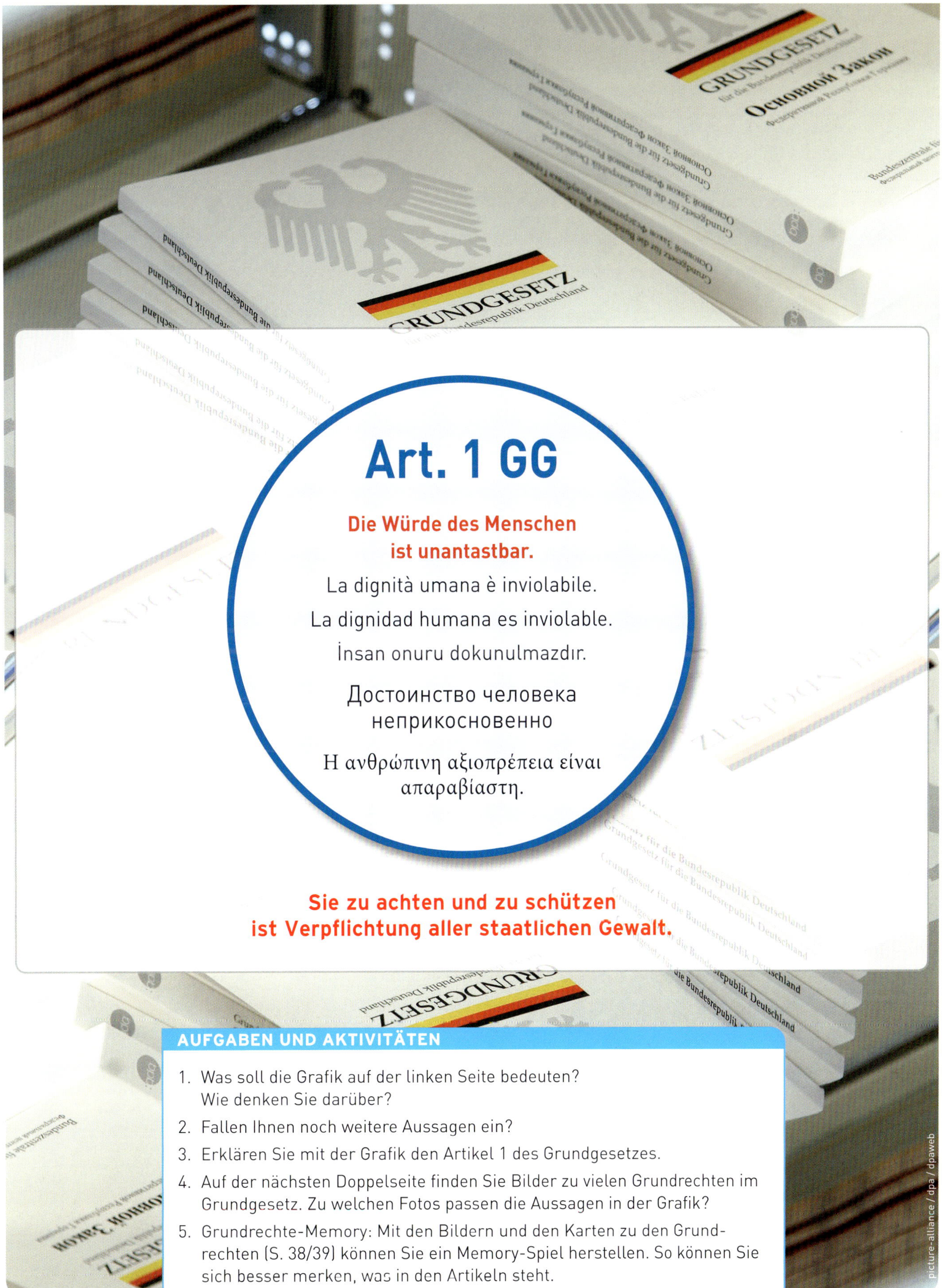

picture-alliance / dpa / dpaweb

Art. 1 GG

Die Würde des Menschen ist unantastbar.

La dignità umana è inviolabile.

La dignidad humana es inviolable.

İnsan onuru dokunulmazdır.

Достоинство человека неприкосновенно

Η ανθρώπινη αξιοπρέπεια είναι απαραβίαστη.

Sie zu achten und zu schützen ist Verpflichtung aller staatlichen Gewalt.

AUFGABEN UND AKTIVITÄTEN

1. Was soll die Grafik auf der linken Seite bedeuten? Wie denken Sie darüber?
2. Fallen Ihnen noch weitere Aussagen ein?
3. Erklären Sie mit der Grafik den Artikel 1 des Grundgesetzes.
4. Auf der nächsten Doppelseite finden Sie Bilder zu vielen Grundrechten im Grundgesetz. Zu welchen Fotos passen die Aussagen in der Grafik?
5. Grundrechte-Memory: Mit den Bildern und den Karten zu den Grundrechten (S. 38/39) können Sie ein Memory-Spiel herstellen. So können Sie sich besser merken, was in den Artikeln steht.

M 11 | Welche Grundrechte haben wir?

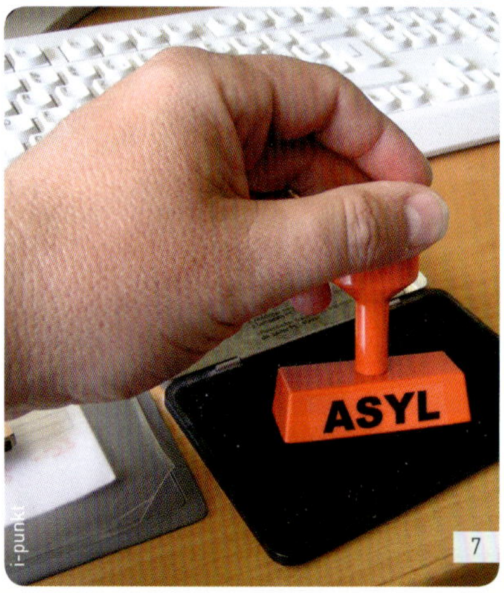

Die Sprache im Grundgesetz ist manchmal kompliziert. Deshalb haben wir die Texte etwas vereinfacht.

Artikel 2

[Handlungsfreiheit, Recht auf Leben]

(1) Jeder darf so leben, wie er will. Es gibt dabei aber auch Grenzen: Die Rechte anderer Menschen und das Grundgesetz dürfen nicht verletzt werden.

(2) Jeder hat ein Recht auf Leben und Gesundheit. Das bedeutet auch, dass niemand geschlagen oder gefoltert werden darf.

Artikel 3

[Gleichheit vor dem Gesetz, Gleichberechtigung]

(1) Alle Menschen sind vor dem Gesetz gleich und für alle gelten die gleichen Gesetze.

(2) Männer und Frauen haben die gleichen Rechte.

(3) Niemand darf einen Nachteil haben, weil er aus einem anderen Land kommt, eine andere Sprache spricht, eine andere Religion hat oder anders über Politik denkt. Niemand darf benachteiligt werden, weil er behindert ist.

Näheres steht im Gleichbehandlungsgesetz.

Artikel 4

[Glaubensfreiheit]

(1) Jeder darf seinen Glauben und seine Religion selbst wählen.

(2) Jeder darf seinen Glauben und seine Religion so leben, wie er will.

Das gilt z. B. für Gebete, religiöse Feste und Gottesdienste.

Artikel 5

[Meinungsfreiheit, Pressefreiheit]

(1) Jeder darf sagen und schreiben, was er denkt. Jeder darf sich über Zeitungen, Fernsehen, Bücher oder andere Medien informieren. Auch die Medien dürfen frei berichten: Es gibt keine Zensur.

(2) Niemand darf andere Menschen durch das, was er sagt oder schreibt oder auch durch Bilder in der Ehre verletzen (z. B. durch Beleidigungen oder Lügen).

Artikel 6

[Schutz von Ehe und Familie]

(1) Der Staat muss Ehe und Familie schützen.

(2) Pflege und Erziehung sind in erster Linie das Recht und die Pflicht der Eltern.

(3) Die Kinder dürfen nur von den Eltern getrennt werden, wenn sich die Eltern nicht um ihre Kinder kümmern.

Artikel 7

[Schule]

(1) Alle Schulen sind unter der Aufsicht des Staates.

(2) Eltern haben das Recht, über die Teilnahme des Kindes am Religionsunterricht zu entscheiden.

Aber: Kinder ab 14 Jahren dürfen diese Entscheidung selbst treffen.

Artikel 8

[Versammlungsfreiheit]

(1) Alle Deutschen dürfen sich „versammeln" (sich treffen), z. B. zu politischen Veranstaltungen, oder um gemeinsam zu demonstrieren. Demonstrationen müssen aber friedlich sein.

Dieses Grundrecht gilt nur für Deutsche. Es gibt aber ein Gesetz, das es auch Ausländerinnen und Ausländern erlaubt zu demonstrieren. Es heißt Versammlungsgesetz.

Artikel 10

[Brief- und Fernmeldegeheimnis]

(1) Briefe dürfen von keiner staatlichen Institution geöffnet und gelesen werden. Auch Telefongespräche dürfen nicht abgehört werden.

Ausnahmen sind nur möglich, wenn der Verdacht besteht, dass Personen schwere Straftaten planen oder begangen haben.

Artikel 11

[Freizügigkeit]

(1) Alle Deutschen können sich innerhalb der Bundesrepublik Deutschland frei bewegen und entscheiden, wo sie sich aufhalten wollen und wo sie wohnen möchten.

Artikel 12

[Berufsfreiheit, Verbot von Zwangsarbeit]

(1) Alle Deutschen dürfen ihren Beruf, Arbeitsplatz und Ausbildungsplatz frei wählen.

(2) Niemand darf zu einer bestimmten Arbeit gezwungen werden.

Artikel 13

[Unverletzlichkeit der Wohnung]

(1) Niemand darf gegen den Willen des Mieters oder Eigentümers in dessen Wohnung oder Haus eindringen.

(2) Durchsuchungen dürfen nur durch einen Richter angeordnet werden.

Ihren Vermieter müssen Sie in Ihre Wohnung lassen, wenn er vorher einen Termin mit Ihnen vereinbart hat und er einen wichtigen Grund hat.

Artikel 16a

[Asylrecht]

(1) Politisch Verfolgte haben ein Recht auf Asyl.

(2) Dieses Recht gilt nicht für Menschen, die aus einem Land der Europäischen Union oder aus einem anderen Staat einreisen, in dem die Menschenrechte gesichert sind.

M 12 | Artikel 2: Wie weit geht die Freiheit?

Artikel 2 (Persönliche Freiheitsrechte)

(1) Jeder hat das Recht auf die freie Entfaltung seiner Persönlichkeit, soweit er nicht die Rechte anderer verletzt und nicht gegen die verfassungsmäßige Ordnung oder das Sittengesetz verstößt.

(2) Jeder hat das Recht auf Leben und körperliche Unversehrtheit. Die Freiheit der Person ist unverletzlich. In diese Rechte darf nur auf Grund eines Gesetzes eingegriffen werden.

So denkt Hatice Ozmul (33) über Freiheit und Toleranz:

Mich nerven Menschen, die mir die Welt erklären. Meistens erklären sie nicht die Welt, sondern wie sie die Welt sehen. Dabei wollen sie, dass ich die Welt genauso sehe wie sie. Und dass die Dinge die gleiche Bedeutung für mich haben wie für sie. Zum Beispiel das Kopftuch.

Viele meiner Freundinnen haben unterschiedliche Gründe, warum sie ein Kopftuch tragen oder sie verbinden unterschiedliche Dinge damit. Aber es gibt immer wieder Leute, die uns erklären, welche Bedeutung unser Kopftuch wirklich hat. Diese Leute wollen uns ihre Wahrheit wie einen Mantel überziehen.
Ist das tolerant?

Und dann gibt es noch Leute, die mir sagen, dass ich mich für deutsche Kunst und Literatur interessieren muss. Muss ich das wirklich?

Ich bin für die Grundrechte im Grundgesetz und ich lebe gerne in Deutschland. Das reicht!

Zwei Freundinnen beim Einkaufsbummel in München

AUFGABEN UND AKTIVITÄTEN

1. Worin könnte sich das Leben der beiden jungen Frauen auf dem Foto unterscheiden?
2. Warum können die beiden Frauen Freundinnen sein?
3. Glauben Sie, dass es in der Freundschaft der beiden auch Probleme geben kann?
4. Wie denkt Hatice über Freiheit und Toleranz? Diskutieren Sie im Kurs darüber. Wenn Sie Lust haben, können Sie uns dazu auch einen Leserbrief für unsere Homepage schreiben.

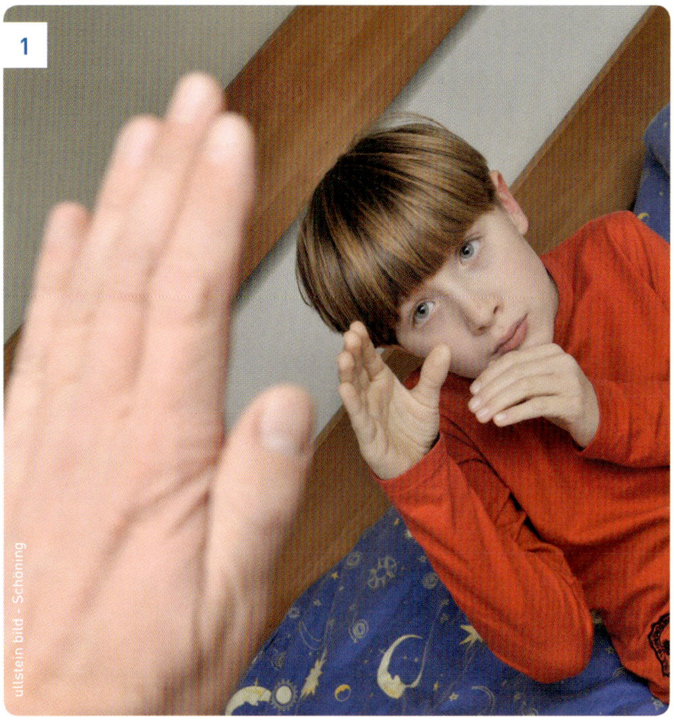

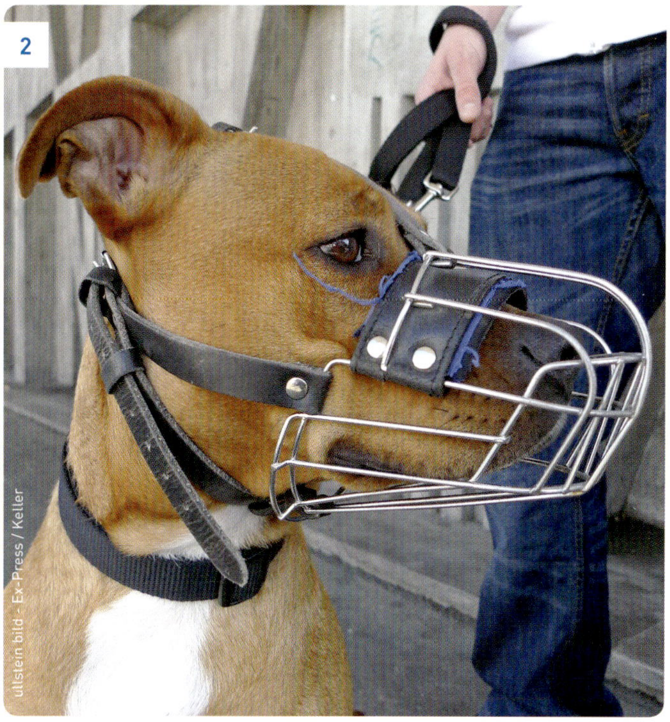

AUFGABEN UND AKTIVITÄTEN

1. Warum passen die Bilder zu Artikel 2?
2. Wo ist Ihre Toleranzgrenze? Diskutieren Sie im Kurs über die Bilder.
   So können Sie es machen:
   Wählen Sie eines der Fotos aus. Bilden Sie nun drei Gruppen.
   Gruppe 1: Man muss das Verhalten auf dem Foto tolerieren.
   Gruppe 2: Man sollte etwas dagegen tun.
   Gruppe 3: Ich bin noch nicht sicher.
   Die drei Gruppen stellen sich nun im Raum auf.
   Versuchen Sie, die Mitglieder der anderen Gruppen zu überzeugen und in Ihre Gruppe zu holen.

M 13 | Artikel 3: Haben alle die gleichen Rechte?

Artikel 3 (Gleichheit vor dem Gesetz)

(3) Niemand darf wegen seines Geschlechts, seiner Abstammung, seiner Rasse, seiner Sprache, seiner Heimat und Herkunft, seines Glaubens, seiner religiösen oder politischen Anschauungen benachteiligt oder bevorzugt werden. Niemand darf wegen seiner Behinderung benachteiligt werden.

So denkt Alexandros Galanis (24) über Diskriminierung:

Mich nerven Migranten, die sich immer benachteiligt und diskriminiert fühlen. Klar gibt es Diskriminierung im Alltag. Ich habe das auch schon erlebt. Zum Beispiel beim Bäcker oder bei der Wohnungssuche. Aber nicht jede Absage und nicht jeder unfreundliche Blick haben etwas damit zu tun, dass wir aus Athen, Ankara oder Adana kommen.

Was hilft es dir denn, wenn du immer denkst, dass hinter jeder Ecke ein böser Mensch steht, der dich diskriminiert? Wahrscheinlich gehst du dann gar nicht mehr aus dem Haus oder du verlierst dein Vertrauen zu anderen Menschen. Man macht manche Dinge nicht mehr, weil man glaubt als Migrant hat man sowieso keine Chance.

Ich habe keine Lust mich klein zu machen. Denken Sie jetzt, dass ich Diskriminierung nicht ernst nehme?
Das stimmt nicht!

Ben Plevka

AUFGABEN UND AKTIVITÄTEN

1. Sprechen Sie im Kurs über das Foto. Was könnte passiert sein?
2. Haben Sie ähnliche Situationen erlebt? Wie haben Sie reagiert?
3. Wie denkt Alexandros über Diskriminierung, wie geht er damit um? Diskutieren Sie im Kurs darüber. Wenn Sie Lust haben, können Sie uns dazu auch einen Leserbrief für unsere Homepage schreiben.

Werden Migrantinnen und Migranten bei Bewerbungen benachteiligt?

Das wollten Wissenschaftler vom Institut zur Zukunft der Arbeit (IZA) genauer wissen. Sie haben 1.000 Bewerbungen um ein Praktikum an Firmen geschickt.

Die Bewerbungen waren alle vergleichbar, sie hatten nur einen Unterschied. Ein Teil war mit einem deutschen Namen unterschrieben, der andere Teil mit einem türkischen Namen.

Das Ergebnis: Bewerber mit türkischem Namen bekamen 14 % weniger positive Antworten. Bei kleineren Betrieben waren es sogar 24 % weniger positive Antworten. Und das, obwohl die Bewerber die gleichen Qualifikationen hatten. Die Bewerber mit türkischem Namen waren sogar deutsche Staatsbürger und Muttersprachler.

Quelle: www.iza.org/en/webcontent/press/releases/IZAPress20100208EthnicDiscrDP4741.pdf

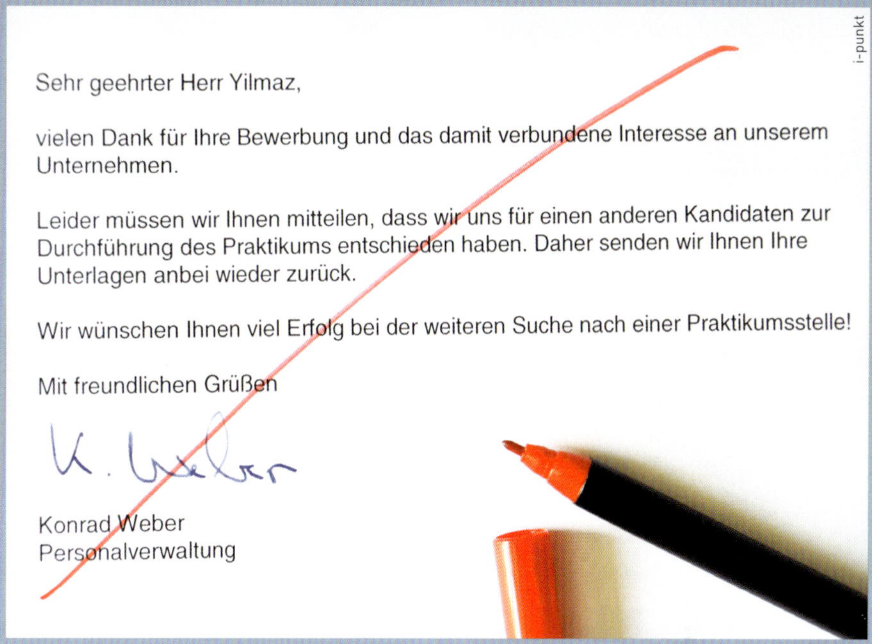

Sehr geehrter Herr Yilmaz,

vielen Dank für Ihre Bewerbung und das damit verbundene Interesse an unserem Unternehmen.

Leider müssen wir Ihnen mitteilen, dass wir uns für einen anderen Kandidaten zur Durchführung des Praktikums entschieden haben. Daher senden wir Ihnen Ihre Unterlagen anbei wieder zurück.

Wir wünschen Ihnen viel Erfolg bei der weiteren Suche nach einer Praktikumsstelle!

Mit freundlichen Grüßen

K. Weber

Konrad Weber
Personalverwaltung

i-punkt

Vorschlag 1

Bewerbungen ohne Namen abgeben

Bewerber/innen geben ihre Unterlagen ohne Namen (nur mit einem Zahlencode) bei den Unternehmen ab. So haben Migrantinnen und Migranten mehr Chancen, dass sie zu einem Vorstellungsgespräch eingeladen werden.

Vorschlag 2

Migrantenvertreter/innen bei Bewerbungsgesprächen

An Bewerbungsgesprächen nehmen Migrantenvertreter/innen teil, die bereits in dem Unternehmen arbeiten. Sie sorgen für faire Entscheidungen und weniger Vorurteile gegen Bewerber/innen mit Migrationshintergrund.

Vorschlag 3

Quoten für Migrantinnen und Migranten

Wenn Bewerber/innen gleich gut sind, muss die Migrantin / der Migrant genommen werden. Das geht so lange, bis im Betrieb eine bestimmte Quote von Migrantinnen/Migranten erreicht ist.

AUFGABEN UND AKTIVITÄTEN

1. Welche Ursachen könnte die Benachteiligung von Bewerberinnen und Bewerbern mit Migrationshintergrund haben?
2. Diskutieren Sie im Kurs über die drei Vorschläge. Haben Sie weitere Ideen, wie die Situation von Migrantinnen und Migranten verbessert werden könnte?
3. Sollten die Unternehmen selbst entscheiden, was sie gegen die Benachteiligung von Migrantinnen und Migranten tun oder sollte es ein Gesetz geben?
4. Laden Sie eine Vertreterin / einen Vertreter der Industrie- und Handelskammer zu einem Gespräch über das Thema in den Kurs ein.

M 14 | Artikel 5: Wie frei ist die Meinung?

Artikel 5 (Freiheit der Meinung, Kunst und Wissenschaft)

(1) Jeder hat das Recht, seine Meinung in Wort, Schrift und Bild frei zu äußern und zu verbreiten und sich aus allgemein zugänglichen Quellen ungehindert zu unterrichten. Die Pressefreiheit und die Freiheit der Berichterstattung durch Rundfunk und Film werden gewährleistet. Eine Zensur findet nicht statt.

(2) Die Rechte finden ihre Schranken in den Vorschriften der allgemeinen Gesetze, den gesetzlichen Bestimmungen zum Schutze der Jugend und in dem Recht der persönlichen Ehre.

(3) Kunst und Wissenschaft, Forschung und Lehre sind frei. [...]

picture-alliance / dpa

AUFGABEN UND AKTIVITÄTEN

1. Warum gibt es in einer Diktatur keine Meinungsfreiheit?
2. Warum sagen Menschen in einer Demokratie ihre Meinung nicht immer offen?
3. Bearbeiten Sie im Kurs oder in Gruppen einen der Fälle auf der rechten Seite:
   - Was hat der Fall mit der Meinungsfreiheit, der Pressefreiheit, der Freiheit der Kunst zu tun?
   - Ordnen Sie die Aussagen auf dem Meinungsbarometer ein.
   - Diskutieren Sie dann in Ihrer Gruppe oder im Kurs darüber.

Fall 1

Frau Binder ist Lehrerin. An einem Montag kommt sie in das Klassenzimmer. An der Tafel steht „Die Binder, die Binder, die hasst alle Kinder." Sie gibt der ganzen Klasse eine Strafarbeit: Die Schüler/innen sollen zwei Seiten darüber schreiben, warum man seine Lehrer/innen respektieren soll.

Aussagen:

1) Die Schüler/innen dürfen sagen und schreiben, was sie denken.
2) Die Lehrerin verhält sich richtig. So lernen die Schüler/innen Respekt.

Fall 2

Herr Seibert wohnt in einem Mietshaus. Seit einigen Wochen ist er krank. Nachts muss er oft stundenlang husten, bevor er einschlafen kann.
Als er von einem Arztbesuch nach Hause kommt, hängt ein Zettel an der Eingangstür. Darauf steht: „Der Seibert muss raus! Wir wollen endlich wieder schlafen." Herr Seibert ärgert sich und schreibt darunter: „Feiger Hund".

Aussagen:

1) Solche Zettel soll man nicht schreiben. Das ist feige und nicht fair.
2) Herr Seibert reagiert richtig. Auch er darf schreiben, was er denkt.

Fall 3

Carmen Dosado ist eine weltbekannte Opernsängerin. Ihr Privatleben ist ihr wichtig. Deshalb gibt sie nur selten Interviews. Sie lässt Fotografen auch keine Bilder in ihrem Haus machen. Am Tag nach ihrer Hochzeit mit einem Fußballspieler schlägt sie die Zeitung auf. Dort ist ein riesiges Foto von ihr und ihrem Mann abgedruckt. Es zeigt, wie die beiden aus der Kirche kommen.

Aussagen:

1) Der Reporter hätte vorher fragen müssen, ob er das Foto machen darf.
2) Carmens Mann hätte dem Fotograf die Kamera wegnehmen sollen.

Fall 4

Herr Baumert ist Politiker. Bei einem Interview mit einem Journalisten sagt er: „Wer arbeiten kann, aber nicht will, hat kein Recht auf Hilfe durch den Staat." Am nächsten Tag liest er in der Zeitung die Überschrift: „Baumert nennt Arbeitslose faul".

Aussagen:

1) Es gibt keine Zensur. Deshalb ist die Überschrift in Ordnung.
2) Herr Baumert sollte etwas dagegen tun. Das hat er nicht gesagt.

Fall 5

In einer Zeitung erscheint eine Karikatur von einer muslimischen Frau. Sie trägt einen Minirock, hohe Schuhe und ein T-Shirt. Ihr Haar ist mit einem Kopftuch bedeckt. Unter der Karikatur steht der Satz: „Meine Haare darf nur mein Mann sehen."

Aussagen:

1) Solche Karikaturen sollte man verbieten. Das hat mit Kunst nichts zu tun.
2) Wer sich über die Karikatur ärgert, kann einen Leserbrief schreiben.

M 15 | Aufgaben des Staates - Pflichten der Bürger/innen

1

Dafür sorgen, dass auch unsere Kinder und Enkel gut leben können

2

Die Grundrechte schützen und für Gerechtigkeit sorgen

3

Helfen, wenn Menschen nicht alleine für sich sorgen können

Aufgaben des Staates

AUFGABEN UND AKTIVITÄTEN

1. Was tut der Staat für seine Bürger/innen? Welche Pflichten haben die Bürger/innen?
2. Wie gut erfüllt der Staat seine Aufgaben? Wie gut erfüllen die Bürger/innen ihre Pflichten? Wie denken Sie darüber?
3. Warum braucht der Staat die Bürger/innen, um seine Aufgaben zu erfüllen? Welche Bilder passen zusammen?
4. Soll es eine Kindergartenpflicht für Kinder ab drei Jahren geben? Sammeln Sie in Gruppen Vor- und Nachteile. Diskutieren Sie dann im Kurs über diese Frage.

?

Kindergartenpflicht für Kinder ab drei Jahren

Wie denken Sie darüber?

11

Die Bürger/innen müssen sich an die Gesetze halten.

10

Die Bürger/innen müssen Steuern und Abgaben bezahlen.

picture alliance / dpa

4

Für Sicherheit sorgen, die Bürgerinnen und Bürger schützen

picture-alliance / Tobias Kleinschmidt

5

Für Krankenhäuser, Straßen, Büchereien, Müllabfuhr usw. sorgen

ullstein bild - Röhrbein

6

Für gleiche Chancen sorgen, zum Beispiel bei der Bildung

Vorteile	Nachteile
....	....
....	....
....	....
....	....
....	....
....	....
....	....
....	....

Pflichten der Bürgerinnen und Bürger

7

Eltern erziehen ihre Kinder und sorgen für sie.

i-punkt

8

Kinder und Jugendliche müssen in die Schule gehen.

mattilda - Fotolia.com

9

Wer über 16 Jahre ist, muss einen Pass oder Personalausweis haben.

M 16 | Wie werden Ideen zu Politik?

Stellen Sie sich vor, Sie leben in einem kleinen Land mit dem Namen Dondestan. Sie sind Politiker/in und sollen darüber entscheiden, wie sich die Politik in Dondestan verändern soll.

- Bilden Sie dazu Gruppen im Kurs. Jede Gruppe hat am Anfang 10 Taler, die sie für ihre Politik ausgeben kann. Manche Vorschläge kosten Geld, mit anderen können Sie Geld einnehmen.
- Wählen Sie Vorschläge aus, die Sie gut finden. Achtung: Sie dürfen keine Schulden machen. Sie können sich natürlich auch eigene Vorschläge ausdenken (leere Münzen).
- Geben Sie Ihrer Gruppe noch einen Parteinamen (z. B. Partei für Umwelt oder Partei für Familien).
- Stellen Sie die Vorschläge und Ziele Ihrer Partei im Kurs vor (z. B. auf einem Plakat). Überzeugen Sie die anderen Teilnehmer/innen, dass Ihre Partei die beste Politik macht.

Kostenlose Sprachkurse für alle Migranten **-3 Taler**	Mehr Lehrer und kleinere Klassen **-3 Taler**	Höhere Steuern für Menschen, die viel verdienen **+3 Taler**	Mehr Kindergeld **-3 Taler**
Bessere Straßen **-3 Taler**	Mehr Polizisten für mehr Sicherheit **-3 Taler**	Autobahnmaut: Wer die Autobahn benutzt, muss zahlen **+3 Taler**	Wer ein Elektroauto kauft, bekommt Geld vom Staat **-3 Taler**
Alle Migranten dürfen bei Wahlen in ihrer Stadt wählen **-3 Taler**	Höhere Beiträge zur Kranken- und Pflegeversicherung **+3 Taler**	Tempo 120 auf allen Autobahnen **-3 Taler**	Doppelte Staatsbürgerschaft leichter machen **-3 Taler**
Mehr Geld für Menschen, die lange ohne Arbeit sind **-3 Taler**	Mehr Geld für Museen, Theater und Schwimmbäder **-3 Taler**	Kostenlose Kindergärten und Kitas **-3 Taler**	Höhere Steuern auf Tabak und Benzin **+3 Taler**
-3 Taler	**-3 Taler**	**+3 Taler**	**+3 Taler**

Veranstalten Sie nun eine Wahl im Kurs. Jede Teilnehmerin/ jeder Teilnehmer hat zwei Stimmen. Sie dürfen Ihrer eigenen Partei nur eine Stimme geben. Die zweite Stimme müssen Sie einer anderen Partei geben. Die Wahl ist geheim.

- Zählen Sie die Stimmen für die unterschiedlichen Parteien.
- Welche Partei hat die meisten Stimmen bekommen?
- Warum hat diese Partei so viele Stimmen bekommen?

Wahlergebnis

Partei				
Stimmen				

PARLAMENT VON DONDESTAN

In Dondestan gibt es ein Parlament. In diesem Parlament sitzen die Abgeordneten der unterschiedlichen Parteien. Jede Partei hat so viele Abgeordnete, wie sie Stimmen bei der Wahl gewonnen hat. Die Abgeordneten einer Partei bilden eine Fraktion oder Gruppe.

- Zeichnen Sie das Wahlergebnis im Kurs in die Grafik ein.
- Benutzen Sie für jede Fraktion eine andere Farbe.
- Streichen Sie die leeren Sitze.

Das Parlament wählt eine Kanzlerin/einen Kanzler. Sie/er ist Chefin/Chef der Regierung und braucht mehr als die Hälfte aller Stimmen.

- Kann Ihre Fraktion alleine eine Kanzlerin / einen Kanzler wählen?
- Welche Parteien könnten zusammenarbeiten, um eine Kanzlerin / einen Kanzler zu wählen?
- Welche Fraktionen hätten die Mehrheit, welche wären die Minderheit (die Opposition) im Parlament?
- Zeichnen Sie Kreise um die Mehrheits- und Oppositionsfraktionen.

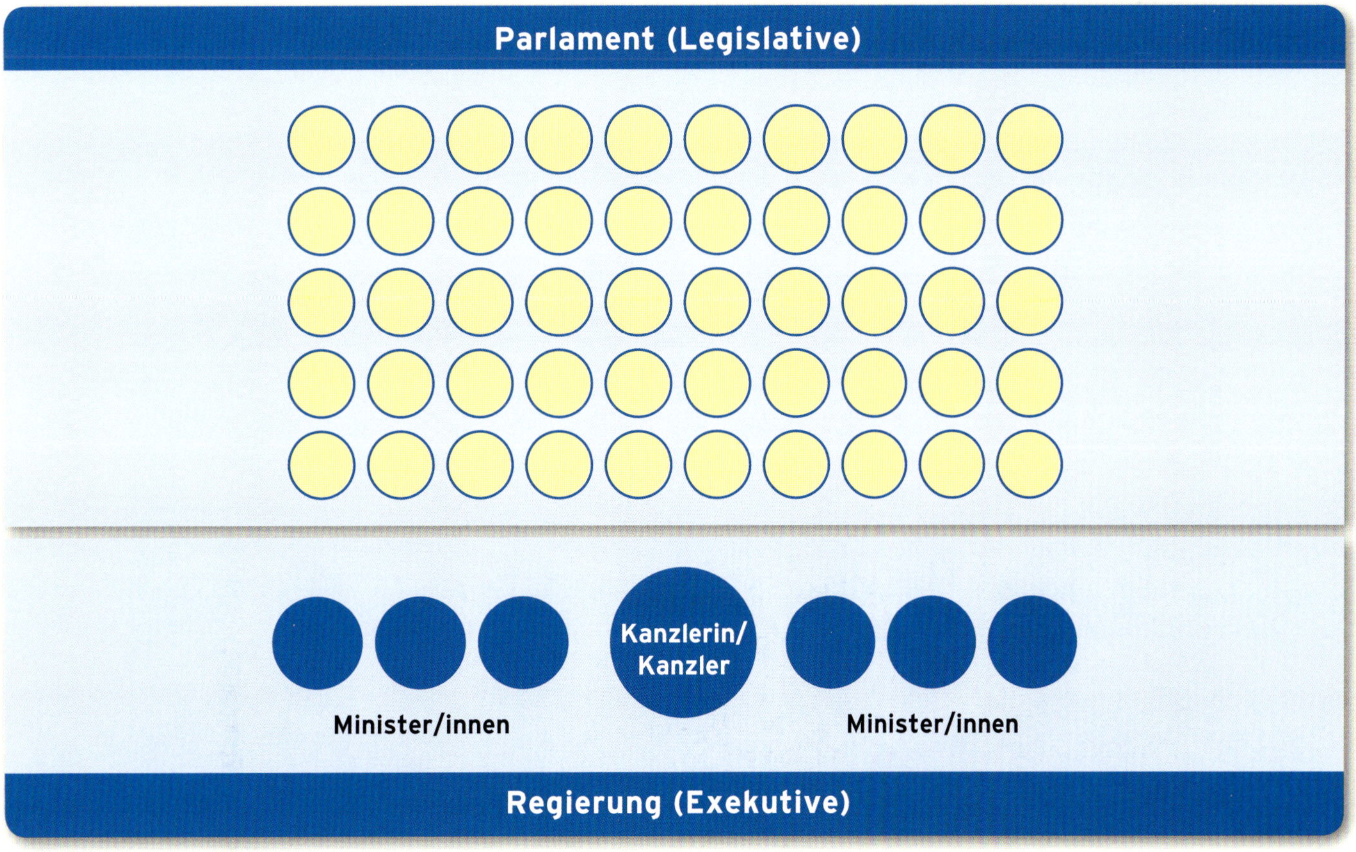

M 17 | Welche Aufgaben haben die Verfassungsorgane?

Auf diesen Seiten finden Sie Texte zum Bundestag, zur Bundesregierung, zum Bundesrat, zum Bundespräsidenten und zum Bundesverfassungsgericht. Man nennt sie die Verfassungsorgane. Ihre Aufgaben werden im Grundgesetz beschrieben.

Gruppe 1: Der Bundestag

Das Reichstagsgebäude in Berlin: Sitz des Deutschen Bundestages

Im Plenarsaal diskutieren die Abgeordneten und beschließen Gesetze.

Wir haben immer eine Doppelseite für ein Verfassungsorgan verwendet. Sie können im Kurs fünf Teams oder Gruppen bilden und die Steckbriefe zu den Verfassungsorganen ausfüllen. Anschließend stellen Sie Ihre Ergebnisse im Kurs vor.

Der Bundestag ist das Parlament der Bundesrepublik Deutschland und gehört zur gesetzgebenden Gewalt (Legislative). Er hat seinen Sitz in der Bundeshauptstadt Berlin.

- Schreiben Sie bitte die wichtigsten Informationen aus dem Text zum Bundestag in den Steckbrief.

Der Bundestag

Ohne Gesetze kann das Leben in einem Land nicht funktionieren. In einem Land wie Deutschland mit ca. 81 Millionen Einwohnern können die Gesetze aber nicht von allen Menschen gemacht werden.

Deshalb wählen die Deutschen alle vier Jahre Frauen und Männer, die diese Aufgabe für sie übernehmen. Man nennt sie die Abgeordneten des Deutschen Bundestages. Wählen dürfen alle Deutschen, die mindestens 18 Jahre alt sind (aktives Wahlrecht). Eine Partei darf nur Abgeordnete in den Bundestag schicken, wenn sie mindestens fünf Prozent der Wählerstimmen hat (5 %-Hürde).

Die Abgeordneten einer Partei im Bundestag bilden eine Fraktion oder Gruppe.

Die Abgeordneten beschließen aber nicht nur Gesetze, sondern haben auch noch andere Aufgaben. Sie wählen die Bundeskanzlerin / den Bundeskanzler – die Chefin / den Chef der Regierung.

Und sie diskutieren und streiten darüber, welche Politik am besten ist und wie man Probleme lösen kann.

Wenn die Abgeordneten der Opposition mit der Politik der Regierung nicht zufrieden sind, können sie das im Bundestag zeigen. So kontrollieren sie die Regierung. Und die Bürgerinnen und Bürger können neu entscheiden, welcher Partei sie bei der nächsten Wahl ihre Stimme geben.

Steckbrief Bundestag

1. Zu welcher Staatsgewalt gehört der Bundestag?

   ....

   ....

2. Wo hat der Bundestag seinen Sitz?

   ....

   ....

3. Wie oft finden Bundestagswahlen statt?

   ....

   ....

4. Wer darf bei Bundestagswahlen wählen?

   ....

   ....

5. Was bedeutet 5 %-Hürde?

   ....

   ....

6. Was ist eine Fraktion?

   ....

   ....

   ....

7. Welche Aufgaben hat der Bundestag?

   ....

   ....

   ....

   ....

M 17 | Welche Aufgaben haben die Verfassungsorgane?

Auf diesen Seiten finden Sie Texte zum Bundestag, zur Bundesregierung, zum Bundesrat, zum Bundespräsidenten und zum Bundesverfassungsgericht. Man nennt sie die Verfassungsorgane. Ihre Aufgaben werden im Grundgesetz beschrieben.

Gruppe 2: Der Bundesrat

Der Sitz des Bundesrates in Berlin

Im Plenarsaal diskutieren die Mitglieder des Bundesrates und stimmen über Gesetze ab.

Wir haben immer eine Doppelseite für ein Verfassungsorgan verwendet. Sie können im Kurs fünf Teams oder Gruppen bilden und die Steckbriefe zu den Verfassungsorganen ausfüllen. Anschließend stellen Sie Ihre Ergebnisse im Kurs vor.

Der Bundesrat gehört zur gesetzgebenden Gewalt (Legislative). Er hat seinen Sitz in der Bundeshauptstadt Berlin.

- Schreiben Sie bitte die wichtigsten Informationen aus dem Text zum Bundesrat in den Steckbrief.

Der Bundesrat

Vielleicht haben Sie im Kurs schon über das Bundesland gesprochen, in dem Sie leben. Insgesamt gibt es 16 Bundesländer. Sie dürfen über manche Dinge (z. B. Schulpolitik) alleine entscheiden. Dazu haben sie eigene Parlamente und Landesregierungen.

Über andere Bereiche der Politik entscheidet der Bundestag in Berlin. Viele Gesetze, die der Bundestag macht, betreffen die Bundesländer direkt. Stellen Sie sich vor, der Bundestag beschließt, dass alle weniger Steuern zahlen müssen. Das wäre für uns natürlich schön. Den Bundesländern fehlt dann aber Geld in ihren Kassen, weil sie einen Teil der Steuern behalten dürfen. Bei solchen Gesetzen dürfen die Bundesländer mitentscheiden.

Dazu gibt es den Bundesrat in Berlin. Was passiert, wenn der Bundesrat gegen solche Gesetze des Bundestages stimmt? Dann müssen Bundestag und Bundesrat einen Kompromiss finden. Sonst ist das Gesetz abgelehnt. So kontrolliert der Bundesrat die Politik im Bund und vertritt die Interessen der Länder.

Schwierig kann die Politik im Bund werden, wenn im Bundestag und im Bundesrat unterschiedliche Parteien eine Mehrheit haben.

Die Frauen und Männer im Bundesrat werden nicht gewählt. Jede Landesregierung darf Vertreter/innen in den Bundesrat schicken. Die großen Bundesländer dürfen mehr, die kleinen Bundesländer weniger Vertreter/innen schicken (mindestens drei, höchstens sechs). Insgesamt hat der Bundesrat 69 Mitglieder.

Steckbrief Bundesrat

1. Zu welcher Staatsgewalt gehört der Bundesrat?

   ....

   ....

2. Wo hat der Bundesrat seinen Sitz?

   ....

   ....

3. Über was dürfen die Bundesländer alleine entscheiden?

   ....

   ....

   ....

4. Bei welchen Gesetzen darf der Bundesrat mitentscheiden?

   ....

   ....

   ....

5. Welche Aufgaben hat der Bundesrat?

   ....

   ....

   ....

   ....

6. Wer sitzt im Bundesrat?

   ....

   ....

   ....

M 17 | Welche Aufgaben haben die Verfassungsorgane?

Auf diesen Seiten finden Sie Texte zum Bundestag, zur Bundesregierung, zum Bundesrat, zum Bundespräsidenten und zum Bundesverfassungsgericht. Man nennt sie die Verfassungsorgane. Ihre Aufgaben werden im Grundgesetz beschrieben.

Gruppe 3: Die Bundesregierung

Das Bundeskanzleramt in Berlin

Bundeskanzlerin Angela Merkel

Wer hat diese Jobs in der Bundesregierung?

Finanzminister/in	Innenminister/in
....	....
Außenminister/in	Arbeitsminister/in
....	....

Die Bundesregierung bei einer Sitzung im Bundeskanzleramt

Wir haben immer eine Doppelseite für ein Verfassungsorgan verwendet. Sie können im Kurs fünf Teams oder Gruppen bilden und die Steckbriefe zu den Verfassungsorganen ausfüllen. Anschließend stellen Sie Ihre Ergebnisse im Kurs vor.

Die Bundesregierung gehört zur ausführenden Gewalt (Exekutive). Sie hat ihren Sitz in der Bundeshauptstadt Berlin.

- Schreiben Sie bitte die wichtigsten Informationen aus dem Text zur Bundesregierung in den Steckbrief.

Die Bundesregierung

Angela Merkel ist die Bundeskanzlerin und wichtigste Politikerin in Deutschland. Sie ist Chefin der Bundesregierung und so etwas wie ein Kapitän auf einem Schiff: Sie entscheidet über die Richtung der Politik.

Wie wird man Bundeskanzler/in? Die Bundeskanzlerin / der Bundeskanzler wird vom Bundestag gewählt. Sie/er braucht bei dieser Wahl die Stimmen von mehr als der Hälfte aller Abgeordneten.

Meistens reichen dazu die Abgeordneten einer Partei nicht aus. Dann arbeiten Parteien mit ähnlichen Zielen zusammen. Mit ihrer Mehrheit können sie eine Kanzlerin / einen Kanzler wählen und gemeinsam Politik machen. Diese Zusammenarbeit von Parteien im Bundestag und in der Bundesregierung nennt man Koalition (Regierungsbündnis).

Die Bundesregierung besteht aus der Bundeskanzlerin / dem Bundeskanzler und den Ministerinnen / Ministern. Die Minister/innen sind für die verschiedenen Bereiche der Politik verantwortlich, z. B. Außen-, Umwelt- oder Familienpolitik. Sie sorgen dafür, dass die Gesetze nicht nur auf dem Papier stehen, sondern auch wirklich umgesetzt werden.

Die Bundesregierung macht auch die meisten Vorschläge für neue Gesetze. Klar, sie weiß ja, dass sie (meistens) die Mehrheit im Bundestag auf ihrer Seite hat. So kann die Regierung fast alle Vorschläge durchsetzen und steuert die Richtung der Politik.

Steckbrief Bundesregierung

1. Zu welcher Staatsgewalt gehört die Bundesregierung?

   ....

   ....

2. Wo hat die Bundesregierung ihren Sitz?

   ....

   ....

3. Wer wählt die Bundeskanzlerin / den Bundeskanzler?

   ....

   ....

4. Was ist eine Koalition?

   ....

   ....

   ....

5. Wer bildet die Bundesregierung?

   ....

   ....

   ....

   ....

6. Welche Aufgaben hat die Bundesregierung?

   ....

   ....

   ....

   ....

M 17 | Welche Aufgaben haben die Verfassungsorgane?

Auf diesen Seiten finden Sie Texte zum Bundestag, zur Bundesregierung, zum Bundesrat, zum Bundespräsidenten und zum Bundesverfassungsgericht. Man nennt sie die Verfassungsorgane. Ihre Aufgaben werden im Grundgesetz beschrieben.

Gruppe 4: Der Bundespräsident

Bundespräsident Joachim Gauck und seine Lebensgefährtin Daniela Schadt beim Empfang ausländischer Staatsgäste vor Schloss Bellevue

Bundespräsident Joachim Gauck ernennt die neue und entlässt die alte Bildungsministerin auf Vorschlag der Bundeskanzlerin.

Wir haben immer eine Doppelseite für ein Verfassungsorgan verwendet. Sie können im Kurs fünf Teams oder Gruppen bilden und die Steckbriefe zu den Verfassungsorganen ausfüllen. Anschließend stellen Sie Ihre Ergebnisse im Kurs vor.

Der Amtssitz des Bundespräsidenten ist das Schloss Bellevue in der Bundeshauptstadt Berlin.

- Schreiben Sie bitte die wichtigsten Informationen aus dem Text zum Bundespräsidenten in den Steckbrief.

Der Bundespräsident

Der Bundespräsident entscheidet nicht über die Politik: Er beschließt nicht, wie hoch die Steuern sind. Er entscheidet auch nicht, ob es mehr Kindergeld gibt oder ob Deutschland Soldaten in andere Länder schickt. Er ist aber das offizielle Staatsoberhaupt der Bundesrepublik Deutschland.

Warum ist der Bundespräsident wichtig, obwohl er relativ wenig Macht hat?

Er besucht und empfängt ausländische Staats- und Regierungschefs und führt Gespräche mit ihnen. Dabei vertritt er Deutschland und repräsentiert das Land.

Für die Menschen in Deutschland ist es natürlich interessant, was der Bundespräsident in seinen Reden zu wichtigen Themen sagt. So bringt er die Bürger/innen und auch die Politiker/innen zum Nachdenken, was sich in Deutschland verändern soll. Dabei versucht er unparteiisch zu sein, wie ein Schiedsrichter bei einem Fußballspiel.

Der Bundespräsident hat noch andere Aufgaben. Er ernennt die Bundeskanzlerin / den Bundeskanzler und neue Minister/innen. Er sucht die Kanzlerin / den Kanzler und die Minister/innen aber nicht aus.

Der Bundespräsident wird für fünf Jahre gewählt. Dazu gibt es die Bundesversammlung. In der Bundesversammlung sitzen alle Abgeordneten des Bundestages und Vertreter/innen der sechzehn Bundesländer.

Steckbrief Bundespräsident

1. Wo hat der Bundespräsident seinen Amtssitz?

....

....

2. Welche Rolle hat der Bundespräsident?

....

....

....

....

3. Welche Aufgaben hat der Bundespräsident?

....

....

....

....

....

....

....

4. Wer wählt den Bundespräsidenten?

....

....

....

....

5. Für wie viele Jahre wird der Bundespräsident gewählt?

....

....

M 17 | Welche Aufgaben haben die Verfassungsorgane?

Auf diesen Seiten finden Sie Texte zum Bundestag, zur Bundesregierung, zum Bundesrat, zum Bundespräsidenten und zum Bundesverfassungsgericht. Man nennt sie die Verfassungsorgane. Ihre Aufgaben werden im Grundgesetz beschrieben.

Gruppe 5: Das Bundesverfassungsgericht

Wer denkt, dass seine Grundrechte verletzt werden, kann sich beim Bundesverfassungsgericht beschweren.

Das Bundesverfassungsgericht hat seinen Sitz in Karlsruhe.

Die Richter/innen des Bundesverfassungsgerichts prüfen auch, ob Gesetze gegen das Grundgesetz verstoßen.

Wir haben immer eine Doppelseite für ein Verfassungsorgan verwendet. Sie können im Kurs fünf Teams oder Gruppen bilden und die Steckbriefe zu den Verfassungsorganen ausfüllen. Anschließend stellen Sie Ihre Ergebnisse im Kurs vor.

Das Bundesverfassungsgericht ist das höchste deutsche Gericht und gehört zur rechtsprechenden Gewalt (Judikative). Es hat seinen Sitz in Karlsruhe.

- Schreiben Sie bitte die wichtigsten Informationen aus dem Text zum Bundesverfassungsgericht in den Steckbrief.

Das Bundesverfassungsgericht

Wer denkt, dass seine Grundrechte verletzt werden, kann sich beim Bundesverfassungsgericht beschweren. Jedes Jahr tun dies mehrere tausend Bürger/innen. Das Bundesverfassungsgericht entscheidet dann, ob die Grundrechte verletzt werden. Erfolg haben zwei bis drei Prozent dieser Beschwerden.

Das Bundesverfassungsgericht ist aber auch so etwas wie ein „TÜV" für Gesetze. Dieser „TÜV" prüft, ob ein Gesetz gegen das Grundgesetz verstößt. Wenn dies so ist, wird das Gesetz ungültig oder muss geändert werden.

Das Grundgesetz gibt den Bürgerinnen und Bürgern viele Rechte und Freiheiten. Sie dürfen diese Freiheit aber nicht benutzen, um gegen die Demokratie zu kämpfen. Deshalb kann das Bundesverfassungsgericht Gruppen oder politische Parteien verbieten, die sich aktiv gegen das Grundgesetz richten. Solche Parteien nennt man „verfassungswidrig".

Die Richter/innen des Bundesverfassungsgerichts werden vom Bundestag und vom Bundesrat gewählt.

Ein Beispiel für eine Verfassungsbeschwerde:
Stadtrat X hält eine Rede und erzählt dabei, welche Schule er besucht hat. Stadtrat Y ruft dazwischen: „Der X war auf einer Schule? Das kann ich nicht glauben." Stadtrat X antwortet: „Dummschwätzer". Ein Amtsgericht verurteilt X: Er soll 900 Euro bezahlen, weil er Y beleidigt hat. X geht vor das Bundesverfassungsgericht und hat Erfolg. „Dummschwätzer" ist nicht immer eine Beleidigung.

vgl. Pressemitteilung BVerfG Nr. 110/2008

Steckbrief Bundesverfassungsgericht

1. Zu welcher Staatsgewalt gehört das Bundesverfassungsgericht?

   ....

   ....

   ....

2. Wo hat das Bundesverfassungsgericht seinen Sitz?

   ....

   ....

   ....

3. Welche Aufgaben hat das Bundesverfassungsgericht?

   ....

   ....

   ....

   ....

   ....

   ....

   ....

   ....

   ....

4. Wer wählt die Richter/innen?

   ....

   ....

   ....

M 18 | Die Verfassungsorgane: Testen Sie Ihr Wissen!

Bitte beschriften Sie die Pfeile mit den richtigen Begriffen.

- beschließt (2 x)
- ist Chefin von (1 x)
- kontrolliert (1 x)
- ernennt (1 x)
- wählt (3 x)

Quiz zu den Themen Verfassungsorgane und Grundrechte

Mit dem Quiz können Sie überprüfen, ob Sie nun die Testfragen zum Thema der letzten Seiten beantworten können. Damit dies etwas mehr Spaß macht, haben wir die Fragen in drei Schwierigkeitsstufen sortiert: (Stufe 1 = leicht, Stufe 2 = mittel und Stufe 3 = schwierig). Sie können nun der Reihe nach wählen, welche Fragen Sie beantworten möchten (zum Beispiel A 3 = Testfrage 116). Für richtige Antworten gibt es 1 bis 3 Punkte. Gewonnen hat die Gruppe, die am meisten Punkte hat, wenn alle Fragen beantwortet sind. Natürlich können Sie das Quiz auch alleine oder mit einer Partnerin / einem Partner spielen.

Testen Sie Ihr Wissen!

	1 leicht	2 mittel	3 schwierig
A	4	15	116
B	9	18	65
C	6	2	85
D	278	86	70
E	82	31	90
F	28	101	20
G	74	60	19
H	107	87	12
I	71	81	57
J	72	89	117

M 19 | Welche Parteien sind im Parlament? Wofür setzen sie sich ein?

In der Tabelle auf dieser Seite steht, wie viele Abgeordnete die vier Fraktionen im 18. Bundestag (2013-2017) haben. Schreiben Sie die Namen der Fraktionen und die Zahl der Sitze in die richtigen Felder. Welche Fraktionen gehören zur Koalition und zur Opposition? Ziehen Sie eine Linie zwischen beiden Gruppen in der Grafik (graues Feld). Wie viele Sitze haben die Koalition und die Opposition? Wie viele Abgeordnete hat der 18. Bundestag insgesamt?

Die Fraktionen im Deutschen Bundestag 2013

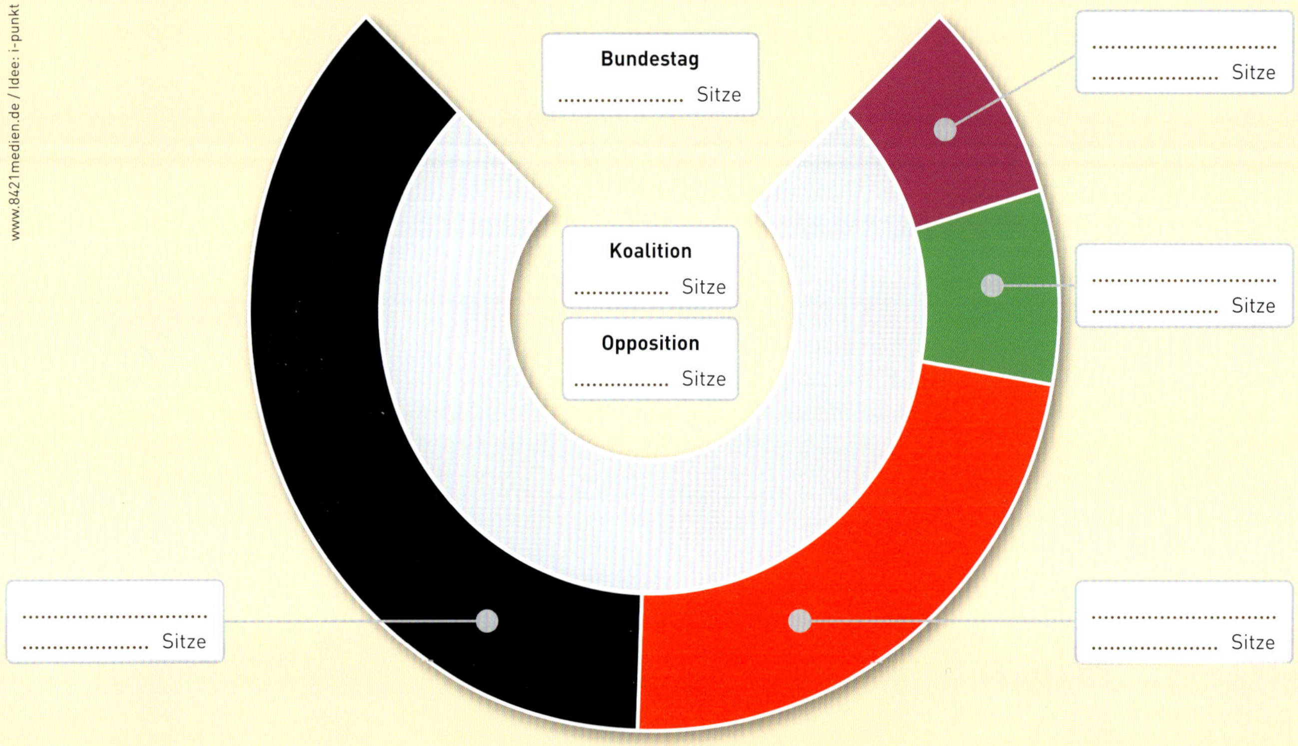

www.8421medien.de / Idee: i-punkt

Die Fraktionen im Deutschen Bundestag nach der Bundestagswahl 2013

		Anteil Zweitstimmen	Sitze im Bundestag
Christlich Demokratische Union Christlich-Soziale Union	CDU/CSU Fraktion im Deutschen Bundestag	41,5 %	311
Sozialdemokratische Partei Deutschlands	SPD Bundestagsfraktion	25,7 %	193
Bündnis 90 / Die Grünen	Bündnis 90 Die Grünen	8,4 %	63
Die Linke	Die Linke. im Bundestag	8,6 %	64

Die Tabelle auf dieser Seite zeigt Ihnen, wie die Parteien im Bundestag über ganz konkrete politische Fragen denken. So können Sie Ihre Meinung mit den Zielen der Parteien vergleichen. Achtung: Auch politische Parteien ändern manchmal ihre Meinung zu Themen und Problemen. Deshalb ist es gut, wenn man sich auch über die Medien über die aktuelle Politik informiert.

✓ stimme zu — neutral ✗ stimme nicht zu

	Ihre Meinung	DIE LINKE.	BÜNDNIS 90 DIE GRÜNEN	SPD	CDU CSU
1. Es soll ein gesetzlicher flächendeckender Mindestlohn eingeführt werden.		✓	✓	✓	✗
2. Eltern, deren Kinder nicht in die Kita gehen, sollen ein Betreuungsgeld erhalten.		✗	✗	✗	✓
3. Generelles Tempolimit auf allen Autobahnen!		✓	✓	✗	✗
4. Der Strompreis soll vom Staat stärker reguliert werden.		✓	—	✓	✗
5. Die Videoüberwachung im öffentlichen Raum soll ausgebaut werden.		✗	✗	—	✓
6. In Deutschland soll ein bedingungsloses Grundeinkommen eingeführt werden.		—	—	✗	✗
7. Nur ökologische Landwirtschaft soll finanzielle Förderung erhalten.		—	—	—	✗
8. Der Spitzensteuersatz soll erhöht werden.		✓	✓	✓	✗
9. Die „Pille danach" soll rezeptpflichtig bleiben.		✗	✗	✗	✓
10. Deutschland soll mehr Flüchtlinge aufnehmen.		✓	✓	✓	✗
11. An allen deutschen Grenzen sollen wieder Einreisekontrollen eingeführt werden.		✗	✗	✗	✗
12. In Aufsichtsräten und Vorständen von Unternehmen soll eine gesetzliche Frauenquote gelten.		✓	✓	✓	—
13. Das gesetzliche Renteneintrittsalter soll wieder gesenkt werden.		✓	✗	✓	✗
14. Rüstungsexporte sollen verboten werden.		✓	—	✗	✗
15. Deutschland soll sich für einen Beitritt der Türkei zur Europäischen Union einsetzen.		✓	✓	✓	✗
16. Hartz-IV-Empfängern sollen weiterhin Leistungen gekürzt werden, wenn sie Jobangebote ablehnen.		✗	✗	✓	✓
17. In der Euro-Zone soll jeder Staat alleine für seine Schulden haften.		✗	✗	—	✓
18. Auch gleichgeschlechtliche Lebenspartnerschaften sollen ein gemeinsames Adoptionsrecht erhalten.		✓	✓	✓	✗
19. Keine Speicherung von Kommunikationsdaten (z. B. Telefon, Internet) ohne konkreten Anlass!		✓	✓	✗	✗
20. Volljährige deutsche Staatsangehörige sollen keine weitere Staatsangehörigkeit besitzen dürfen.		✗	✗	✗	✓
21. Die Nutzung von Autobahnen soll kostenpflichtig sein.		✗	—	✗	—
22. Einführung von Volksentscheiden auf Bundesebene!		✓	✓	✓	—

Quelle: Wahl-O-Mat zur Bundestagswahl 2013, Bundeszentrale für politische Bildung, www.bpb.de/politik/wahlen/wahl-o-mat/bundestagswahl-2013/

M 20 | Wie würden Sie entscheiden? Sollen Raucher/innen mehr bezahlen?

Eigentlich raucht Lukas Streich nicht mehr. Seit er Abgeordneter im Bundestag ist, hat er aufgehört. Aber jetzt zündet er sich eine Zigarette an. Lukas hat Stress, viel Stress. Der Bundestag stimmt bald über ein neues Gesetz ab. Raucher/innen sollen mehr bezahlen. Die Steuern für eine Schachtel Zigaretten sollen um zwei Euro erhöht werden.

Lukas weiß nicht, ob er für oder gegen dieses Gesetz stimmen soll. Wenn er dagegen stimmt, bekommt er Ärger mit seiner Fraktion. Die anderen Abgeordneten in seiner Fraktion wollen das Gesetz. Sie denken genauso wie die Regierung. Wenn er für das Gesetz stimmt, bekommt er aber auch Probleme.

Wo Lukas herkommt, arbeiten viele Menschen in der Zigaretten-Industrie. Deshalb sind sie gegen das Gesetz. Lukas weiß genau, wie wichtig seine Stimme im Bundestag ist. Die Opposition ist stark und es kommt auf jede Abgeordnete / jeden Abgeordneten an. Was soll ich nur tun, denkt sich Lukas und zündet sich die nächste Zigarette an.

Am nächsten Tag findet Lukas vier E-Mails in seinem Posteingang.

Von: Kollegin aus der Fraktion

Hallo Lukas,
ich stimme für das Gesetz, weil es gut und richtig ist. Du hast ja selbst aufgehört zu rauchen. Das Gesetz sorgt dafür, dass viele Menschen die gleiche Entscheidung treffen. Und wenn das Rauchen teurer wird, fangen viele Jugendliche erst gar nicht an. Wir müssen alles für die Gesundheit junger Menschen tun. Wer trotzdem rauchen will, soll mehr bezahlen. Raucher schaden nicht nur sich selbst, sie schaden allen. Die Krankenkassen bezahlen jedes Jahr Milliarden von Euro für Krankheiten, die vom Rauchen kommen. Wir vertreten das ganze Volk, nicht die Raucher. Siehst du das nicht auch so?
Liebe Grüße von Kathrin

Von: Chefin der Zigarettenfirma

Sehr geehrter Herr Streich,
wie ich über das Gesetz denke, habe ich Ihnen schon gestern beim Mittagessen gesagt. Es geht dabei nicht um eine Steuer oder um Zigaretten. Es geht um mehr als 3.000 Menschen, die in unserer Fabrik arbeiten. Wenn der Bundestag das neue Gesetz beschließt, verlieren viele von ihnen ihren Arbeitsplatz. Weniger Zigaretten bedeuten weniger Mitarbeiter. So einfach ist das. Und in ein oder zwei Jahren wird die Fabrik geschlossen und wir gehen ins Ausland. Dort ist die Arbeit billiger. Verstehen Sie mich nicht falsch. Wir wollen das nicht und Sie bestimmt auch nicht.
Mit freundlichen Grüßen Petra Streusand

Von: Fraktionschef

Lieber Lukas,
ich bin sicher, dass du dich richtig entscheidest. Wer gegen das Gesetz stimmt, schadet der Fraktion und der Regierung. Und das willst du doch nicht. Die Menschen im Land haben uns bei der Wahl die Mehrheit gegeben. Wir müssen ihnen zeigen, dass wir mit dieser Mehrheit unsere Politik durchsetzen können. Da kann nicht jeder Abgeordnete machen, was er will. Ich denke auch an dich. Sicher willst du deine Freunde in der Fraktion nicht verlieren. Alleine kommt man in der Politik nicht weit. Kann ich dich vor der Abstimmung in meinem Büro sehen?
Bis dahin viele Grüße Gerhard

Von: Parteifreund aus der Heimatstadt

Mein lieber Freund Lukas,
die Menschen in unserer Stadt sind wütend auf uns. Das neue Gesetz macht unsere Arbeitsplätze kaputt, sagen sie. Sie verstehen eure Politik in Berlin nicht. Sie denken an ihre Familien und an ihre Zukunft. Sie haben Recht, Lukas. Was soll aus der Stadt werden, wenn die Fabrik schließt? Du hast den Leuten hier versprochen, dass du in Berlin für sie arbeitest. Wir haben dir geglaubt. Deshalb haben wir dich zu unserem Kandidaten bei den Wahlen gemacht. Die Menschen haben dir geglaubt. Deshalb haben sie dich gewählt. Zeige uns und ihnen, dass das richtig war. Stimme gegen das Gesetz!
Herzliche Grüße von deinem Parteifreund Alexander

AUFGABEN

Lesen Sie in Gruppen je eine der vier E-Mails. Beantworten Sie dann bitte folgende Fragen zu Ihrer E-Mail:

1. Soll Lukas für oder gegen das Gesetz stimmen? Beschriften Sie die Pfeile im Schaubild auf der rechten Seite.
2. Warum soll Lukas dafür/dagegen stimmen? Schreiben Sie Stichworte in die leeren Boxen rechts.
3. Wie würden Sie sich als Abgeordnete/Abgeordneter entscheiden? Diskutieren Sie im Kurs darüber. Stimmen Sie dann über das Gesetz ab.

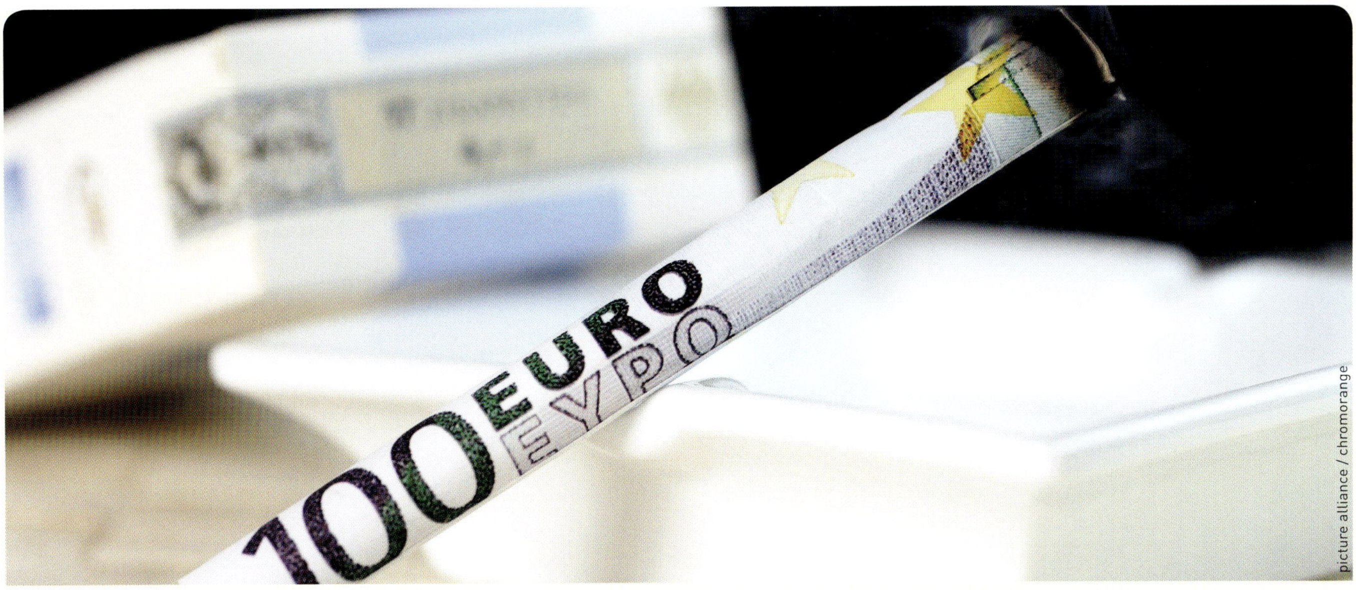

picture alliance / chromorange

Höhere Steuern auf Zigaretten?

Fraktionschef

Chefin der Zigarettenfirma

Zwischen allen Stühlen:

Abgeordneter Lukas Streich

Kollegin aus der Fraktion

Parteifreund aus der Heimatstadt

M 21 | Soll ich Deutsche/Deutscher werden?

AUFGABEN UND AKTIVITÄTEN

picture-alliance/ dpa/dpaweb

1. Wie kann man Deutsche/Deutscher werden?
   Lesen Sie die Informationen auf der rechten Seite.
2. Was denken Sie? Ist es zu schwierig, Deutsche/Deutscher zu werden?
   Was sollte sich ändern?
   Schreiben Sie einen Brief an die Fraktionen im Deutschen Bundestag.
   Die Adressen finden Sie im Internet.
3. Wir haben Migrantinnen und Migranten gefragt, welche Gründe es für oder gegen eine Einbürgerung gibt. Sie finden die Aussagen auf der Waage.
   Unterstreichen Sie bitte die Aussagen, die für Sie persönlich richtig sind.
   Ergänzen Sie weitere Gründe für oder gegen eine Einbürgerung.
4. Können Sie sich vorstellen, Deutsche/Deutscher zu werden?

Gründe für die Einbürgerung

Ich will das Wahlrecht bei allen Wahlen in Deutschland.

Die deutsche Staatsbürgerschaft ist wichtig für meinen Beruf.

Als Deutsche/Deutscher werde ich mehr respektiert und anerkannt.

Ich bin mit Deutschland sehr verbunden und will das zeigen.

Ich darf die Staatsbürgerschaft meines Herkunftslandes behalten, wenn ich Deutsche/Deutscher werde, weil ich aus der EU komme.

Als Deutsche/Deutscher brauche ich für viele Staaten kein Visum mehr.

INFOBOX

Häufige Fragen und kurze Antworten zum Thema Einbürgerung

- **Wie lange muss ich in Deutschland leben, bevor ich Deutsche/Deutscher werden kann?**

Normalerweise acht Jahre. Wenn Sie erfolgreich an einem Integrationskurs teilnehmen, sind es sieben Jahre. Bei „besonderen Integrationsleistungen" reichen manchmal sechs Jahre.

- **Wie gut muss mein Deutsch sein?**

Sie müssen mündlich und schriftlich mindestens auf dem Niveau B1 sein (erfolgreiche Teilnahme am Sprachkurs im Rahmen des Integrationskurses, Deutschtest für Zuwanderer).

- **Muss ich einen Einbürgerungstest machen?**

Nein, wenn Sie einen deutschen Hauptschulabschluss oder einen höheren deutschen Schulabschluss haben. Nein, wenn Sie beim Test zum Orientierungskurs mindestens 17 von 33 Fragen richtig beantwortet haben. Der Test heißt „Leben in Deutschland" und wird auch als Einbürgerungstest verwendet.

- **Wieviel kostet es, wenn ich Deutsche/Deutscher werden will?**

Für Erwachsene gibt es eine Gebühr von 255 €.

- **Kann ich die Staatsangehörigkeit meines Herkunftslandes behalten?**

Normalerweise müssen Sie Ihre bisherige Staatsangehörigkeit abgeben, bevor Sie Deutsche/Deutscher werden. Das gilt nicht, wenn Sie Bürger/in der Europäischen Union oder der Schweiz sind.

- **Was ist sonst noch wichtig?**

Sie müssen selbst für sich und Ihre Familie sorgen können. Keine Probleme gibt es, wenn Sie Arbeitslosengeld I, Wohngeld oder BaföG bekommen. Für Hartz IV-Empfänger/innen gilt: Wer seinen Arbeitsplatz ohne eigene Schuld (betriebsbedingt) verloren hat und aktiv eine neue Arbeit sucht, kann Deutsche/Deutscher werden.

Weitere Informationen zur Einbürgerung erhalten Sie von den Mitarbeiterinnen und Mitarbeitern der Einbürgerungsbehörde in Ihrer Stadt.

Gründe gegen eine Einbürgerung

- **Ich muss die Staatsangehörigkeit meines Herkunftslandes abgeben. Das will ich nicht.**
- **Ich möchte wieder zurück in mein Herkunftsland.**
- **Die Verbindung zu meinem Herkunftsland ist stärker als meine Verbindung zu Deutschland.**
- **Ich möchte das Wahlrecht in meinem Herkunftsland behalten.**
- **Wenn ich Deutsche/Deutscher werde, verliere ich den Respekt meiner Familie und anderer Menschen aus meinem Herkunftsland.**
- **Ich fühle mich hier wohl und brauche kein Papier, das mir sagt, dass ich Deutsche/Deutscher bin.**
-
-
-

M 22 | Wer macht was in meiner Stadt? - Behörden-ABC

Lesen Sie die Aussagen auf den Karten. Zu welcher Behörde müssen die Menschen gehen?

Wir wissen nicht mehr, wie wir unsere Schulden bezahlen sollen. 1	Ich möchte mein neues Auto auf meinen Namen zulassen. 2	Wir haben einen Hund gekauft und müssen ihn anmelden. 3	Es ist ganz schön teuer, wenn man mit der ganzen Familie in den Zoo gehen will. 4
Wir möchten uns über Aus-bildungsberufe informieren. 5	Wir möchten heiraten. 6	Mein Sohn will studieren, aber ich verdiene nicht viel. 7	Ich möchte deutscher Staatsbürger werden. 8
Ich möchte Elterngeld beantragen. 9	Wir brauchen Hilfe. Unser Kind nimmt Drogen. 10	Ich arbeite nachmittags und brauche eine Betreuung für mein Kind. 11	Wir können den Konflikt mit unserer Tochter nicht alleine lösen. 12
Wir haben ein Kind bekommen. Ich muss die Lohnsteuer-klasse ändern lassen. 13	Wir sind umgezogen und müssen uns noch anmelden. 14	Wir brauchen keine 80-Liter Mülltonne. Eine kleinere Tonne reicht uns. 15	Meine Mutter ist behindert. Ich möchte einen Ausweis für sie bean-tragen. 16

INFOBOX

Behörden-ABC

AIDS-Beratung	Landratsamt	–	Abteilung Gesundheit
Arbeitslosengeld II	Stadtverwaltung	–	Bürgeramt
Arbeitssuche	Agentur für Arbeit		
Ausbildungsförderung (Bafög)	Landratsamt	–	Abteilung Soziales
Ausländerrecht	Stadtverwaltung	–	Bürgeramt
Ausweise (Reisepass, Personalausweis)	Stadtverwaltung	–	Bürgeramt
Beglaubigungen	Stadtverwaltung	–	Bürgeramt
Behindertenparkausweis	Stadtverwaltung	–	Bürgeramt
Berufsberatung	Agentur für Arbeit	–	Berufsinformationszentrum (BiZ)
Demonstrationen (Anmeldung)	Stadtverwaltung	–	Ordnung und Gewerbe
Drogen- und Suchtberatung	Landratsamt	–	Abteilung Gesundheit
Einbürgerungen	Landratsamt	–	Abteilung Ordnung
Elterngeld	Stadtverwaltung	–	Abteilung Soziales
Erziehungsberatung	Landratsamt	–	Abteilung Jugend und Soziales
Familienpass	Stadtverwaltung	–	Bürgeramt
Führerscheinstelle	Landratsamt	–	Abteilung Verkehr und Straßen
Führungszeugnis	Stadtverwaltung	–	Bürgeramt
Fundsachen	Stadtverwaltung	–	Bürgeramt
Gaststätten	Stadtverwaltung	–	Ordnung und Gewerbe
Geburt	Stadtverwaltung	–	Standesamt
Hausaufgabenhilfe	Stadtverwaltung	–	Schule und Sport
Heiraten	Stadtverwaltung	–	Standesamt
Hunde	Stadtverwaltung	–	Bürgeramt
Integrationskurse (Anträge)	Stadtverwaltung	–	Bürgeramt
Kfz-Zulassung	Landratsamt	–	Zulassungsstelle
Kindertagesbetreuung	Stadtverwaltung	–	Kindertagesbetreuung
Lohnsteuerkarte	Finanzamt		
Müllgebühren/Beratung	Landratsamt	–	Abfallwirtschaft
Pass/Personalausweis	Stadtverwaltung	–	Bürgeramt
Schuldnerberatung	Landratsamt	–	Abteilung Soziales
Schwangerschaftskonfliktberatung	Landratsamt	–	Abteilung Gesundheit
Schwerbehindertenausweis	Stadtverwaltung	–	Bürgeramt
Sozialhilfe	Stadtverwaltung	–	Soziale Angebote
Sterbeurkunde	Stadtverwaltung	–	Standesamt
Wohngeld	Stadtverwaltung	–	Soziale Angebote
Wohnung (Anmelden)	Stadtverwaltung	–	Bürgeramt

M 23 | Kann sich mitmachen lohnen?

Demokratie wird lebendig, wenn die Menschen mitmachen und sich an Entscheidungen beteiligen.

Es kann viele Gründe dafür geben: bessere Betreuungsangebote im Kindergarten, den Bau einer neuen Straße, mehr kulturelle Angebote, Integrationsprojekte usw. Wer mitmachen will, hat viele Möglichkeiten: Man kann z. B. im Elternbeirat, in Vereinen und Bürgerinitiativen mitarbeiten oder an Demonstrationen teilnehmen.

A

Bäume sollen für ein neues Parkhaus fallen – Anwohner gründen eine Bürgerinitiative

B

40 Prozent haben einen Migrationshintergrund – nur zwei Migranten im Stadtrat

C

Mehr über den Islam erfahren – Moscheenverein bietet Führungen an

1

„In unserem Verein arbeiten Deutsche und Migranten zusammen. Wir machen Angebote für Jugendliche in unserem Stadtteil. Das sind junge Leute, die normalerweise nicht in Vereine gehen, sondern sich vor der Tankstelle treffen. Für unser neues Projekt bekommen wir Geld von der Stadt. Ein junger Rapper macht Workshops mit Jugendlichen. Am Ende soll eine CD mit eigenen Texten entstehen."

2

„Unsere Stadt ist bunt. Hier leben Menschen aus über 150 Ländern. Im Gemeinderat sind nur zwei Migranten. Das finde ich schlecht. Als Spanierin darf ich wählen. Wenn du aus der Türkei kommst, geht das nicht. Egal ob du seit 20 Jahren in Deutschland lebst und Steuern zahlst. Leider gehen auch viele Migranten nicht zur Wahl, die wählen dürfen."

3

„Bin ich eigentlich blöd?", frage ich mich manchmal. Tagsüber im Büro und abends Elternkurse oder Beratungsgespräche. Aber es macht mir Spaß und ich glaube, es ist wichtig, dass Eltern besser über die Schule Bescheid wissen. Als Elternlotsin will ich aber auch, dass die Lehrerinnen und Lehrer besser wissen, was Eltern erwarten."

ZUM NACHDENKEN UND DISKUTIEREN

+ Warum machen manche Menschen mit?

____

____

– Warum machen manche Menschen nicht mit?

____

____

Bei Bundestags- und Landtagswahlen dürfen nur Deutsche wählen, bei Gemeinderatswahlen auch Ausländer/innen, die aus den Ländern der Europäischen Union (EU) kommen.

Wer mitmachen will, darf nicht auf dem Sofa sitzen bleiben. Oft braucht man ganz schön viel Zeit und Energie, wenn man etwas verbessern will. Auf dieser Doppelseite finden Sie einige Beispiele, wie Menschen aktiv werden.

4

„Als ich jung war, gab es hier im Stadtviertel einen Park. Jetzt sind nur noch diese Bäume und eine kleine Wiese übrig. Ein Parkhaus heißt: noch mehr Autos, noch mehr Lärm, noch mehr Abgase. Das nimmt uns die Luft zum Atmen. Dagegen protestieren wir."

5

„Ich bin fast 30 Jahre bei VW und fast genauso lang bei der Gewerkschaft. Meine Kolleginnen und Kollegen sagen mir, was sie stört und unzufrieden macht. Als Betriebsrat setze ich mich für sie ein und suche nach Lösungen für ihre Probleme. Wenn es sein muss, streiten wir auch mit den Chefs. Davon hat die ganze Firma etwas. Gute Autos kannst du nur mit zufriedenen Mitarbeitern bauen."

6

„Das ist ganz normal: Man hat Angst vor Dingen, die man nicht kennt. Manchmal lehnt man sie auch ab oder hat Vorurteile. Ich will den Menschen hier zeigen, dass man vor dem Islam und Muslimen keine Angst haben muss. Deshalb helfe ich bei den Moschee-führungen."

D

ullstein bild – Eck

Was bringt der Tarifabschluss? – Betriebsversammlung bei VW

E

picture-alliance / dpa / dpaweb

Rappen statt saufen – Rap-Workshop soll Jugendliche von der Straße holen

F

picture-alliance / dpa

Eine Brücke zwischen Schule und Mirgrantenfamilien – Tina Babic engagiert sich als Elternlotsin

AUFGABEN UND AKTIVITÄTEN

1. Bitte ordnen Sie die Bilder und Überschriften den richtigen Aussagen zu.
2. Warum mischen sich diese Menschen ein? Finden Sie das gut? Stimmen Sie im Kurs mit Ampelkarten ab und begründen Sie Ihre Meinung (*grün:* finde ich gut; *gelb:* weiß nicht; *rot:* finde ich nicht gut).
3. Warum machen manche Menschen nicht (oder noch nicht) mit?
4. Wo machen Sie mit, wo würden Sie gerne mit-machen?

M 24 | Wie kann man gemeinsam etwas verändern? - Probleme mit dem Schulbus

12.50 Uhr – endlich ist die Schule aus. Michelle packt die Bücher in ihre Schultasche. Sie weiß, dass sie schnell sein muss, wenn sie noch einen Platz im Schulbus haben will. „Halt", ruft die Lehrerin, „ich muss euch noch sagen, was Hausaufgabe für morgen ist". Michelle schreibt alles auf und läuft dann zur Bushaltestelle.

Dort warten schon viele andere Schülerinnen und Schüler. Als der Busfahrer die Türen öffnet, beginnt der Kampf: Alle stoßen und drücken, manche schlagen sogar, um in den Bus zu kommen. Jeder weiß: Wenn ich es nicht schaffe, muss ich eine Stunde warten, bis der nächste Bus kommt. Nach kurzer Zeit muss der Fahrer die Türen schließen. Der Bus ist schon viel zu voll, er darf nicht mehr Kinder mitnehmen. Michelle bleibt an der Haltestelle zurück, sie war zu spät. Jetzt muss sie wieder ihre Mutter anrufen.

Michelles Mutter ärgert sich. Sie arbeitet halbtags und braucht die Zeit am Mittag, um zu kochen oder noch schnell etwas einzukaufen. Sie kann Michelle nicht zweimal pro Woche mit dem Auto abholen. Außerdem ist die Monatsfahrkarte ziemlich teuer. Warum funktioniert das nicht mit dem Schulbus, denkt sie sich. Nach der letzten Stunde sind die Busse total voll und eine Stunde früher halbleer.

picture-alliance / dpa

VERGLEICHEN SIE:

Wie sehen die Eltern das Problem?

Wie sieht das Busunternehmen das Problem?

VIER SCHRITTE ZUM MITMACHEN

Schritt 1 – informieren und aktivieren

- Wie können Sie sich selbst informieren?
- Was können Sie tun, damit andere Menschen von dem Problem erfahren?
- Was können Sie tun, damit andere mitmachen?

Schritt 2 – Unterstützung holen

- Welche Personen können Ihnen helfen, damit sich etwas ändert?
- Welche Gruppen oder Institutionen können Sie unterstützen (z. B. der Elternbeirat)?

Schritt 3 – diskutieren und überzeugen

- Was sind Ihre Argumente?
- Wie können Sie andere davon überzeugen?
- Was wird das Busunternehmen dazu sagen?

Schritt 4 – Lösungen finden

- Wie könnte man das Problem lösen?
- Wer muss etwas tun? Was muss man tun?
- Kann auch die andere Seite mit Ihrem Vorschlag einverstanden sein?

AUFGABEN UND AKTIVITÄTEN

1. Einige Eltern treffen sich vor der Schule, weil sie ihre Kinder wieder mit dem Auto abholen müssen. Gestalten Sie ein Rollenspiel.
2. Die Eltern beschließen etwas zu tun, um das Problem zu lösen. Bitte bearbeiten Sie in Kleingruppen die Fragen in den Boxen oben und erstellen Sie Plakate zu den vier Schritten.
3. Stellen Sie Ihre Plakate im Kurs vor. Vergleichen Sie die Lösungen und diskutieren Sie über die unterschiedlichen Vorschläge.
4. Die Elternvertreter/innen treffen sich mit der Schulleiterin und dem Chef des Busunternehmens. Verteilen Sie die Rollen und bereiten Sie ein Rollenspiel vor. Überlegen Sie nach dem Rollenspiel, ob alle mit der Lösung zufrieden sind.

AKTIV WERDEN

? Was möchten Sie in Ihrer Gemeinde oder in Ihrem Stadtteil verändern?

____
____
____
____

? Überlegen Sie, wie die vier Schritte zum Mitmachen für „Ihr" Problem aussehen könnten.

____
____
____
____

M 25 | Wie kann man gemeinsam etwas verändern? - Ämter und Behörden

Frau Aydin ist Vorsitzende des Forums International in Oberfurt. Im Forum International arbeiten alle Migrantenvereine der Stadt zusammen. Sie organisieren z. B. Konzerte, Feste oder bieten Veranstaltungen und Kurse an. Das Forum kümmert sich aber auch um Probleme, die alle Migrantinnen und Migranten in der Stadt betreffen.
In letzter Zeit haben sich einige Mitglieder bei Frau Aydin über die Ämter der Stadtverwaltung beklagt: „Manchmal sind die Mitarbeiter unhöflich und ungeduldig und manchmal gibt es Vorurteile gegen Migranten." Frau Aydin hat deshalb einen Termin mit dem Leiter des Bürgeramtes, Herrn Merseburg, vereinbart. Auch Herr Merseburg ist mit der Situation nicht zufrieden. Seine Mitarbeiter und Mitarbeiterinnen berichten immer wieder von Konflikten und Missverständnissen bei Gesprächen mit Migrantinnen und Migranten.

picture-alliance / ZB

VERGLEICHEN SIE:

Wie sehen die Migrantenvereine das Problem?

____
____
____
____
____
____
____
____

Wie sieht der Behördenleiter das Problem?

____
____
____
____
____
____
____
____

VIER SCHRITTE ZUM MITMACHEN

Schritt 1 – informieren und aktivieren

Wie können Sie sich selbst informieren?
Was können Sie tun, damit andere Menschen von dem Problem erfahren?
Was können Sie tun, damit andere mitmachen?

Schritt 2 – Unterstützung holen

Welche Personen können Ihnen helfen, damit sich etwas ändert?
Welche Gruppen oder Institutionen können Sie unterstützen (z. B. der Migrationsbeirat)?

Schritt 3 – diskutieren und überzeugen

Was sind Ihre Argumente?
Wie können Sie andere davon überzeugen?
Was wird der Behördenleiter dazu sagen?

Schritt 4 – Lösungen finden

Wie könnte man das Problem lösen?
Wer muss etwas tun? Was muss man tun?
Kann auch die andere Seite mit Ihrem Vorschlag einverstanden sein?

AUFGABEN UND AKTIVITÄTEN

1. Die Mitglieder des Forums International treffen sich und sprechen über das Problem. Gestalten Sie ein Rollenspiel.
2. Das Forum beschließt etwas zu tun, um das Problem zu lösen. Bitte bearbeiten Sie in Kleingruppen die Fragen in den Boxen oben und erstellen Sie Plakate zu den vier Schritten.
3. Stellen Sie Ihre Plakate im Kurs vor. Vergleichen Sie die Lösungen und diskutieren Sie über die unterschiedlichen Vorschläge.
4. Mitglieder des Forums, der Behördenleiter und der Integrationsbeauftragte der Stadt treffen sich. Verteilen Sie die Rollen und bereiten Sie ein Rollenspiel vor. Überlegen Sie nach dem Rollenspiel, ob alle mit der Lösung zufrieden sind.

AKTIV WERDEN

? Was möchten Sie in Ihrer Gemeinde oder in Ihrem Stadtteil verändern?

____

____

____

____

? Überlegen Sie, wie die vier Schritte zum Mitmachen für „Ihr“ Problem aussehen könnten.

____

____

____

____

M 26 | Wie denken Eltern und Lehrer/innen über Zusammenarbeit?

So denken Lehrerinnen und Lehrer über Zusammenarbeit.

1

AsA e. V. Bonn

Zu mir kommen vor allem die Eltern von Kindern ohne Probleme. Die anderen Eltern sehen wir selten in der Schule. Viele Probleme können wir Lehrerinnen und Lehrer aber nicht alleine lösen. Wir brauchen die Eltern dazu. An meiner Schule haben über 50 Prozent der Kinder einen Migrationshintergrund. Bisher haben wir ihre Eltern nur schlecht erreicht. Zu den Elternabenden und Elternsprechtagen sind viele nicht gekommen. Seit diesem Schuljahr versuchen wir es mit einem Eltern-Café. Außerdem arbeiten wir mit Migrantenvereinen im Stadtteil zusammen. Wir machen Info-Abende bei den Vereinen und in der Schule. Ich denke, das bringt mehr als ein normaler Elternabend.

2

picture-alliance / dpa

Soll ich ehrlich sein? Manchmal fühle ich mich unsicher, wenn Migranteneltern zu mir kommen. Wie soll ich mit ihnen sprechen? Werden sie mich richtig verstehen? Was erwarten sie von mir? Ich glaube, dass wir als Lehrerinnen und Lehrer oft zu wenig über andere Kulturen wissen. Das habe ich in meiner Ausbildung nicht gelernt. Deshalb finde ich es so wichtig, dass sich bei unseren Schulfesten so viele Migranteneltern beteiligen. Es gibt da immer tolles Essen und oft auch Musik. Es geht aber nicht nur darum, Döner oder Cevapcici zu essen. Für mich ist das eine wunderbare Gelegenheit, Eltern kennen zu lernen. Das macht bei so einem Fest richtig Spaß.

3

picture-alliance / ZB

Mit Eltern ist das wie mit allen Menschen. Manche sind sympathisch und manche sind eben unsympathisch. Was ich gar nicht mag ist, wenn Eltern in meine Sprechstunde kommen, weil ihr Kind nur eine 2- und keine 2 im Aufsatz hat. Manche Eltern rufen mich sogar abends an, nur weil ihr Kind mal eine Strafarbeit bekommen hat. Für solche Eltern sind immer die Lehrer ungerecht. Neulich hat eine Schülerin ihren Tisch mit Filzstiften bemalt. Ich habe sie ins Klassenbuch eingetragen. Da hat sie mich gefragt, ob ich wirklich will, dass ihre Mutter wieder in die Sprechstunde kommt.

4

ullstein bild / Mehrl

So denken Eltern über Zusammenarbeit.

Ich bin eine ganz normale Mutter. Ich renne nicht wegen jeder Kleinigkeit zu den Lehrern und ich gehe lieber ins Kino als zum Elternabend. Meistens sitze ich beim Elternabend in der letzten Reihe und bin ruhig. Beim letzten Mal war das anders. Ich habe mich gemeldet und etwas gesagt. Warum müssen die Kinder nach dem Nachmittagsunterricht fast eine Stunde warten, bis der Schulbus kommt? Und warum ist das „schon immer" so? Und warum tun die Eltern, die Lehrer/innen und die Schulleitung nichts dagegen? Das soll sich jetzt ändern. Zusammen mit anderen Eltern sprechen wir nächste Woche mit der Schulleiterin über eine Lösung.

Letzte Woche musste ich mein Auto in die Werkstatt bringen. Der Mechaniker hat mich nicht gefragt, ob ich ihm helfen kann. Es ist sein Job, Autos zu reparieren.
Bei den Lehrerinnen und Lehrern an der Schule unserer Tochter ist das anders. Als Vater oder Mutter sollst du mithelfen und dich engagieren. Eltern sollen als Aufsicht mit ins Schullandheim oder bei Sporttagen aufpassen, sie sollen in der Mensa helfen oder sogar das Klassenzimmer streichen. Dafür habe ich nicht genug Zeit. Außerdem finde ich, dass die Schule das machen soll. Kann man das nicht erwarten?

Bei manchen Lehrern bist du sofort in einer Schublade, wenn du Omür heißt. Manchmal finde ich das sogar lustig. Du kommst in die Sprechstunde und sie reden mit dir, wie mit einem kleinen Kind. „Ihr Junge schreiben gute Aufsätze." Ich habe geantwortet, dass es mich überrascht, wenn sogar der Deutschlehrer so viele Grammatikfehler macht. Er musste auch lachen. Als er erfahren hat, dass ich Journalist bei einer Zeitung bin, hat er mich in den Unterricht eingeladen. Es hat mir Spaß gemacht, den Jugendlichen etwas über meinen Beruf zu erzählen.

5
picture-alliance / ZB

6
i-punkt

7
picture-alliance / ZB

AUFGABEN UND AKTIVITÄTEN

Bearbeiten Sie bitte mit einer Partnerin / einem Partner eine Karte.

1. Über welche Möglichkeiten der Zusammenarbeit sprechen die Eltern und Lehrer/innen? Welche Bilder passen dazu?
2. Wie denken die Eltern und Lehrer/innen über Zusammenarbeit? Was ist Ihre Meinung?
3. Wo würden Sie mitmachen? Kreuzen Sie bitte an: (orange) = nein; (gelb) = weiß nicht; (grün) = ja.

M 27 | Warum ist der Elternabend wichtig?

Ana und Stefano Insaghi wohnen seit einem Jahr in Großdorf, einem Ort in der Nähe von München. Sie fühlen sich dort wohl und auch ihrer Tochter Ines gefällt es inzwischen gut in der neuen Umgebung.

Ines ist 13 Jahre alt und geht in die 7. Klasse. Am Anfang des Schuljahres findet ein Elternabend statt. Ana geht alleine hin, weil Stefano länger arbeiten muss.

1

2

3

4

5

6

7

8

EINLADUNG ZUM ELTERNABEND

Liebe Eltern,

wir laden Sie ganz herzlich zum Elternabend der Klasse 7b am Freitag, den 12. Oktober ein. Der Elternabend beginnt um 19.00 Uhr und findet im Klassenzimmer (Raum 304, 3. Stock) statt.

TAGESORDNUNG

1. Begrüßung
2. Die Fachlehrer/innen informieren über ihre Fächer und die Notenbildung
3. Informationen zur Schulmensa und Mitarbeit der Eltern
4. Schullandheim in Klasse 7: Ideen für Ziele; Eltern als Begleitpersonen?
5. Projekttage zum Thema Wasser
6. Wahl der Elternvertreter/innen
7. Verschiedenes: Schulbus, Schließfächer, …

Sie sehen, dass wir uns über wichtige Themen unterhalten werden. Deshalb sollte unbedingt ein Elternteil aus jeder Familie kommen. Wir freuen uns auf einen interessanten Elternabend und sind gespannt auf Ihre Ideen und Vorschläge!

Mit freundlichen Grüßen

Michaela Berger – Elternvertreterin –

Dagmar Eisler – Klassenlehrerin 7b –

AKTIV WERDEN

Notieren Sie Ihre Fragen und Ideen.

? Was wollen Sie beim nächsten Elternabend genauer wissen?

____

____

____

____

____

____

? Über was möchten Sie mit den anderen Eltern und den Lehrerinnen und Lehrern sprechen?

____

____

____

____

____

____

AUFGABEN UND AKTIVITÄTEN

1. Ordnen Sie bitte die Bilder vom Elternabend den richtigen Punkten auf der Tagesordnung zu.
2. Was erfahren die Eltern auf dem Elternabend, bei welchen Themen können sie ihre Ideen einbringen, wo sollen sie mitarbeiten?
3. Welche Erfahrungen haben Sie bei Elternabenden gemacht? Welche Unterschiede gibt es zum Elternabend auf den Bildern? Wie denken Sie darüber?
4. Ana erzählt Stefano, was sie beim Elternabend erlebt hat (Bild 8). Spielen Sie das Gespräch mit einer Partnerin / einem Partner als Rollenspiel nach.
5. Laden Sie eine Elternvertreterin / einen Elternvertreter in den Kurs ein und machen Sie ein Interview mit ihr/ihm.

M 28 | Was macht Wahlen demokratisch?

Warum sind die Wahlen auf den vier Bildern nicht demokratisch? Vergleichen Sie die Bilder mit den Wahlrechtsgrundsätzen in Artikel 38 des Grundgesetzes.
Was Sie für den Test zum Orientierungskurs wissen müssen, finden Sie in der grünen Infobox.

Alle Grafiken: Burkard Pfeifroth

§ **ARTIKEL 38 [WAHLEN]**
(1) Die Abgeordneten des Deutschen Bundestages werden in allgemeiner, unmittelbarer, freier, gleicher und geheimer Wahl gewählt. [...]

Alle Grafiken: Burkard Pfeifroth

INFOBOX

BUNDESTAGSWAHLEN

- Deutsche ab 18 Jahren dürfen wählen (aktives Wahlrecht). Sie bekommen vor der Wahl eine Wahlbenachrichtigung. Man kann seine Stimme auch durch Briefwahl abgeben.
- Deutsche ab 18 Jahren dürfen Kandidatin/Kandidat sein und können gewählt werden (passives Wahlrecht).
- Bundestagswahlen sind allgemein, frei, gleich und geheim (Wahlrechtsgrundsätze).
- Der Bundestag wird alle vier Jahre gewählt.
- Nach der Wahl zählen Wahlhelfer/innen die Stimmen für die einzelnen Parteien. In den Bundestag kommen nur Parteien, die mindestens fünf Prozent der Zweitstimmen haben (5%-Hürde).
- Das deutsche Wahlsystem ist ein Verhältniswahlsystem (Beispiel: 30 Prozent der Zweitstimmen für eine Partei = ungefähr 30 Prozent der Sitze im Bundestag).
- Weil man mit der Erststimme eine Kandidatin/einen Kandidaten einer Partei (also eine Person) wählt, nennt man es personalisiertes Verhältniswahlsystem.

LANDTAGSWAHLEN

Auch bei Landtagswahlen haben Deutsche ab 18 Jahren das aktive und passive Wahlrecht.

KOMMUNALWAHLEN

Bei Kommunalwahlen haben Deutsche und EU-Bürger/innen das aktive und passive Wahlrecht.

M 29 | Wie wählen die Deutschen den Bundestag?

Dies ist besser zu verstehen, wenn wir uns dazu ein kleines Land vorstellen, das nach dem deutschen Wahlsystem wählt. Nennen wir es Dondestan. Im Bundestag von Dondestan gibt es nur 10 Sitze. Dondestan ist ja auch nur ein sehr kleines Land.
Wahlberechtigt sind alle Bürgerinnen und Bürger Dondestans, die mindestens 18 Jahre alt sind **(aktives Wahlrecht)**. Auch die Kandidatinnen/Kandidaten, die man wählen kann, müssen mindestens 18 Jahre alt und Bürgerinnen und Bürger des Landes sein **(passives Wahlrecht)**. Wahlen zum Bundestag finden alle **vier Jahre** statt.
Schauen wir uns den Stimmzettel an. Wir haben den Teil abgedeckt, der uns im Augenblick noch nicht interessiert.

Sie haben zwei Stimmen

für die Wahl zum Bundestag von Dondestan im Wahlkreis 1

ERSTSTIMME

ZWEITSTIMME

BPD Bauernpartei Dondestan

APD Arbeiterpartei Dondestan

HPD Handwerkerpartei Dondestan

Die Bürgerinnen und Bürger haben also die Wahl zwischen drei Parteien. Mit ihrer **Zweitstimme** bestimmen sie, **wie viele Sitze** die drei Parteien im Bundestag von Dondestan bekommen.

Am Abend nach der Wahl werden zuerst die Zweitstimmen gezählt.
Folgendes **Ergebnis** kommt dabei heraus:

Damit steht bereits fest, **wie viele Abgeordnete** die Parteien in den Bundestag schicken dürfen.

PARTEI	Anteil an Zweitstimmen
BPD Bauernpartei Dondestan	30 %
APD Arbeiterpartei Dondestan	40 %
HPD Handwerkerpartei Dondestan	30 %

BUNDESTAG DONDESTAN

Das ist gerecht, denken Sie jetzt vielleicht. Der Anteil der Zweitstimmen ist genauso hoch wie der Anteil der Sitze im Bundestag. Deshalb heißt das Wahlsystem auch **Verhältniswahlsystem**.

Ein Problem haben wir aber noch nicht gelöst. Wir wissen ja bisher nur, wie viele Sitze jede Partei bekommt. **Wer** auf den Stühlen sitzt – also **wer** Abgeordnete/Abgeordneter wird – ist noch nicht klar.

WAHLKREISE IN DONDESTAN

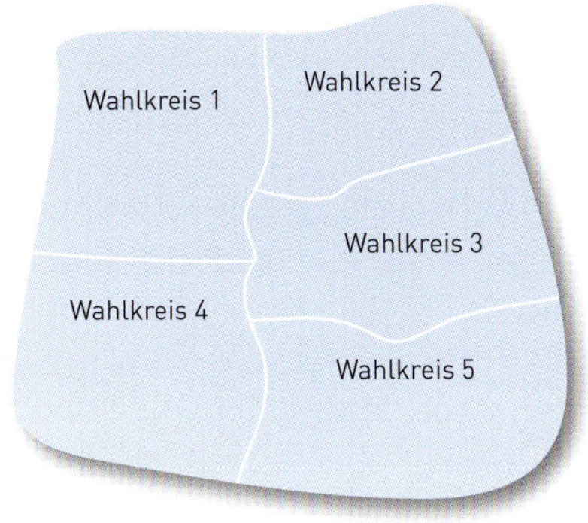

Damit die Wählerinnen und Wähler darüber mitentscheiden können, hat man sich in Dondestan etwas ausgedacht: Man hat das Land in **fünf Wahlkreise** aufgeteilt. In jedem Wahlkreis können die drei Parteien Dondestans eine eigene Kandidatin oder einen Kandidaten aufstellen.

Natürlich versucht jede Kandidatin und jeder Kandidat, die Bürgerinnen und Bürger vor der Wahl davon zu überzeugen, dass sie/er ihre Interessen im Bundestag am besten vertreten kann.

Die Bürgerinnen und Bürger können sich bei Veranstaltungen und durch Medien (Zeitungen, Fernsehen, Radio) über die verschiedenen Kandidatinnen und Kandidaten informieren. Vor der Wahl erhalten die Wahlberechtigten eine **Wahlbenachrichtigung**. Wer krank oder verreist ist, kann auch durch **Briefwahl** seine Stimme abgeben.

Schauen wir uns nun einen vollständigen Stimmzettel aus dem Wahlkreis 1 an:

Sie haben zwei Stimmen

für die Wahl zum Bundestag von Dondestan im Wahlkreis 1

ERSTSTIMME			ZWEITSTIMME	
Huber, Albert Landwirt	BPD	○	**BPD** Bauernpartei Dondestan	○
Krüger, Jeannette Studentin	APD	○	**APD** Arbeiterpartei Dondestan	○
Müller, Christoph Berufsschullehrer	HPD	○	**HPD** Handwerkerpartei Dondestan	○

Der Kandidat, der die meisten **Erststimmen** in **seinem Wahlkreis** bekommt, ist gewählt. Er erhält einen der Sitze, die für seine Partei reserviert sind.
Sie erinnern sich. Die **Zweitstimmen** entscheiden darüber, **wie viele** Sitze jede Partei bekommt.

In Dondestan haben sich die Wählerinnen und Wähler in den fünf Wahlkreisen so entschieden:

Wahlkreis	Gewählt wurde
1	**Krüger, Jeannette** Arbeiterpartei Dondestan APD
2	**Hofer, Thomas** Bauernpartei Dondestan BPD
3	**Linke, Gert** Arbeiterpartei Dondestan APD
4	**Maier, Silke** Bauernpartei Dondestan BPD
5	**Berk, Hans** Arbeiterpartei Dondestan APD

Nun wissen wir, wer fünf von den insgesamt zehn Abgeordneten sind.

M 29 | Wie wählen die Deutschen den Bundestag?

BUNDESTAG DONDESTAN

Schlecht gelaufen für die HPD, könnte man nun denken. Sie hat in keinem Wahlkreis gewonnen. Wer soll nun auf ihren Stühlen im Bundestag sitzen? Oder müssen diese Stühle sogar leer bleiben? Nein, die Parteien können die Sitze, die sie über die Zweitstimmen gewinnen, nicht mehr verlieren. Wer sind nun aber die restlichen fünf Abgeordneten?

Darüber entscheiden die Parteien eigentlich schon **vor der Wahl.** Dazu schreiben sie wichtige Politikerinnen und Politiker auf eine Liste.
So sehen die Listen der Parteien in Dondestan aus:

Liste der Handwerkerpartei HPD

1. **Klein, Siegfried**
2. **Rose, Annette**
3. **Schell, Kurt**
4. Jahn, Erich

Liste der Bauernpartei BPD

1. **Kurz, Otto**
2. Stier, Renate
3. Fromm, Karl
4. Stich, Maria

Liste der Arbeiterpartei APD

1. **Beck, Elke**
2. Rost, Matthias
3. Vierkant, Gabriele
4. Hammer, Siegmar

Die APD kann noch einen Abgeordnetenplatz besetzen. Deshalb kommt nur Elke Beck (sie steht ja auf Platz 1) über die APD-Liste in den Bundestag von Dondestan. Auch die BPD hat nur noch einen Platz frei. Hier kommt Otto Kurz über die BPD-Liste in den Bundestag. Bei der HPD sind es gleich drei Abgeordnete. Nur Erich Jahn (Nr. 4 auf der Liste) schafft es nicht in den Bundestag. Klar, dass die Parteien ihre „wichtigsten" Politikerinnen und Politiker auf die ersten Plätze der Liste schreiben.
Und so sieht der neue Bundestag von Dondestan aus:

BUNDESTAG DONDESTAN

Kehren wir wieder zurück nach Deutschland. Das Wahlsystem ist das Gleiche, natürlich gibt es aber ein paar Unterschiede zu unserem Beispiel:

- Der Deutsche Bundestag hat mindestens 598 Mitglieder.
- Es gibt in Deutschland 299 Wahlkreise. In jedem Wahlkreis leben ungefähr gleich viele Menschen.
- Parteien mit weniger als 5 % der Zweitstimmen erhalten keine Sitze im Bundestag (5 %-Hürde). Zu viele kleine Parteien könnten das Regieren schwierig machen.
- Im Deutschen Bundestag sind im Moment fünf Parteien vertreten: Sie heißen
  - CDU (Christlich Demokratische Union),
  - CSU (Christlich-Soziale Union),
  - SPD (Sozialdemokratische Partei Deutschlands),
  - Bündnis 90 / Die Grünen,
  - Die Linke (entstanden aus den beiden Parteien PDS und WASG).

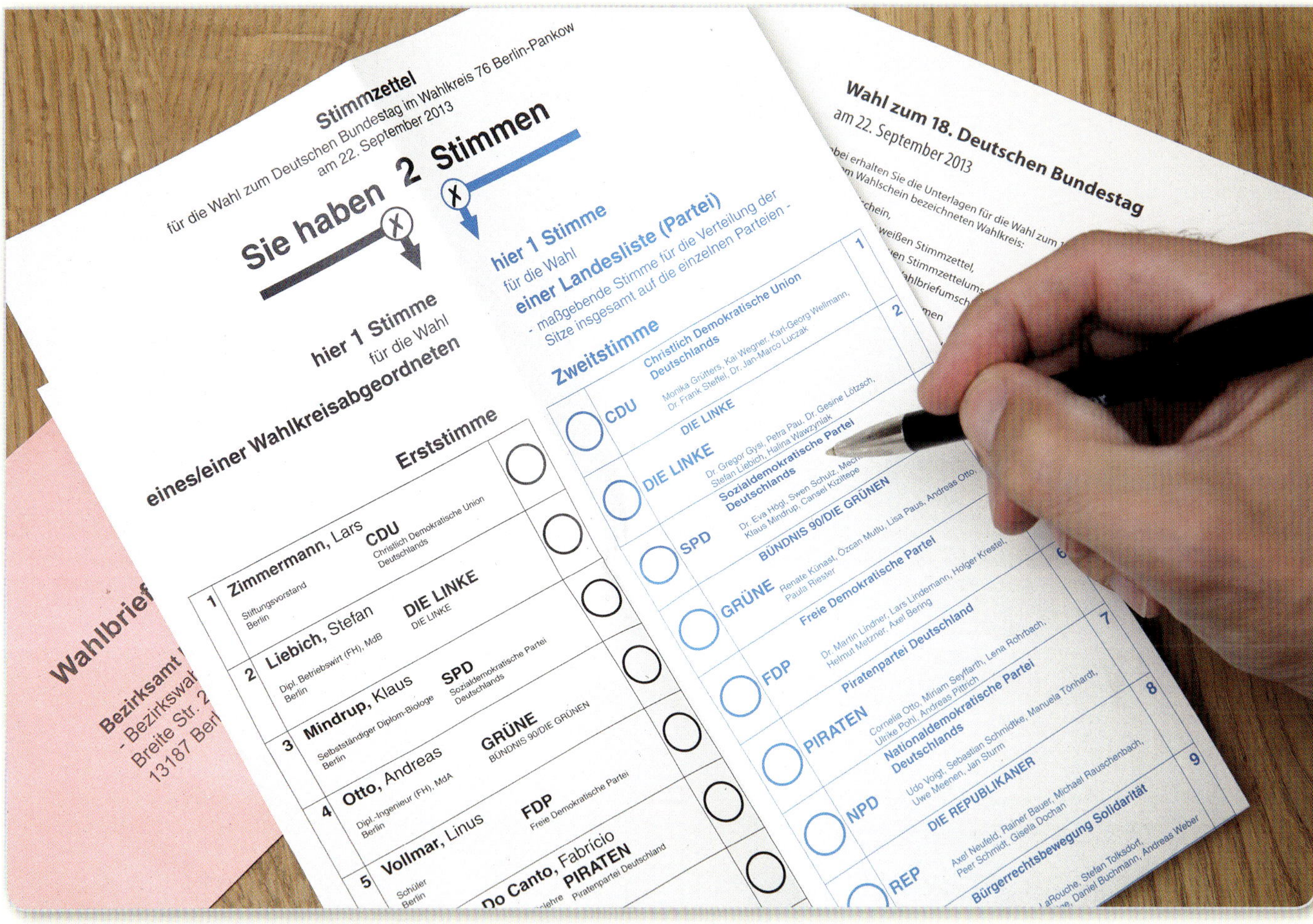

picture alliance / dpa

AUFGABEN UND AKTIVITÄTEN

1. Über was entscheiden die Wählerinnen und Wähler mit ihrer Zweitstimme?
   Über was entscheiden sie mit ihrer Erststimme?
2. Wie heißen die beiden größten Fraktionen im Deutschen Bundestag? (Schaubild S. 62)
3. In einer Demokratie vergeben die Wählerinnen und Wähler die Macht nicht für immer, sondern nur für eine begrenzte Zeit. Warum ist das so wichtig?
4. Wie heißt der Wahlkreis, in dem Sie leben? Wie heißt die/der Wahlkreisabgeordnete und von welcher Partei kommt sie/er?
5. Was sagt die Karikatur über die Parteien und die Wählerinnen und Wähler? Wie denken Sie darüber?

Seine Majestät, der Wähler

LpB Baden-Württemberg

M 30 | Wer rettet die Million?

Vielleicht kennen Sie das Fernseh-Quiz „Rette die Million!". Sie können dieses Quiz im Kurs mit den Testfragen zum Orientierungskurs spielen. So funktioniert es:

1. Bilden Sie Gruppen. Jede Gruppe bekommt eine Million Euro (Kopie machen und Scheine ausschneiden).
2. Eine Spielleiterin / ein Spielleiter liest die Testfragen vor (mit der ersten Frage aus Runde 1 beginnen).
3. Jede Gruppe hat eine Minute Zeit, um sich für eine Antwort zu entscheiden und ihr Geld auf diese Antwort zu setzen. Wenn Sie nicht sicher sind, können Sie das Geld auf mehrere Antworten verteilen.
4. Die Spielleiterin / der Spielleiter gibt die richtige Lösung bekannt. Geld auf falschen Antworten geht verloren.
5. Gewonnen hat die Gruppe, die nach der zehnten Frage am meisten Geld übrig hat.
6. Wenn Sie Lust haben, können Sie das Quiz wiederholen (Fragen aus Runde 2 oder Runde 3 benützen).

Wer rettet die Million?

Antwort **A**

Antwort **B**

Antwort **C**

Antwort **D**

Testfragen zum Orientierungskurs

65	130	59
8	47	57
89	19	117
37	85	96
54	26	90
27	30	60
87	143	38
134	82	74
97	111	107
214	29	24
Runde 1	**Runde 2**	**Runde 3**

1 Million €

picture-alliance / Eibner-Pressefoto

Inhalt Modul 2: Geschichte und Verantwortung

M 1 | Warum Hitler und die Nationalsozialisten an die Macht kommen

ullstein bild – histopics

Wahlplakat der NSDAP, 1932

Vielleicht haben Sie im Kurs ja bereits über die Inselgeschichte gesprochen, die Sie in „miteinander leben" finden. Können Sie sich erinnern, wie sich die Diktatur auf der Insel entwickelt hat und welche Folgen das für die Menschen hatte?

In der Geschichte vieler Länder gibt es immer wieder ähnliche Entwicklungen: Die Demokratie hat keinen Erfolg und Diktatoren übernehmen die Macht. Die Menschen haben dann keine Wahl mehr. Was richtig ist, sagt ein „Führer" oder eine Partei. Von 1933 bis 1945 heißt dieser Führer in Deutschland Adolf Hitler und seine Partei „Nationalsozialistische Deutsche Arbeiterpartei" (NSDAP). Die Diktatur in Deutschland kostet Millionen Menschen das Leben, sie bringt Krieg, Zerstörung und Leid über ganz Europa und die Welt. Warum Hitler und die NSDAP 1933 an die Macht kommen, erfahren Sie auf diesen beiden Seiten.

1918 hat Deutschland den Ersten Weltkrieg verloren und wird zu einer Demokratie. In der Stadt Weimar in der Nähe von Berlin beschließen Politiker unterschiedlicher Parteien die wichtigsten Regeln für diese Demokratie. Daraus wird die „Weimarer Verfassung" und deshalb nennt man die Zeit bis 1933 die „Weimarer Republik". Die Demokratie in Deutschland hat es schwer: Die meisten Deutschen sind Demokratie nicht gewöhnt.

ullstein bild

SS- und SA-Mann vor einem jüdischen Modegeschäft, Berlin 1933

Arbeitsloser, Berlin 1931

ullstein bild – Archiv Gerstenberg

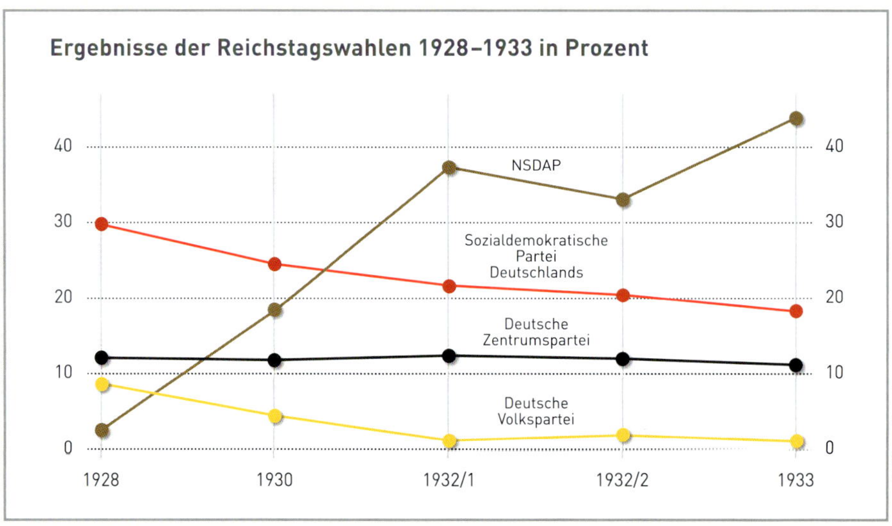

www.8421medien.de

Sie haben sie nicht „gelernt". Sie tun lieber, was man ihnen sagt, als selber aktiv zu werden. Viele Menschen verbinden mit den demokratischen Parteien negative Gefühle und Gedanken. Sie geben ihnen die Schuld für den verlorenen Krieg und ihre schlechte Situation. Durch die Weltwirtschaftskrise 1929 werden Millionen Menschen arbeitslos und haben kaum genug zum Leben. Die demokratischen Parteien können sich nicht auf Lösungen für diese Probleme einigen. Sie erkennen nicht oder zu spät, dass sie gemeinsam Verantwortung für die Demokratie tragen.

Diese Situation nutzt Hitler aus. Er gibt einfache Antworten auf die komplizierten Probleme und verspricht, die Situation aller Deutschen zu verbessern. Hitler behauptet auch, dass die demokratischen Parteien und die Juden schuld an allem sind.

Viele Menschen glauben ihm und unterstützen die Nationalsozialisten. Sie sind fasziniert von Hitler und lassen sich von seinen Ideen begeistern. Immer mehr Menschen wählen die NSDAP oder werden Mitglied in ihren Kampfgruppen, der SA (Sturmabteilung) und der SS (Schutzstaffel). Die demokratischen Parteien verlieren die Mehrheit im Parlament und am 30. Januar 1933 wird Adolf Hitler Reichskanzler. Weniger als sieben Monate später ist nur noch die NSDAP als politische Partei erlaubt.

picture alliance / akg-images

Wahlplakat bei der Reichspräsidentenwahl 1932

ullstein bild

Kostenlose Mahlzeit in einer Berliner Suppenküche, 1930

Hitler mit einem kleinen Jungen in SA-Uniform, 1931

ullstein bild – Archiv Gerstenberg

FRAGEN UND AUFGABEN

1. Was bedeutet NSDAP? Wann kam Hitler an die Macht und bis wann dauerte die Diktatur in Deutschland?
2. Wie haben sich die Wahlergebnisse für die NSDAP und die demokratischen Parteien zwischen 1928 und 1933 entwickelt?
3. Warum war die Demokratie in Deutschland nicht erfolgreich?

   Wählen Sie bitte eines der Bilder aus und erklären Sie, warum Hitler und die Nationalsozialisten an die Macht kamen.
4. Was denken Sie? Können wir etwas aus der Geschichte der Weimarer Republik für heute lernen?

M 2 | Was sind die Ideen und Ziele der Nationalsozialisten?

1 – Kundgebung im Sportpalast, Berlin 1938

2 – Kalenderplakat 1938

3 – Hitlerjugend, 30er Jahre

1

Kundgebung im Sportpalast, Berlin 1938

Adolf Hitler entscheidet als Führer über alles Wichtige in Politik und Wirtschaft. Er leitet das Militär und steht über allen Gerichten und Richtern. Er ist überzeugt, dass nur er das Volk „führen" kann und er die Verantwortung für alles trägt. Von den Menschen erwartet Hitler, dass sie ihm vertrauen und tun, was er sagt. Wer eine andere Meinung hat, wird bestraft. Viele Deutsche bewundern Hitler und lassen sich auf Veranstaltungen von seinen Ideen begeistern.

2

Kalenderplakat 1938

Wie viel ein Mensch wert ist, hängt nach Meinung der Nationalsozialisten von der Rasse ab. Die Deutschen sind für die Nazis Teil der nordischen Rasse und damit mehr wert. Hitler will durch seine Politik verhindern, dass sich die nordische Rasse im deutschen Volk mit anderen Rassen „vermischt". Deshalb lässt er Juden, Roma, Sinti und auch behinderte Menschen töten. Der Rassismus der Nationalsozialisten gehört zu ihren furchtbarsten Ideen.

3

Hitlerjugend, 30er Jahre

Die Nationalsozialisten möchten mit ihren Ideen alle Gruppen und jeden Menschen in Deutschland erreichen. Für Jungen gibt es dazu die Hitlerjugend, für Mädchen den Bund deutscher Mädel. Andere Gruppen, wie z. B. die Pfadfinder, verbieten sie. Die Nationalsozialisten kontrollieren aber auch die Gewerkschaften, Radiosender und Zeitungen. Alle müssen sich an die gleichen Ideen und Ziele halten: Sie werden „gleichgeschaltet". Was richtig ist, sagen Hitler und die NSDAP.

4

Leichen ermordeter Häftlinge im Konzentrationslager Buchenwald, April 1945

Von Anfang an verfolgen die Nationalsozialisten jüdische Deutsche. Zuerst dürfen sie ihren Beruf nicht mehr frei wählen. Nach und nach nehmen ihnen die Nazis alle Grundrechte. Noch vor Ausbruch des Krieges bringen sie Juden, Sinti, Roma und Homosexuelle in Konzentrationslager und töten sie. Später ermorden die Nazis dort systematisch Millionen von Menschen. Am 27. Januar 1945 befreien russische Soldaten die Überlebenden des Vernichtungslagers Auschwitz. Deshalb denkt man an diesem Tag an die Opfer des Nationalsozialismus. Die furchtbaren Verbrechen der Nazis werden „Holocaust" genannt.

4 – Leichen ermordeter Häftlinge im Konzentrationslager Buchenwald, April 1945

5

Propagandaplakat „Hilf auch du mit“, 1943

Die Nationalsozialisten wollen, dass alle Deutschen eine große Gemeinschaft sind: eine „Volksgemeinschaft“. Dabei ist es egal, ob jemand arm oder reich ist, studiert hat oder ohne Schulabschluss ist. Nicht der einzelne Mensch ist wichtig, nur die Gemeinschaft. Für Menschen, die eine andere politische Meinung haben, ist kein Platz in dieser Gemeinschaft. Das Gleiche gilt für Juden, Sinti und Roma, Homosexuelle und viele andere Gruppen. Sie sind für die Nationalsozialisten „minderwertig“, also weniger wert.
Mütter sind besonders wichtig für die Zukunft der „Volksgemeinschaft“: Hitler braucht mehr Menschen, die für Deutschland arbeiten und kämpfen.

6

Propagandabroschüre 1943

Im September 1939 beginnt der Zweite Weltkrieg. Deutsche Soldaten überfallen Polen. Hitler will in Osteuropa neuen „Lebensraum“ für das deutsche Volk gewinnen. 1941 beherrscht die deutsche Armee, die Wehrmacht, fast ganz Europa. Im Sommer beginnt Hitler auch noch den Krieg gegen die Sowjetunion. Ab 1943 gibt es für die deutschen Truppen schwere Niederlagen. Das liegt vor allem daran, dass nun auch die USA gegen Deutschland kämpfen. Im Frühjahr 1945 kommen russische Soldaten in Berlin an. Am 30. April 1945 begeht Hitler Selbstmord, am 8. Mai 1945 kapituliert Deutschland. Der Krieg kostet viele Millionen Menschen ihr Leben. Wer den Krieg überlebt, hat oft kein Dach mehr über dem Kopf oder seine Heimat verloren.

Langewiesche Brandt-Verlag

5 – Propagandaplakat 1943

Deutsches Historisches Museum Berlin

6 – Propagandabroschüre 1943

FRAGEN UND AUFGABEN

Bilden Sie bitte sechs Gruppen. Jede Gruppe wählt ein Bild und arbeitet mit dem kurzen Text, der zu diesem Bild gehört.

1. Welcher der folgenden Begriffe passt zu Ihrem Text und Ihrem Bild? RASSISMUS, FÜHRER, GLEICHSCHALTUNG, HOLOCAUST, VOLKSGEMEINSCHAFT, KRIEG
2. Stellen Sie bitte den anderen Teilnehmerinnen und Teilnehmern die wichtigsten Punkte vor, die Sie aus dem Text erfahren haben. Sie können dazu auch das Arbeitsblatt auf den Seiten 94 und 95 benutzen.
3. Woran wird deutlich, dass Deutschland zwischen 1933 und 1945 eine Diktatur war?

Arbeitsblatt | Deutschland im Nationalsozialismus 1933-1945

picture alliance / akg-images

picture alliance / akg-images

ullstein bild / Granger Collection

1

2

3

Warum haben so viele Deutsche mitgemacht?

picture alliance / akg-images

Langewiesche Brandt-Verlag

Deutsches Historisches Museum Berlin

4

5

6

Haben sich Menschen gegen die Nationalsozialisten gewehrt?

M 3 | Was bedeuten die NS-Ideen für die Menschen?

ullstein bild / AP

Pogromnacht, 9. November 1938

Das war die Nacht, als die Synagogen brannten und die Nazis jüdische Geschäfte zerstört haben. Ich lag wach in meinem Bett. Es war laut auf der Straße und ich wusste nicht, was da passierte.
Am nächsten Tag bin ich von der Schule nach Hause gegangen. Überall lagen Glasscherben. Ich kann mich noch erinnern, wie es knirschte, wenn ich auf die Scherben trat. Auf die Häuser und Geschäfte von Juden hatte man Judensterne gemalt. Die Synagoge rauchte noch.
Als ich endlich zu Hause ankam, führten zwei Männer unseren Nachbarn Herrn Fröhlich aus unserem Mietshaus. „Pass auf meine Katze auf“, rief er mir noch zu. Dann musste er in einen Lastwagen steigen.

Bombennacht

Der Körper erinnert sich an alles, was man erlebt hat, egal wie lange es her ist.
Ich war drei Jahre alt, als im Sommer 1943 die Bomben auf Hamburg fielen. Meine Mutter erzählte mir später oft, dass sie uns abends immer in Kleidern in die Betten legte. Wir mussten schnell sein, wenn es Alarm gab. Fünf Minuten später flogen schon die Bomber über unser Stadtviertel. Im Luftschutzkeller war es sehr eng. Wir saßen auf langen Bänken, niemand sagte etwas. Das tiefe Brummen der Bomber machte uns furchtbare Angst.
Heute ziehe ich den Kopf zwischen die Schultern, wenn ich ein Flugzeug höre. In Kaufhäusern kann ich den Aufzug nicht benutzen. Und meine Freunde sagen, dass ich immer in Eile bin.

ullstein bild / TopFoto

Kriegsende, „Stunde Null“

Am 8. Mai 1945 waren der Krieg und die Nazi-Diktatur beendet. Ich glaube aber nicht, dass der 8. Mai die Stunde Null war.
Für mich war der Krieg schon früher zu Ende. Im April 1945 fuhren amerikanische Panzer durch unser Dorf. Der Bürgermeister begrüßte die amerikanischen Soldaten mit einer weißen Fahne. Später brachte er ihnen ein Tablett mit Bier. Zum ersten Mal seit Jahren sah ich ihn ohne NSDAP-Abzeichen an der Jacke. Auch das Bild von Hitler über seinem Schreibtisch war weg.
Er war mein Vater und auf einmal waren die Amerikaner seine Freunde. Er wollte seine Nazi-Vergangenheit begraben, aber das ging nicht. Sie hat immer zwischen uns gestanden.

FRAGEN UND AUFGABEN

Arbeiten Sie bitte mit einer Partnerin / einem Partner zu einer Erinnerung.

1. Beschreiben Sie bitte, wie die Bilder zu den Erinnerungen passen.
2. Wie wirken sich die Ideen der Nationalsozialisten auf das Leben der Menschen aus?
3. Welche Fragen würden Sie den Menschen mit den Erinnerungen stellen?
4. Bitte ordnen Sie folgende Ereignisse auf dem Zeitstrahl auf Seite 97 ein:
   a) Pogromnacht – b) Hitler wird Reichskanzler – c) Kriegsende/Kapitulation –
   d) Befreiung von Auschwitz/Gedenktag an die NS-Opfer – e) Beginn Zweiter Weltkrieg

ullstein bild / SV-Bilderdienst

Erinnerung an den Holocaust

Erinnerungen bringen uns die Geschichte näher. Viel näher als Zahlen und Daten das können. Man kann nicht mit Zahlen mitfühlen, nur mit Menschen geht das.
Als Schüler war das Thema Holocaust weit weg für mich. Dann hat uns eine alte Dame – sie war Jüdin – in unserer Klasse besucht. Sie erzählte uns von ihren Eltern.
Die Nazis haben ihren Vater und ihre Mutter 1943 in ein Konzentrationslager gebracht und noch an der Rampe getrennt. Ihr Vater kam nach rechts, er war stark und konnte arbeiten. Ihre Mutter nach links, sie sollte sofort in der Gaskammer sterben.
Ihr Vater wartete nicht lange, er trat aus der Menge und ging auf die andere Seite zu seiner Frau.

picture alliance / akg-images

Vertreibung

Mein Opa lebte mit seiner Familie in einem Dorf bei Znaim in Mähren. Der Krieg begann 1939, aber er wurde erst zwei Jahre später Soldat. Er musste an die Front nach Russland und kam erst 1953 wieder nach Hause. Nicht einmal meiner Oma erzählte er, was er erlebt hatte. Er redete überhaupt nicht mehr viel.
Während mein Opa in Gefangenschaft war, musste sich Oma alleine um die Kinder kümmern. Kurz nach Kriegsende wurden sie von den Tschechen vertrieben. Sie hatten zwei Stunden Zeit, um zu packen und das Dorf zu verlassen.
Mein Opa sah seinen Bauernhof nie wieder. Einmal versuchte ich ihm zu erklären, dass die Nazis daran schuld waren. Er sagte nichts und schaute mich nur an.

picture alliance / akg-images

30. Januar 1933 – **9. November 1938** – **1. September 1939** – **27. Januar 1945** – **8. Mai 1945**

1933	1934	1935	1936	1937	1938	1939	1940	1941	1942	1943	1944	1945

M 4 | Warum viele mitgemacht haben ...

Warum haben so viele Menschen mitgemacht?

Es gibt immer weniger Menschen, die über ihre Erlebnisse im Nationalsozialismus berichten können. Nur wer heute 75 Jahre oder älter ist, hat eine eigene Erinnerung an diese Zeit. Und nicht jeder ältere Mensch will offen über seine Erlebnisse oder seine Rolle im Nationalsozialismus sprechen. Geschichtsbücher und Fernsehsendungen sind deshalb oft die einzige Möglichkeit, sich zu informieren. Vieles, was wir auf diese Weise erfahren, ist schockierend: Die Verbrechen, die Deutsche begangen haben, kann man sich fast nicht vorstellen und kaum begreifen.

Die meisten jungen Menschen müssen sich heute nicht mehr fragen, ob ihre eigenen Eltern oder Großeltern die Nationalsozialisten unterstützt haben. Selbst die Generation der Großeltern war bei Kriegsende so jung, dass sie (meistens) keine persönliche Schuld trifft. Warum aber haben so viele Menschen mitgemacht? Diese Frage bleibt in Deutschland und für Menschen, die hier leben, immer aktuell.

Wir beschäftigen uns mit ihr aus einem wichtigen Grund: Weil wir dafür Verantwortung tragen, dass sich dieser Teil der deutschen Geschichte nie mehr wiederholt.

Holger Appenzeller

FRAGEN UND AUFGABEN

1. Sprechen Sie über die Aussagen: Warum waren diese Menschen passiv und haben nichts gegen die Nationalsozialisten unternommen? Was würden Sie ihnen antworten?
2. Können Sie sich noch weitere Gründe vorstellen? Tragen Sie die wichtigsten Aspekte in das Arbeitsblatt auf Seite 94 ein.
3. Warum haben manche Menschen in Deutschland aktiv gegen Hitler und den Nationalsozialismus gekämpft? Was können wir von ihnen lernen?
4. Kennen Sie solche Aussagen auch aus der heutigen Zeit? Wie passen sie zu dem Bild auf dieser Seite?

... und manche Widerstand leisteten

Gab es auch Widerstand?

Nicht alle Deutschen haben bei den Verbrechen der Nationalsozialisten mitgemacht oder zugesehen. Es hat Menschen gegeben, die Juden vor den Nazis versteckt und ihnen so das Leben gerettet haben. Andere wollten nicht zu Verbrechern werden und haben Befehle nicht befolgt. Manche Deutsche haben aktiv gegen die Nationalsozialisten gekämpft: Sie haben z. B. Flugblätter verteilt und Hitler darin einen Verbrecher genannt. Und es gab einige Menschen, die versucht haben, Hitler zu töten, um weitere Verbrechen zu verhindern oder den Krieg früher zu beenden.

Interessant ist, dass diese Menschen aus ganz unterschiedlichen Gruppen kamen: Unter ihnen waren „einfache Leute" und Studenten/Studentinnen. Unter ihnen waren Mitglieder von verbotenen politischen Parteien und überzeugte Christen. Ihr Gewissen, ihr Glaube oder ihre Überzeugung erlaubte es ihnen nicht, still oder passiv zu bleiben.

Sie alle riskierten dabei ihr Leben. Viele, die Widerstand leisteten, wurden von Nachbarn verraten oder entdeckt, verhaftet und hingerichtet. Auch die mutigen Menschen, die wir Ihnen auf dieser Seite vorstellen, haben mit dem Leben bezahlt.

picture-alliance / dpa

Geschwister Scholl: „Zerreißt den Mantel der Gleichgültigkeit, der um euer Herz gelegt ist."

Die Geschwister Sophie und Hans Scholl sind Studenten an der Universität München und Gründer der Widerstandsgruppe „Weiße Rose". Zwischen Juni 1942 und Februar 1943 schreiben Mitglieder der „Weißen Rose" insgesamt sechs Flugblätter. Darin fordern sie die Deutschen auf, nicht länger passiv zu sein. Die Deutschen sollen gegen die Verbrechen aufstehen und aktiv gegen die Nationalsozialisten kämpfen.
Am 18. Februar 1943 verteilen Hans und Sophie Scholl heimlich Flugblätter an ihrer Universität. Der Hausmeister beobachtet die beiden Geschwister dabei und verrät sie.
Am 22. Februar 1943 werden sie in München hingerichtet.

picture-alliance / dpa

picture-alliance / dpa

Georg Elser: „Ich habe den Krieg verhindern wollen."

Am 8. November 1939 hält Adolf Hitler eine Rede im Münchner Bürgerbräu Keller. Noch am Abend muss er zurück nach Berlin. Weil das Wetter schlecht ist, kann er nicht mit dem Flugzeug reisen, sondern muss die Bahn nehmen. Deshalb spricht er viel kürzer als sonst und verlässt den Bürgerbräu Keller früher als geplant. Das rettet ihm wahrscheinlich das Leben: 13 Minuten später explodiert eine Bombe und zerstört den Saal (Bild rechts).
Georg Elser, ein Handwerker aus Württemberg, ist der Attentäter. Er hat das Attentat alleine geplant, weil er überzeugt ist, dass Hitler Krieg über Europa bringen will. Elser versucht danach in die Schweiz zu fliehen, wird aber kurz vor der Grenze verhaftet. Am 9. April 1945 wird er wenige Wochen vor Kriegsende im Konzentrationslager Dachau ermordet.

ullstein bild / ullstein bild

i-punkt

Claus Schenk Graf von Stauffenberg: „Es ist Zeit, dass jetzt etwas getan wird."

Stauffenberg erfährt früh von der systematischen Ermordung der Juden. Er weiß, wie grausam die deutsche Armee im Osten Krieg führt und welche Verbrechen dort gegen die Zivilbevölkerung begangen werden.
All dies kann er nicht mit seinem Gewissen vereinbaren. Gemeinsam mit anderen Offizieren plant er ein Attentat. Nach dem Tod Hitlers will die Gruppe eine neue Regierung einsetzen. Auch dieses Attentat auf Hitler am 20. Juli 1944 gelingt nicht. Hitler überlebt und wird nur leicht verletzt. Noch in der Nacht zum 21. Juli erschießt man Stauffenberg und andere Offiziere der Widerstandsgruppe in Berlin.

picture-alliance / dpa

M 5 | Welche Folgen hat der Nationalsozialismus?

picture-alliance / dpa

Menschen flüchten aus dem umkämpften Danzig, März 1945

Millionen Menschen sind von 1945-1949 in Deutschland „unterwegs". Viele Deutsche haben kein Dach mehr über dem Kopf und müssen zu Freunden oder Verwandten ziehen. Der Krieg reißt aber auch hunderttausende Familien auseinander. Die Menschen sind verzweifelt auf der Suche nach ihren Kindern, Ehepartnern oder Geschwistern.

In Osteuropa müssen viele Deutsche ihre Heimat verlassen. Sie werden vertrieben und müssen fast alles zurücklassen, was sie besitzen. Gleichzeitig kommen viele Männer aus der Kriegsgefangenschaft zurück.

ullstein bild / ullstein bild

Kriegsverbrecherprozess in Nürnberg, November 1945

Adolf Hitler begeht kurz vor Ende des Krieges Selbstmord. Man kann ihn für seine Verbrechen nicht mehr bestrafen. Andere hohe NS-Führer müssen vor ein Gericht in Nürnberg. Die Richter aus den Siegerstaaten verurteilen die meisten von ihnen zum Tode. Andere Nazi-Verbecher kommen besser davon: Sie können ins Ausland fliehen oder werden erst viele Jahre später bestraft, manche auch gar nicht. Das kritisiert man heute stark.

Auch die deutsche Bevölkerung wird überprüft: Die Siegermächte wollen herausfinden, wer die Nazis aktiv unterstützt hat, wer „Mitläufer" war und wer gegen Hitler war. Auch dabei rutschen viele Nazis durch das „Netz".

ullstein bild / LEONE

Karte Mitteleuropa 1945–1949

Auf Konferenzen in Jalta und Potsdam beschließen die Vertreter der USA, Großbritanniens und der Sowjetunion:

1. Deutschland wird in vier Gebiete (Besatzungszonen) aufgeteilt: Jede der Siegermächte kontrolliert eine Besatzungszone. Als viertes Land bekommt Frankreich eine Zone.
Aus der sowjetischen Besatzungszone wird später die Deutsche Demokratische Republik (DDR), die drei westlichen Besatzungszonen werden 1949 zur Bundesrepublik Deutschland.

2. Der Krieg kostet auch in den Ländern der Siegermächte Millionen Menschen das Leben. Außerdem sind auch dort Städte und Fabriken zerstört. Dafür dürfen sie deutsche Industrieanlagen abbauen und in ihren Ländern wieder aufstellen.

3. Die deutsche Grenze im Osten wird neu festgelegt. Sie verläuft entlang der Flüsse Oder und Neiße. Damit verliert Deutschland große Gebiete. Die Deutschen, die in diesen Gebieten leben, müssen ihre Heimat verlassen und nach Westen umsiedeln.

picture-alliance / dpa / dpaweb

Leben in Trümmern – Alltagsszene in der Altstadt von Hannover

Am Ende des Krieges sind viele Städte zerstört. Ein großer Teil der Straßen, Schienen und Fabriken ist kaputt. Die Menschen versuchen zu überleben, aber es fehlt fast alles: Lebensmittel, Wasser, Kohle, Gas und Strom.

In vielen Familien müssen die Frauen alleine dafür sorgen, dass etwas auf den Tisch kommt. Millionen deutsche Soldaten sind noch in Gefangenschaft und kommen erst nach Jahren zurück. Sie fehlen auch als Arbeitskräfte. Deshalb sind es vor allem Frauen, die die Trümmer von den Straßen räumen, Ziegelsteine reinigen und mit dem Wiederaufbau anfangen.

FRAGEN UND AUFGABEN

Arbeiten Sie in Gruppen zu je einem Bild und einem Text.

1. Was haben die Menschen in dieser Zeit wohl gedacht und gefühlt?
2. Welche Folge des Nationalsozialismus zeigt das Bild? Was erfahren Sie aus dem Text?
3. Aus welchen Besatzungszonen werden 1949 die beiden deutschen Staaten gebildet?
4. Die Zeit nach dem Kriegsende wird oft „Stunde Null" genannt. Passt der Begriff zu dieser Zeit? Was denken Sie?

M 6 | Warum Mut auch heute gut tut?

- Ein Schüler hilft einem Klassenkameraden, der sein Handy zwei Mitschülern „schenken" soll.
- Eine Angestellte sagt ihrem Chef, dass er die Frauen in der Firma nicht mit „Schätzchen" ansprechen soll.
- Ein Mieter fragt seinen Nachbarn, warum dessen Tochter öfter blaue Flecken im Gesicht hat.

Das sind drei Beispiele für Zivilcourage.

Diese Menschen haben den Mut anderen zu helfen, auch wenn das für sie vielleicht selbst nicht leicht ist und negative Folgen haben könnte. Sie sprechen und handeln dann, wenn andere nichts sagen. Sie tun etwas gegen Ungerechtigkeit.

Zivilcourage ist das Gegenteil von „nichts sehen, nichts hören und immer schön den Mund halten".

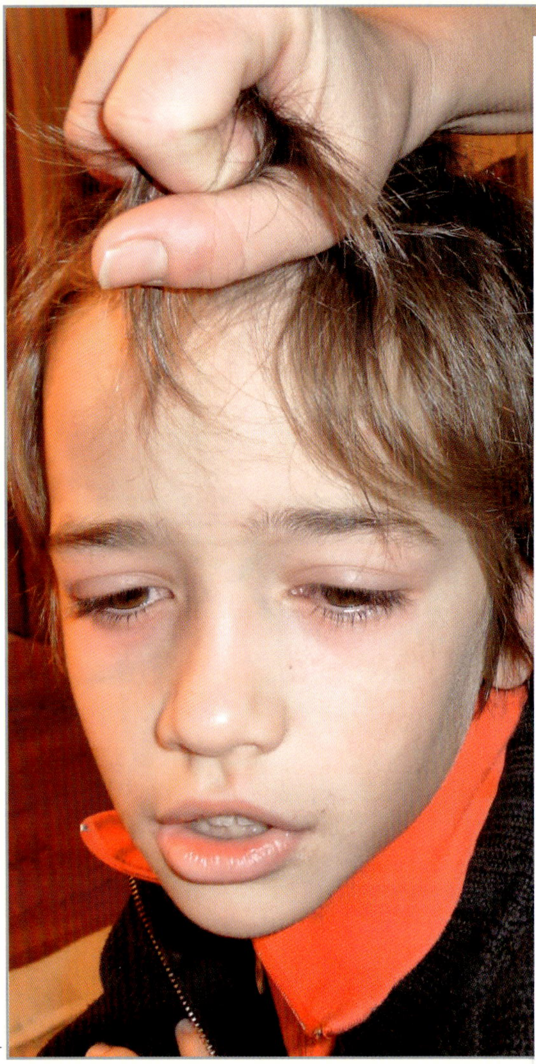

i-punkt

Frau M. ist Lehrerin an einer Grundschule in einem kleinen Dorf in Süddeutschland. Sie ist seit 25 Jahren an dieser Grundschule und hat schon die meisten Eltern ihrer jetzigen Schüler unterrichtet. Alle kennen sie und wissen, dass sie sehr streng ist. Sie schreit die Kinder oft an und belohnt Schüler/innen, die Mitschüler verpetzen.

In einer vierten Klasse malen die Kinder im Kunstunterricht mit Wasserfarben Bilder von ihren Lieblingstieren. In der nächsten Stunde hat Frau M. die Klasse in Mathematik. Sie bemerkt, dass einige Kinder vergessen haben, ihren Namen auf die Bilder zu schreiben. Sie zerknüllt diese Bilder und wirft sie in den Mülleimer.

Jan will in der Pause sein Bild aus dem Mülleimer holen. Frau M. bemerkt das, zieht ihn an den Haaren und zerreißt sein Bild. Sie hat auch schon andere Schüler in der Klasse an den Haaren gezogen, wenn sie gestört haben.

Erst am Abend, als er im Bett liegt, erzählt Jan seinen Eltern, was in der Schule passiert ist. Er weint dabei und seine Eltern spüren, wie schlimm das Erlebnis für ihn war. Noch am selben Abend informiert seine Mutter per E-Mail alle Eltern der Klasse und bittet sie um Unterstützung. In den nächsten Tagen antworten die meisten Eltern.
Hier sind Sätze aus einigen dieser E-Mails:

INFOBOX

Lehrer und Lehrerinnen dürfen Schüler/innen nicht schlagen oder in ihrer Würde verletzen.

Dieses gesetzliche Verbot gilt in allen Bundesländern.
Auch in den Familien ist Gewalt verboten.
Kinder haben ein Recht auf eine gewaltfreie Erziehung.

Im Bürgerlichen Gesetzbuch steht in § 1631 Abs. 2:
„Körperliche Bestrafungen, seelische Verletzungen und andere entwürdigende Maßnahmen sind unzulässig."

ullstein bild / Imagebroker.net

@ Es tut mir leid, aber wir können Ihnen da nicht helfen. Frau M. hat unsere Natalie noch nie an den Haaren gezogen.

@ Wissen Sie, nächstes Jahr kommt unsere jüngste Tochter Silke in die Schule und wahrscheinlich bekommt sie dann Frau M. als Klassenlehrerin.

@ Denken Sie doch mal nach, wenn wir uns jetzt beschweren, haben unsere Kinder Nachteile.

@ Warum regen Sie sich so auf ??? Wir haben die M. auch gehabt und uns hat das nicht geschadet.

@ Für meinen Robin geht es um viel. Wenn ich den Mund aufmache, gibt ihm Frau M. keine Empfehlung fürs Gymnasium.

@ Sie wissen doch, wie Kinder manchmal sind und wie sie Fantasie und Realität vermischen. Ich finde, wir sollten erst mal abwarten.

@ Die M. ist doch Beamtin. Da können Sie sowieso nichts machen.

@ Ich sehe das ganz anders als Sie. Die Kinder müssen doch lernen, sich an Regeln zu halten.

@ Bald gehen unsere Kinder auf eine andere Schule. Es lohnt sich doch gar nicht mehr, Ärger zu machen.

@ Wir würden dir ja gerne helfen, aber unsere Tochter Maike will nicht, dass wir uns beschweren. Sie hat sogar geweint ...

@ Ich kenne Frau M. aus dem Singverein und glaube nicht, dass sie so mit den Kindern umgeht.

@ Du wohnst doch erst seit fünf Jahren hier. Willst du wirklich für so viel Unruhe sorgen, nur weil es jetzt mal deinen Jan getroffen hat?

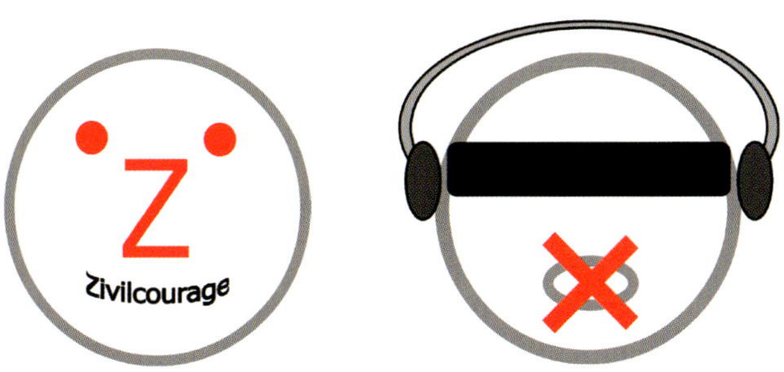

Für die Grundrechte ist nicht nur der Staat verantwortlich. Zivilcourage ist der Beitrag der Bürgerinnen und Bürger, damit die Grundrechte nicht nur im Grundgesetz stehen, sondern auch im Alltag beachtet werden.

Unser Beispiel aus dem Alltag handelt von einer Lehrerin, die einen Schüler an den Haaren zieht. Das kommt selten vor und ist eine Ausnahme, werden Sie jetzt vielleicht denken.

Recht haben Sie, aber bei Zivilcourage geht es fast immer um Ausnahmen und besondere Situationen.

FRAGEN UND AUFGABEN

1. Warum wollen die Absender dieser E-Mails Jans Eltern nicht unterstützen?
2. Jans Eltern haben auch viele Mails von Eltern bekommen, die ihnen helfen wollen. Was könnte darin stehen? Sammeln Sie Ihre Ideen in einer Gruppe.
3. Wie denken Sie über den Fall? Was sollten und was können Jans Eltern tun?
4. Finden Sie weitere Beispiele für Situationen, in denen Menschen Zivilcourage brauchen.

M 7 | Stationen in Bildern und Erinnerungen

Wenn wir über unsere persönliche Geschichte nachdenken, fallen uns dabei meistens ganz bestimmte Ereignisse ein. Mit diesen Ereignissen verbinden wir Bilder und Erinnerungen. Genauso möchten wir Sie durch die deutsche Geschichte nach 1945 führen. Wir haben dazu Fotos von wichtigen Ereignissen ausgesucht und Erinnerungen von unterschiedlichen Menschen zu diesen Ereignissen gesammelt. Die Fotos sind auf den nächsten Seiten wie in einem Fotoalbum zusammengestellt. Schauen Sie sich diese Seiten doch einfach einmal an und sammeln Sie Fragen, die Ihnen zu den Bildern einfallen. Vielleicht wissen Sie ja auch schon etwas über die Ereignisse oder Personen auf den Bildern.

ullstein bild / AKG Pressebild

Juni 1948

picture-alliance / dpa

Juni 1948 bis Mai 1949

ab 1955

picture-alliance / dpa

1961

ullstein bild / R. Dietrich

ab 1970

picture-alliance / dpa

1970er Jahre

picture-alliance / dpa

9. Nov. 1989

3. Okt. 1990

picture-alliance / dpa

Im Anschluss an das Fotoalbum finden Sie Erinnerungen an diese Ereignisse. So erfahren Sie, was die „große" Geschichte mit der Lebens- und Familiengeschichte von einzelnen Personen zu tun hat – und wie sie darüber denken. Vielleicht bringen Ihnen diese Erinnerungen die Vergangenheit etwas näher, als es Fakten und Jahreszahlen alleine können.

Zu jeder Erinnerung gibt es eine Infokarte. Diese Infokarten helfen Ihnen, die Bedeutung der deutschen Geschichte nach 1945 für die Menschen besser zu verstehen. Was Sie für den Test zum Orientierungskurs wissen sollten, haben wir auf den Infokarten rot gedruckt.

picture-alliance/dpa

picture-alliance/ZB

23. Mai 1949

7. Oktober 1949

17. Juni 1953

1950er Jahre

picture-alliance/dpa

picture-alliance/dpa

FRAGEN UND AUFGABEN

Schauen Sie sich die Bilder im Fotoalbum an (S. 106–111).
Welche Fragen haben Sie zu den Bildern? Was wissen Sie schon über die Ereignisse?

Machen Sie Kopien der Seiten 112–115. Schneiden Sie die Erinnerungs- und Infokarten aus und verteilen Sie diese Karten in Ihrem Kurs. Kursteilnehmer/innen mit denselben Buchstaben sind ein Team.

1. Überlegen Sie gemeinsam, zu welchem Bild Ihre Karten passen.
2. Um welches Ereignis geht es dabei? Wann hat es stattgefunden?
3. Stellen Sie nun im Kurs „Ihr" Ereignis vor. Wie haben die Menschen dieses Ereignis erlebt?
4. Schreiben Sie die wichtigsten Punkte zu diesem Ereignis neben das richtige Bild auf dieser Seite.

   Übrigens: In der richtigen Reihenfolge ergeben die Buchstaben auf den Karten einen Lösungssatz.

M 7 | Stationen in Bildern und Erinnerungen

ullstein bild / AKG Pressebild

picture-alliance/dpa

picture-alliance / dpa

picture-alliance / ZB

M 7 | Stationen in Bildern und Erinnerungen

picture-alliance / dpa

picture-alliance / dpa

picture-alliance/dpa

ullstein bild / R. Dietrich

M 7 | Stationen in Bildern und Erinnerungen

picture-alliance/dpa

picture-alliance/dpa

picture-alliance / dpa

Welches Bild verbindet Sie oder Ihre Familie mit der deutschen Geschichte?
Wenn Sie möchten, können Sie ein Foto in den Kurs mitbringen.

M 7 | Stationen in Bildern und Erinnerungen

N

Für eine Stange Zigaretten gab es einige Kilo Kartoffeln, manchmal auch ein Stück Wurst dazu. Mit Geld konnte man nur wenig kaufen. Das änderte sich erst im Juni 1948 mit der neuen Währung: Die Deutsche Mark wurde im Juni in den westlichen Besatzungszonen eingeführt. 40 D-Mark bekam jeder. Auf einmal gab es in den Geschäften alles, wovon wir jahrelang geträumt hatten.
Meine Mutter kaufte als Erstes ein halbes Pfund Bohnenkaffee. Es roch köstlich in unserer kleinen Küche. Vater schimpfte trotzdem: „Wie kannst du nur so viel Geld für Kaffee ausgeben?" Mutter war das egal.

I E

Im Krieg war ich Pilot und habe Bomben auf die Berliner geworfen. Ich hatte kein schlechtes Gewissen dabei. Für mich waren alle Deutschen Nazis. Wir waren die Guten und die waren die Bösen.
Nur ein paar Jahre danach brachten wir mit unseren Flugzeugen keine Bomben, sondern Kartoffeln, Milch und Kohlen nach Berlin.
Wir haben über zwei Millionen Westberliner fast ein Jahr aus der Luft versorgt.
Später lebte ich als Soldat in Frankfurt. Dort lernte ich meine Frau Marion kennen. Sie musste 1945 von Berlin nach Frankfurt ziehen, weil das Haus ihrer Familie kurz vor Kriegsende bei einem Bombenangriff zerstört worden war.

W I

Das war ein historisches Jahr: Die Bundesrepublik wird gegründet und Adenauer wurde der erste Bundeskanzler. Aber ich erinnere mich an 1949 nicht wegen Konrad Adenauer, sondern wegen Ernst Löttke. Den Namen Adenauer muss heute jeder kennen, der Deutscher werden will. Aber ich fand Ernst Löttke toll. Er schoss in der 108. Minute im Endspiel um die Deutsche Fußballmeisterschaft das 3 : 2 für „meinen" Verein, den VfR Mannheim. Heute können Sie sich das vielleicht nicht mehr vorstellen, aber mir hat dieses Tor Kraft für die harte Arbeit und Mut für die Zukunft gegeben.
Übrigens: Die Bundesrepublik ist immer noch erfolgreich, Mannheim wurde nie mehr Deutscher Meister.

Juni 1948
Währungsreform

Juni 1948 bis Mai 1949
Luftbrücke nach Berlin

23. Mai 1949
Gründung der Bundesrepublik Deutschland

N

Vor 1948 gibt es in Deutschland wenig Waren, aber viel Geld. Das führt dazu, dass Geld nicht viel wert ist. Die Menschen tauschen deshalb Waren gegen Waren. Auf den „Schwarzmärkten" bekommt man Lebensmittel für Zigaretten. Die Schaufenster von vielen Läden bleiben leer. Die Besitzer wollen ihre Waren nicht verkaufen, weil Geld immer weniger wert ist. Sie „horten" (sammeln) ihre Waren und verkaufen sie erst, als das neue Geld, die Deutsche Mark (D-Mark), kommt.
Die D-Mark bleibt bis Ende 2001 die Währung der Bundesrepublik Deutschland. **Seit 2002 bezahlen wir mit dem Euro.**

I E

Die Sowjetunion sperrt 1948 alle Verbindungen nach Westberlin. Die Russen ärgert, dass die Amerikaner, Franzosen und Engländer die D-Mark auch in Westberlin eingeführt haben.
Im Westteil der Stadt leben über 2,2 Millionen Menschen. Vor allem amerikanische und britische Flugzeuge versorgen sie nun mit Lebensmitteln, Kohle und Medikamenten. Die Blockade durch die Sowjetunion endet im Mai 1949. Der Konflikt zwischen dem Westen und dem Osten geht weiter und wird wenig später zum „Kalten Krieg". Die Grenze zwischen dem Westen und Osten wird **„Eiserner Vorhang"** genannt.

W I

Auf dem Gebiet der amerikanischen, englischen und französischen Besatzungszonen entsteht ein neuer Staat: **die Bundesrepublik Deutschland. Seit dem 23. Mai 1949 ist das Grundgesetz gültig.** Das Grundgesetz ist die Verfassung der Bundesrepublik. Es beschreibt die wichtigsten Regeln für die Politik und das Zusammenleben in unserer Demokratie. **Der erste Bundeskanzler der Bundesrepublik Deutschland heißt Konrad Adenauer** (CDU). Die USA, Frankreich und die anderen Staaten in Westeuropa werden die wichtigsten Partner für die Bundesrepublik. 1955 wird die Bundesrepublik Mitglied der NATO, dem westlichen Verteidigungsbündnis.

E

Am 7. Oktober 1949 wird die Deutsche Demokratische Republik (DDR) gegründet, am 3. Oktober 1990 tritt sie der Bundesrepublik Deutschland bei. So einfach ist das – könnte man denken. So einfach ist es aber nicht. Für mich war die DDR meine Heimat.
Damit Sie mich nicht falsch verstehen: Ich bin nicht traurig, weil es die SED und die Stasi nicht mehr gibt. Wer wünscht sich einen Staat, der seine Bürger kontrolliert und einsperrt?
Die Wende im Herbst 1989 war gut, aber wir waren nicht vorbereitet. Was früher richtig war, ist nun falsch. Was früher wichtig war, ist nicht mehr gefragt. Wer früher sicher war, ist nun frei.

D E

Damals berichteten Radio und Fernsehen, dass wir, die Arbeiter und Bauern der Deutschen Demokratischen Republik, 15 % mehr Weizen und 18 % mehr Stahlblech produzierten. Davon merkten wir nichts. Brot wurde immer teurer und in den Läden fehlte fast immer das, was wir brauchten oder haben wollten. Von einem eigenen Auto konnten wir nur träumen.
Die Wirtschaft funktionierte nicht und wir sollten auch noch mehr arbeiten.
Am 17. Juni 1953 gab es Streiks und Demonstrationen dagegen. Ich war nicht dabei. Mir fehlte der Mut. Ich saß zu Hause und hörte im Westradio, wie russische Panzer den Aufstand beendeten.

R

Es ging uns wieder gut in den 50er Jahren – gerade mal 10 Jahre nach Kriegsende. Fußballweltmeister, volle Geschäfte, volle Bäuche und der erste Urlaub mit dem eigenen VW Käfer in Italien. Ich weiß noch wie heute, wie wir über die Alpen fuhren. Und das mit 34 PS.
Der Vater dieses Wirtschaftswunders war für uns Ludwig Erhard. Er hatte Wohlstand für alle versprochen. Wir vertrauten ihm und haben in die Zukunft geschaut. Die Vergangenheit war braun, die Zukunft war bunt.
Über die Nazi-Zeit sprachen wir nur, wenn mal jemand ein Bier zuviel getrunken hatte.

7. Oktober 1949

Gründung der Deutschen Demokratischen Republik

17. Juni 1953

Volksaufstand in der DDR

1950er Jahre

Wirtschaftswunder

E

Auf dem Gebiet der sowjetischen Besatzungszone wird am 7. Oktober **1949 die DDR gegründet.** Der Name **Deutsche Demokratische Republik** täuscht: Die DDR ist keine Demokratie. Eine Partei entscheidet über die Politik: die Sozialistische Einheitspartei Deutschlands (SED). **Sie entsteht aus der Zwangsvereinigung von KPD und SPD.** Meinungsfreiheit gibt es nicht. **Wer anders denkt, wird durch den Staatssicherheitsdienst (Stasi) überwacht** und muss mit schweren Strafen rechnen.
Die DDR ist eng mit der Sowjetunion und anderen kommunistischen Ländern in Osteuropa verbunden. **„Warschauer Pakt“** heißt ab 1955 das Verteidigungsbündnis dieser Staaten gegen den Westen.

D E

1953 sind die Menschen in der DDR unzufrieden. Sie haben wenig zu essen, vor den Geschäften gibt es Schlangen und Lebensmittel sind sehr teuer. Warum ist das so? In der DDR gehören alle Unternehmen dem Staat. Die Regierung plant und sagt, was produziert und wie viel produziert wird und wie hoch die Preise sind. Bei den Löhnen gibt es keine großen Unterschiede. Diese **„Planwirtschaft“** funktioniert nicht, weil es keinen Wettbewerb zwischen den Unternehmen gibt. Und Arbeiter/innen haben nichts davon, wenn sie härter arbeiten.
Die Proteste und Demonstrationen am **17. Juni 1953** werden von der Polizei und russischen Truppen beendet.

R

Für viele ist es ein **„Wirtschaftswunder“**: Zehn Jahre nach dem Krieg geht es den meisten Deutschen in der Bundesrepublik gut. Sie haben Arbeit, genug zu essen und viele können sich sogar einen Urlaub im Ausland leisten. **In der Bundesrepublik gibt es eine „soziale Marktwirtschaft“: Angebot und Nachfrage** regeln den Preis, nicht der Staat. Der Staat wird dann aktiv, wenn der Markt nicht funktioniert oder wenn Menschen in Not geraten und Hilfe brauchen. Wer mehr verdient, soll auch einen höheren Beitrag für die Gemeinschaft leisten **(sozialer Ausgleich)**, z. B. durch höhere Steuern. Vor allem Ludwig Erhard, der Wirtschaftsminister, steht für diese Politik.

M 7 | Stationen in Bildern und Erinnerungen

D I

Mein Bruder und ich haben uns 1963 entschieden, nach Deutschland zu gehen. Noch in Izmir haben uns deutsche Ärzte untersucht. Sie wollten sehen, ob wir fit sind für die schwere Arbeit im Stahlwerk. Es war wie auf dem Pferdemarkt. Am Anfang haben wir in einem Wohnheim gelebt. Immer vier Männer in einem Zimmer. Das war nicht angenehm, aber ich wollte ja nur zwei oder drei Jahre bleiben und genug Geld für ein kleines Restaurant in der Heimat verdienen. 1968 kam dann meine Frau Afife nach. Unsere Kinder sind alle in Deutschland geboren. Der älteste Sohn ist in die Türkei zurückgegangen, die beiden anderen leben in Süddeutschland. Wir sehen sie selten.

K T

1961 bauten sie eine Mauer durch unser Berlin, quer durch Straßen und Plätze, ja sogar Wohnhäuser. Wie ich nun zu meinem Klavierlehrer komme, war damals meine größte Sorge. Sein Haus war direkt gegenüber. Wenn im Sommer die Fenster offen standen, konnte ich sogar hören, wie ihm seine Schüler aus dem Westteil vorspielten. Später durfte ich Konzerte in Moskau geben. Wie gerne hätte ich meinem Klavierlehrer vorgespielt.
Im November 1989, kurz nach dem Mauerfall, wollte ich ihn dann besuchen. Von einem Nachbarn erfuhr ich, dass er nur einige Wochen vorher gestorben war.

A T

Ich liebe meinen Mann, aber unsere Hochzeit war eine Katastrophe. Es hatte alles so schön begonnen, an diesem Samstag im August 1970. Die Trauung in der Kirche war feierlich, das Essen schmeckte wunderbar und danach tanzten wir. Alles war toll, bis sich ein Onkel meines Mannes zu meinem Bruder an den Tisch setzte. Die beiden tranken Bier und sprachen über Politik, Willy Brandt und die Ostverträge. Es wurde immer lauter. „Breslau ist eine deutsche Stadt", schrie der Onkel. „Nein, Schlesien gehört zu Polen, das musst du endlich kapieren", antwortete mein Bruder. Plötzlich schlug der Onkel meinem Bruder ins Gesicht. Die Musik hörte auf und die Stimmung war kaputt.

ab 1955
Anwerbung von Gastarbeitern

1961
Bau der Berliner Mauer

ab 1970
Ostverträge

D I

In der Bundesrepublik funktioniert die Wirtschaft so gut, dass es in den 50er Jahren zu wenige Arbeitskräfte gibt.
Vor allem große Firmen versuchen, im Ausland Arbeiter und Arbeiterinnen für ihre Fabriken zu finden. **Ab 1955 kommen die ersten „Gastarbeiter" aus Italien in die Bundesrepublik.** Später folgen Migranten und Migrantinnen aus Spanien, Jugoslawien, Griechenland, der Türkei und Portugal.
Viele von ihnen holen später auch ihre Familien nach Deutschland.
Der Begriff „Gastarbeiter" zeigt, dass die Politiker über die Integration dieser Menschen lange Zeit zu wenig nachgedacht haben: „Man ruft Arbeitskräfte und holt Menschen." (Max Frisch)

Seit es die DDR gibt, laufen ihr die Menschen weg. Vor allem junge und qualifizierte Menschen sind unzufrieden und ziehen in die Bundesrepublik. **1961** schließt die DDR-Regierung die letzte Lücke in ihrer Grenze zum Westen. Sie baut eine **Mauer** und **trennt die Menschen im sowjetischen Sektor vom Rest der Stadt.**
1988/89 wird die Unzufriedenheit der DDR-Bürger immer größer.
Bei den **Montagsdemonstrationen** gehen hunderttausende Menschen **für Demokratie und Grundrechte** auf die Straße. Sie rufen: **„Wir sind das Volk."** Am **9. November 1989** hält die DDR-Regierung den Druck nicht mehr länger aus. Sie öffnet die Übergänge in Berlin von Ost nach West, **die Mauer fällt.**

A T

1969 wird **Willy Brandt** von der SPD neuer Bundeskanzler. Brandt will die Beziehungen zu den Ländern in Osteuropa verbessern. Mit ihnen schließt er die „Ostverträge".
Wichtigster Punkt: Die Bundesrepublik akzeptiert die Ostgrenze und verzichtet auf Gebiete, die vor dem Krieg zu Deutschland gehörten.
In Warschau zeigt Brandt, wie sehr ihm die **Verbrechen der Nazis an den polnischen Juden** leid tun: Das Bild von seinem **Kniefall in Warschau** geht um die Welt.
In Deutschland sind aber auch viele Menschen gegen Brandts Ostpolitik, vor allem Deutsche, die dort ihre Heimat hatten und vertrieben wurden.

U R

Ich ging damals in die 5. Klasse und wohnte in Stammheim, einem Stadtteil von Stuttgart. Dort steht das Gefängnis, in dem die Terroristen der RAF waren. Wir hatten Angst in diesem Herbst 1977. Ich erinnere mich, wie mein Vater beim Frühstück die Zeitung las. Von der ersten Seite schaute mich Hanns Martin Schleyer an. Ich wusste nicht, warum ihn die Terroristen entführt hatten, aber sein Blick ließ mich nachts nicht schlafen. Er weiß, dass ihn die Terroristen nicht mehr freilassen, dachte ich.
Eine Frau in unserem Haus sagte damals auf schwäbisch zu meiner Mutter: „Die Terroristen sollte man alle he machen." („He" bedeutet tot.) Vor ihr hatte ich auch Angst.

!

1990 war ich 24 Jahre und hatte kaum eine Verbindung zur DDR. Natürlich freute ich mich für die Menschen dort, dass nun Schluss mit der Diktatur war. Aber mir war Straßburg näher als Dresden.
Am Abend des 3. Oktober ging ich in die Kneipe in meiner Straße. Ich kannte den Wirt sehr gut, aber an diesem Abend überraschte er mich. Er hielt eine Rede zur Wiedervereinigung. Am Ende fiel ihm das Sprechen schwer, er hatte Tränen in den Augen.
Später erzählte er mir, dass er 1978 aus der DDR geflohen war, versteckt im Kofferraum eines Audi 80. Seine Freundin war in einem zweiten Auto versteckt. Sie wurde entdeckt und musste ins Gefängnis.

?

70er Jahre

Terrorismus

3. Oktober 1990

Wiedervereinigung

U R

Die Rote Armee Fraktion ist eine Gruppe von linksextremen Terroristen. Sie kämpfen mit Bombenanschlägen und Gewalttaten gegen den Staat und die Politik in der Bundesrepublik Deutschland. Bei den Anschlägen töten die Terroristen Politiker, Polizisten, Wirtschaftsvertreter, amerikanische Soldaten und unbeteiligte Personen.
Im Herbst 1977 gehören schwerbewaffnete Polizisten und Personenkontrollen zum Alltag in der Bundesrepublik. Obwohl immer mehr Terroristen verhaftet werden können, begehen RAF-Mitglieder bis in die 90er Jahre weitere Anschläge.

!

Nach dem **Fall der Mauer im November 1989** wird der Wunsch nach einer Wiedervereinigung in beiden deutschen Staaten immer stärker. Die Bundesrepublik und die neue demokratische Regierung der DDR können das aber nicht alleine entscheiden. Die vier Siegermächte des Zweiten Weltkriegs müssen einverstanden sein. Im September stimmen die USA, die Sowjetunion, Frankreich und Großbritannien der Wiedervereinigung zu. Am **3. Oktober tritt die DDR der Bundesrepublik bei (Tag der Deutschen Einheit).**
Nach der **ersten gesamtdeutschen Wahl 1990 wird Helmut Kohl, der „Kanzler der Einheit"**, erster Bundeskanzler des wiedervereinigten Deutschland.

?

M 8 | Erinnerungsstücke

Reisepass und Taschenkalender von Hans Fröhlich

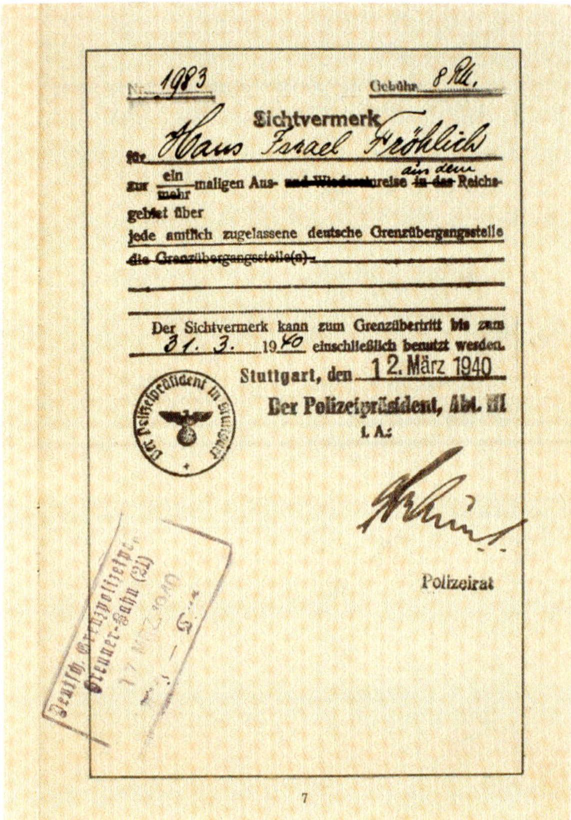
Nr. 1983 Gebühr 8 RM.
Sichtvermerk
für Hans Israel Fröhlich
zur einmaligen Ausreise aus dem Reichsgebiet über
jede amtlich zugelassene deutsche Grenzübergangsstelle
Der Sichtvermerk kann zum Grenzübertritt bis zum 31. 3. 1940 einschließlich benutzt werden.
Stuttgart, den 12. März 1940
Der Polizeipräsident, Abt. III
I. A.:
Polizeirat
7

Haus der Geschichte Baden-Württemberg

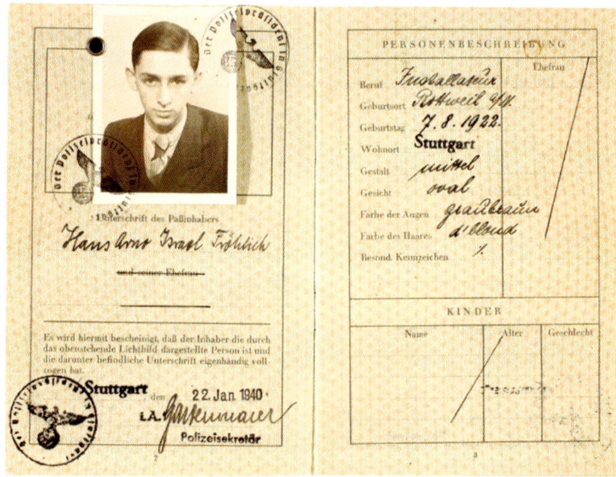

Haus der Geschichte Baden-Württemberg

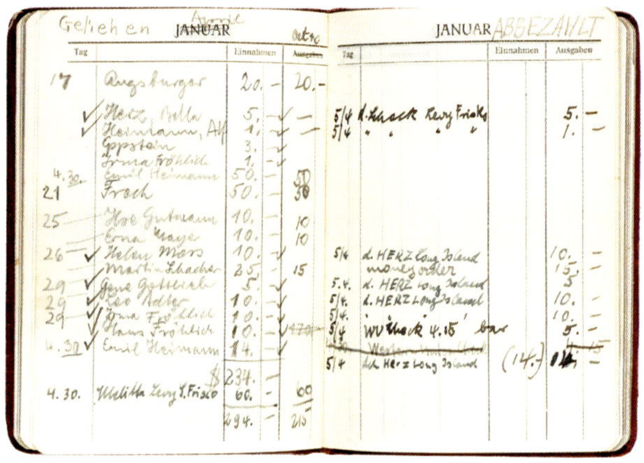

Haus der Geschichte Baden-Württemberg

Am 9. November 1938 zünden die Nationalsozialisten Synagogen in ganz Deutschland an. Tausende von Juden werden festgenommen.

Auch Nathan Fröhlich wird einige Tage später von zwei Männern in schwarzen Uniformen verhaftet. „Pass auf deine Mutter auf", sind die letzten Worte an seinen Sohn Hans. Im Dezember erfährt die Familie vom Tod des Vaters im KZ Dachau. Nach der Ermordung seines Vaters sorgt Hans für die Familie. Gleichzeitig kümmert er sich um ein Visum und einen deutschen Reisepass zur Ausreise nach Amerika. Auf der ersten Seite steht „J" für Jude, außerdem muss er den Vornamen „Israel" annehmen. Nachdem Hans in New York angekommen ist, versucht er so schnell wie möglich, Geld für das Schiffsticket seiner Mutter zu besorgen. Aber 294 Dollar kann ihm niemand leihen. Mit einem Trick hat er Erfolg: Er behauptet, dass ihm nur noch 10 Dollar für die Fahrkarte fehlen und nun wollen alle mithelfen, diesen „kleinen Rest" zu sammeln. Am 18. Mai 1939 fährt seine Mutter von Genua aus mit dem Schiff nach Amerika. Den körperbehinderten Sohn Albert muss sie in Deutschland zurücklassen. Er wird von den Nazis vermutlich im Lager Grafeneck ermordet.

Adaptiert nach Schimpf, Rainer: Ein-Wandererland – Aus- und Zuwanderung. In: Landesgeschichten. Der deutsche Südwesten von 1790 bis heute. Haus der Geschichte Baden-Württemberg, Stuttgart 2002.

Handwagen der Familie Lange

Eva Maria und Wilhelm Lienert

Im Juni 1945 muss auch Familie Lange ihre Heimatstadt Neumarkt in Niederschlesien (heute Polen) verlassen. Sie haben nur wenig Zeit zum Packen und können nur mitnehmen, was sie auf zwei Handwagen transportieren können. In Schlesien müssen sie die ganze Strecke zu Fuß gehen, in der russischen Zone können sie immer wieder ein Stück mit einem Zug fahren. Ab Hof in der amerikanischen Zone fahren regelmäßig Züge, mit denen Langes weiterkommen. Angst, Hunger und Krankheiten begleiten die Familie auf dem mehrwöchigen, langen Weg nach Westen. Manchmal müssen sie im Sitzen in überfüllten Baracken schlafen, manchmal bleibt ihnen nur der nackte Fußboden. Wohl das bedrückendste Wegstück ist ihr Marsch durch das zerbombte und ausgebrannte Dresden. Als sie nach fast vier Wochen in Heubach (Württemberg) ankommen, werden sie zunächst von Verwandten aufgenommen, finden dann in einer Arbeitsdienstbaracke Unterkunft. Aber es wird noch Jahre dauern, bis sie wieder wie früher leben können: in einer eigenen Wohnung, in einem eigenen Haus. Viele Menschen kommen nie an: Sie verlieren durch Flucht, Vertreibung und Verschleppung ihr Leben.

Nach Tagebucheinträgen von Laura Lange, in: Lienert, Eva-Maria / Lienert, Wilhelm: Wir müssen doch alles schleppen!, in: Geschichte lernen, Heft 105 (2005), S. 22; Erhard Friedrich Verlag, Seelze/Velber.

Heißluftballon der Familie Strelzyk

ullstein bild / dpa

Im März 1978 unterhält sich Peter Strelzyk mit einem Kollegen über die Flucht aus der DDR in die Bundesrepublik. Die beiden haben eine ungewöhnliche Idee: Sie wollen einen Heißluftballon bauen, der sie mit ihren Familien in den Westen bringen soll. Ihre Ehefrauen kaufen 460 Quadratmeter Stoff in einem Kaufhaus. Um niemanden misstrauisch zu machen, sagen sie, dass sie mit dem Stoff Zelte nähen wollen. Am 3. Juli 1979 ist es soweit. Die beiden Familien starten mit dem selbstgebauten Ballon, aber ein hoher Baum beschädigt ihn. Sie landen noch vor der Grenze auf DDR-Gebiet. Beim zweiten Versuch klappt es dann. Am 16. September setzt der Ballon in der oberfränkischen Stadt Naila auf. Aber auch in der Bundesrepublik lässt der Staatssicherheitsdienst der DDR die Strelzyks nicht in Ruhe. Ein „Freund" von Peter Strelzyk spioniert die Familie für die Stasi aus und zündet ihr Geschäft an. Inzwischen lebt das Ehepaar wieder in seinem alten Haus in Pößneck in Thüringen. Wenn man ihn heute fragt, ob er alles noch einmal so machen würde, antwortet Peter Strelzyk: „Wir sind nicht in den Westen geflohen, weil die Margarine dort besser ist. Wir sind geflohen, weil wir von der Freiheit geträumt haben."

Adaptiert nach: Westfälische Nachrichten (Münster), 6. November 1999.

FRAGEN UND AUFGABEN

Arbeiten Sie in Gruppen mit jeweils einem Text.

1. Beschreiben Sie die „Erinnerungsstücke".
   Welche Bedeutung haben sie für die Flucht?
2. Warum mussten die Menschen aus ihrer Heimat fliehen?
3. Welche Unterschiede und Gemeinsamkeiten gibt es?

M 9 | Warum Blumen auf Köpfen wachsen – oder auch nicht ...

WOLF BIERMANN

Das Märchen vom kleinen Herrn Moritz, der eine Glatze kriegte

Es war einmal ein kleiner älterer Herr, der hieß Herr Moritz und hatte sehr große Schuhe und einen schwarzen Mantel dazu und einen langen schwarzen Regenschirmstock, und damit ging er oft spazieren.

Als nun der lange Winter kam, der längste Winter auf der Welt in Berlin, da wurden die Menschen allmählich böse.

Die Autofahrer schimpften, weil die Straßen so glatt waren, daß die Autos ausrutschten. Die Verkehrspolizisten schimpften, weil sie immer auf der kalten Straße rumstehen mußten. Die Verkäuferinnen schimpften, weil ihre Verkaufsläden so kalt waren. Die Männer von der Müllabfuhr schimpften, weil der Schnee gar nicht alle wurde. Der Milchmann schimpfte, weil ihm die Milch in den Milchkannen zu Eis gefror. Die Kinder schimpften, weil ihnen die Ohren ganz rot gefroren waren, und die Hunde bellten vor Wut über die Kälte schon gar nicht mehr, sondern zitterten nur noch und klapperten mit den Zähnen vor Kälte, und das sah auch sehr böse aus.

An einem solchen kalten Schneetag ging Herr Moritz mit seinem blauen Hut spazieren, und er dachte: „Wie böse die Menschen alle sind, es wird höchste Zeit, daß wieder Sommer wird und Blumen wachsen."

Und als er so durch die schimpfenden Leute in der Markthalle ging, wuchsen ganz schnell und ganz viele Krokusse, Tulpen und Maiglöckchen und Rosen und Nelken, auch Löwenzahn und Margeriten. Er merkte es aber erst gar nicht, und dabei war schon längst sein Hut vom Kopf hochgegangen, weil die Blumen immer mehr wurden und auch immer länger.

Da blieb vor ihm eine Frau stehen und sagte: „Oh, Ihnen wachsen aber schöne Blumen auf dem Kopf!"

„Mir Blumen auf dem Kopf!" sagte Herr Moritz, „so was gibt es gar nicht!"
„Doch! Schauen Sie hier in das Schaufenster, Sie können sich darin spiegeln. Darf ich eine Blume abpflücken?"

Und Herr Moritz sah im Schaufensterspiegelbild, daß wirklich Blumen auf seinem Kopf wuchsen, bunte und große, vielerlei Art, und er sagte: „Aber bitte, wenn Sie eine wollen ..."

„Ich möchte gern eine kleine Rose", sagte die Frau und pflückte sich eine.

„Und ich eine Nelke für meinen Bruder", sagte ein kleines Mädchen, und Herr Moritz bückte sich, damit das Mädchen ihm auf den Kopf langen konnte. Er brauchte sich aber nicht so sehr

Wolf Biermann ist ein bekannter deutscher Liedermacher und Autor.

Er wurde 1936 in Hamburg geboren und ging 1953 in die DDR. Mitte der 60er Jahre bekam er immer mehr Probleme mit der DDR-Regierung:

Er durfte keine Konzerte mehr geben und keine neuen Bücher veröffentlichen.

Als Biermann 1976 auf einer Tournee durch die Bundesrepublik war, beschloss das DDR-Politbüro, ihn auszubürgern: Er durfte nicht mehr Bürger der DDR sein.

FRAGEN UND AUFGABEN

1. Was bedeuten die Blumen auf dem Kopf des kleinen Herrn Moritz?
2. Warum verschwinden sie, als der Polizist nach dem Personalausweis fragt? Warum bekommt Herr Moritz eine Glatze?

picture-alliance / dpa

tief zu bücken, denn er war etwas kleiner als andere Männer. Und viele Leute kamen und brachen sich Blumen vom Kopf des kleinen Herrn Moritz, und es tat ihm nicht weh, und die Blumen wuchsen immer gleich nach, und es kribbelte so schön am Kopf, als ob ihn jemand freundlich streichelte, und Herr Moritz war froh, daß er den Leuten mitten im kalten Winter Blumen geben konnte. Immer mehr Menschen kamen zusammen und lachten und wunderten sich und brachen sich Blumen vom Kopf des kleinen Herrn Moritz und keiner, der eine Blume erwischt hatte, sagte an diesem Tag noch ein böses Wort.

Aber da kam auf einmal auch der Polizist Max Kunkel. Max Kunkel war schon seit zehn Jahren in der Markthalle als Markthallenpolizist tätig, aber sowas hatte er noch nicht gesehn! Mann mit Blumen auf dem Kopf! Er drängelte sich durch die vielen lauten Menschen, und als er vor dem kleinen Herrn Moritz stand, schrie er: „Wo gibt's denn so was! Blumen auf dem Kopf, mein Herr! Zeigen Sie doch mal bitte sofort Ihren Personalausweis!"

Und der kleine Herr Moritz suchte und suchte und sagte verzweifelt: „Ich habe ihn doch immer bei mir gehabt, ich hab ihn doch in der Tasche gehabt!"
Und je mehr er suchte, um so mehr verschwanden die Blumen auf seinem Kopf.
„Aha", sagte der Polizist Max Kunkel, „Blumen auf dem Kopf haben Sie, aber keinen Ausweis in der Tasche!"

Und Herr Moritz suchte immer ängstlicher seinen Ausweis und war ganz rot vor Verlegenheit, und je mehr er suchte – auch im Jackenfutter –, um so mehr schrumpften die Blumen zusammen, und der Hut ging allmählich wieder runter auf den Kopf! In seiner Verzweiflung nahm Herr Moritz seinen Hut ab, und siehe da, unter dem Hut lag in der abgegriffenen Gummihülle der Personalausweis. Aber was noch!? Die Haare waren alle weg! Kein Haar mehr auf dem Kopf hatte der kleine Herr Moritz. Er strich sich verlegen über den kahlen Kopf und setzte dann schnell den Hut drauf.

„Na, da ist ja der Ausweis", sagte der Polizist Max Kunkel freundlich, „und Blumen haben Sie ja wohl auch nicht mehr auf dem Kopf, wie?!"

„Nein ...", sagte Herr Moritz und steckte schnell seinen Ausweis ein und lief, so schnell man auf der glatten Straßen laufen konnte, nach Hause. Dort stand er lange vor dem Spiegel und sagte zu sich: „Jetzt hast du eine Glatze, Herr Moritz!"

© 1972 by Wolf Biermann

3. Welche Kritik steckt in dem Märchen? Könnte es in jedem Land spielen?
4. Überlegen Sie, wie das Märchen zur Zeichnung auf Seite 98 passt.

M 10 | Wie kommt es zur Wiedervereinigung?

ullstein bild / AP

ullstein bild / dpa

ullstein bild / Imagebroker.net

ullstein bild / langrock

DIE „FRIEDLICHE REVOLUTION“ IN DER DDR

1

Die Menschen fliehen oder demonstrieren.

Die Menschen in der DDR zeigen immer öfter, dass sie mit ihrer Situation unzufrieden sind. Im Juni 1989 öffnet Ungarn die Grenze zu Österreich. Der „Eiserne Vorhang“ zwischen dem Westen und dem Osten hat ein Loch. Durch dieses Loch fliehen innerhalb kurzer Zeit 60.000 DDR-Bürger über Österreich in die Bundesrepublik.
Auch die Zahl der Menschen, die für Demokratie und Grundrechte demonstrieren, wird immer größer. Bei den „Montagsdemonstrationen“ in den großen Städten der DDR rufen zehntausende Menschen: „Wir sind das Volk!“

2

Die DDR-Führung muss nachgeben.

Der Druck auf die Politiker in der DDR wird immer größer. Mitte Oktober 1989 tritt der Staats- und Parteichef Erich Honecker zurück, drei Wochen später die ganze Regierung.
Am 9. November 1989 überrascht eine Nachricht die Deutschen und die ganze Welt. Ein SED-Politiker teilt im Fernsehen mit, dass die Grenzen der DDR geöffnet werden und die DDR-Bürger/innen ausreisen dürfen. Was dann in Berlin passiert, gehört zu den bewegendsten Momenten der deutschen Geschichte nach 1945. Ostdeutsche besuchen den Westteil der Stadt und werden von den Westberlinern begeistert empfangen. Fremde Menschen liegen sich in den Armen und feiern gemeinsam den Fall der Mauer und die neue Freiheit für die Menschen in der DDR.

1989 ist das Jahr der Veränderungen in Osteuropa: Aus kommunistischen Staaten wie Polen, Ungarn und der Tschechoslowakei werden Demokratien. Der Sieg der Demokratie in diesen Ländern hat mit der Situation in der Sowjetunion zu tun. Dort heißt der Staatschef Michail Gorbatschow. Er hat selbst große Probleme in seinem Land und will sich nicht in die Politik der osteuropäischen Länder einmischen: Die Regierungen dort müssen

3

Demokratie in der DDR!

Nach der Öffnung der Mauer wünschen sich immer mehr Bürgerinnen und Bürger in beiden deutschen Staaten die Wiedervereinigung. Bei den ersten freien Wahlen in der DDR im März 1990 gewinnt die „Allianz für Deutschland“. Sie ist für eine schnelle Wiedervereinung der DDR und der Bundesrepublik.

selbst entscheiden, ob sie demokratische Veränderungen wollen. Die Sowjetunion setzt keine russischen Soldaten ein, um den Kommunismus in diesen Ländern zu retten. In der DDR wollen die SED und ihr Parteichef Erich Honecker von demokratischen Reformen nichts wissen. Sie feiern am 7. Oktober 1989 den 40. Geburtstag der DDR. Ein Jahr später gibt es die DDR nicht mehr.

ullstein bild / Imagebroker.net

EINIGUNG UND BEITRITT DER DDR

4

Die beiden deutschen Staaten werden sich einig.

Die Regierungen in beiden deutschen Staaten wollen die Wiedervereinigung. Zuerst müssen sie aber einen Weg finden, wie die Verbindung der Staaten funktionieren kann. Sie haben z. B. völlig verschiedene Wirtschaftssysteme, Gesetze und eine andere politische Ordnung. Im Juli 1990 wird ein Vertrag unterschrieben: die Wirtschafts- und Sozialunion. Die DDR wird dadurch zu einer sozialen Marktwirtschaft und übernimmt die D-Mark. Auch die Sozialversicherungen gibt es jetzt wie in der Bundesrepublik.

5

Die Siegermächte sagen „Ja"!

Die beiden Staaten können nicht alleine über die Wiedervereinigung entscheiden. Die vier Siegermächte des Zweiten Weltkrieges (USA, Sowjetunion, Frankreich, Großbritannien) müssen einverstanden sein. Bundeskanzler Helmut Kohl ist erfolgreich: Im September unterschreiben die Vertreter der vier Siegermächte und der beiden deutschen Staaten den Zwei-plus-Vier-Vertrag. Am 3. Oktober 1990 tritt die DDR der Bundesrepublik Deutschland bei. Die neuen Bundesländer sind damit auch Teil der Europäischen Union (EU).

ullstein bild / Spiegl

ullstein bild / dpa

ullstein bild / Bildarchiv

ullstein bild / AP

FRAGEN UND AUFGABEN

1. Unterstreichen Sie bitte Textstellen und Daten, die zu den Bildern passen.
2. Was war Ihrer Meinung nach besonders wichtig für die Wiedervereinigung? Wählen Sie bitte ein Bild aus und begründen Sie Ihre Meinung.
3. „Wir sind das Volk" und „Wir sind ein Volk" riefen viele Menschen bei den Montagsdemonstrationen in der DDR. Welche Wünsche, Hoffnungen und Forderungen stecken in diesen beiden Sätzen?
4. Wie heißen die fünf neuen Bundesländer, die mit der Wiedervereinigung entstanden sind? Auf der Karte im Umschlag können Sie nachsehen.

M 11 | Wie weit ist die deutsche Einheit?

Am 9. November 2009 feierten viele Menschen in Europa und auf der ganzen Welt ein Jubiläum: 20 Jahre Mauerfall.

In Berlin wurden dazu riesige Dominosteine auf einer Länge von zwei Kilometern aufgebaut. Auf diese Steine haben Menschen aus vielen verschiedenen Ländern geschrieben, welche Gedanken und Gefühle sie mit der Mauer verbinden und was Freiheit für sie bedeutet. Uns hat interessiert, was Migrantinnen und Migranten über die Deutschen und die Wiedervereinigung denken.

Kurz nach dem Jubiläum haben wir dazu folgenden Brief erhalten:

ullstein bild / Giribas

Liebes i-punkt Team,

wisst ihr, was typisch für Deutsche ist? Golf fahren, den Fernseher im Schrank verstecken, zwei Döner nacheinander essen, über Probleme reden und sich beschweren: über das Wetter, den Chef, Steh-Toiletten und – wenn ihnen gar nichts einfällt – die Politiker. Soll ich euch was sagen: Ich versteh sie sogar, die Deutschen – jedenfalls meistens.

Aber eins geht mir auf die Nerven. Manche Deutsche beschweren sich sogar über die Wiedervereinigung. Das ist fast so, als ob dein Bruder (oder deine Schwester) nach 28 Jahren aus einem fernen Land zurückkommt und du nimmst ihn (oder sie) kurz in den Arm und sagst dann: Ahmed, deine Krawatte gefällt mir nicht, oder Natascha, ich lade dich zum Essen ein, du musst deine Suppe aber selbst bezahlen. Natürlich freuen sich die meisten Deutschen über die Wiedervereinigung, aber manche finden immer einen Grund zu schimpfen. Zum Beispiel der Westdeutsche, der sich ärgert, weil er im Monat 30 Euro Steuern bezahlt, damit man in Ostdeutschland neue Straßen baut. Dabei verdient er 4.000 Euro, netto. Oder der Ostdeutsche, der meint, dass er zuviel Miete bezahlt: „Früher habe ich nur 90 Mark bezahlt, heute fast 600 Euro." Dabei vergisst er, dass er „früher" vier Jahre warten musste, bevor er eine Wohnung bekommen hat. Und in seine Zwei-Raum-Wohnung will er eigentlich auch nicht zurück.

Am meisten regt mich auf, wenn manche Westdeutsche sagen: „Ich bin froh über die Wiedervereinigung, aber die Ostdeutschen sind halt einfach gaaaanz anders." (Das gleiche gilt auch umgekehrt). Meinen die das im Ernst oder haben die Fieber? Was erwarten die denn? Dass alle Menschen gleich sind, in Kiel, Karlsruhe, Chemnitz oder Cottbus? Ich liebe die „Bunte Republik Deutschland", *weil* die Menschen hier so unterschiedlich sind und nicht *obwohl* sie anders sind. Ich habe Spaß daran, andere Menschen kennen zu lernen, und manche haben halt Spaß an Vorurteilen: Wessis sind arrogant und wissen alles besser. Ossis sind ein bisschen langweilig und heulen immer, wie schlecht es ihnen geht. Diese Vorurteile sind einfach blöd und zum Glück sehen das die meisten Deutschen heute auch so – finde ich.

Versteht mich bitte nicht falsch. Man muss nicht alles gut finden an der Wiedervereinigung. Ich verlange von niemandem, dass er sein Glas solange anguckt, bis es wieder voll ist. Es stimmt, dass man in Ostdeutschland immer noch etwas weniger verdient als in Westdeutschland. Es stimmt, dass die Arbeitslosigkeit in den meisten ostdeutschen Bundesländern noch höher ist. Aber es stimmt auch, dass man heute überall in Deutschland (fast) alles sagen und schreiben darf, was man denkt. Und dass man hingehen darf, wohin man will. Und dass man sich gegen Ungerechtigkeit wehren kann. Und dass diese furchtbare Mauer die Menschen nicht mehr trennt. Ist das nicht wichtiger?

So, das wollte ich einfach mal sagen. Hab ich mich zu viel über die Deutschen beklagt? Typisch Migrant werdet ihr jetzt vielleicht denken. Übrigens, wisst ihr, was wirklich typisch für Migranten ist? Golf fahren, Döner essen, sich über das Wetter beschweren ...

Viele Grüße aus Dabaruch
Euer Leif Borret

UNTERSCHIEDE IN DEUTSCHLAND

So hoch ist die Arbeitslosigkeit
Jahresdurchschnitt 2014 in Prozent

So viel verdienen die Arbeitnehmer
Durchschnittliche Bruttolöhne 2014 in Euro

Arbeitslosigkeit	Bundesland	Bruttolöhne
7,6	Hamburg	38.259
5,7	Hessen	35.174
4,0	Baden-Württemberg	33.702
3,8	Bayern	33.695
10,9	Bremen	32.341
8,2	Nordrhein-Westfalen	32.056
11,1	Berlin	31.413
7,2	Saarland	30.371
5,4	Rheinland-Pfalz	30.284
6,5	Niedersachsen	29.053
6,8	Schleswig-Holstein	27.836
7,8	Thüringen	26.084
9,4	Brandenburg	26.055
8,8	Sachsen	25.863
10,7	Sachsen-Anhalt	25.518
11,2	Mecklenburg-Vorpommern	24.915

Quelle: Statistische Ämter des Bundes und der Länder, 2015

So sind eher die Ostdeutschen ... denken die Westdeutschen		So sind eher die Westdeutschen ... denken die Ostdeutschen
12 %	arrogant	71 %
21 %	aufs Geld aus	57 %
12 %	bürokratisch	45 %
14 %	oberflächlich	45 %
42 %	misstrauisch	19 %
51 %	unzufrieden	13 %

Quelle: Allensbacher Archiv, IfD-Umfrage 10098, Oktober 2012

FRAGEN UND AUFGABEN

1. Was ärgert den Briefschreiber an „manchen Deutschen"?
2. Welche Vorteile der Wiedervereinigung und welche Probleme werden in dem Brief genannt? Einige der Aussagen können Sie mit den Statistiken überprüfen.
3. Wie denken Sie über diese Punkte? Diskutieren Sie im Kurs. Wenn Sie möchten, können Sie auch einen kurzen Antwortbrief schreiben und an i-punkt schicken.
4. Fragen Sie Deutsche, wie sie über die Wiedervereinigung denken. Vergleichen Sie die Antworten mit der Meinung des Briefschreibers.

Ist die Wiedervereinigung eher Anlass zur Freude oder eher zur Sorge?

	West	Ost
eher zur Freude	69 %	71 %
eher zur Sorge	12 %	9 %

Quelle: IfD-Umfrage 10098, Oktober 2012

M 12 | Wo begegnet uns die Europäische Union im Alltag?

picture alliance / ZB

picture-alliance / ZP

picture alliance / Bildagentur Huber

Die Europäische Union

	Beitrittsjahr	Einwohner 2014[1] in Mio.	BIP[2] 2013 pro Kopf in Tausend Euro
Belgien	★ 1958	11,2 Mio.	30,5 Tsd. €
Deutschland	★ 1958	80,8	32,0
Frankreich	★ 1958	65,9	27,8
Italien	★ 1958	60,8	25,2
Luxemburg	★ 1958	0,5	67,9
Niederlande	★ 1958	16,8	32,6
Dänemark	★ 1973	5,6	32,1
Großbritannien	★ 1973	64,3	27,2
Irland	★ 1973	4,6	32,5
Griechenland	★ 1981	11,0	19,5[3]
Portugal	★ 1986	10,4	19,4
Spanien	★ 1986	46,5	24,5
Finnland	★ 1995	5,5	28,7
Österreich	★ 1995	8,5	33,2
Schweden	★ 1995	9,6	32,7
Estland	★ 2004	1,3	18,8
Lettland	★ 2004	2,0	17,3
Litauen	★ 2004	2,9	19,1
Malta	★ 2004	0,4	22,7
Polen	★ 2004	38,5	17,5
Slowakei	★ 2004	5,4	19,6
Slowenien	★ 2004	2,1	21,3
Tschechien	★ 2004	10,5	20,6
Ungarn	★ 2004	9,9	17,2
Zypern	★ 2004	0,9	22,1
Bulgarien	★ 2007	7,2	12,0
Rumänien	★ 2007	19,9	13,9
Kroatien	★ 2013	4,2	15,6

1. Wo begegnet uns die Europäische Union im Alltag? Fallen Ihnen weitere Beispiele ein?
2. Was finden Sie gut, was finden Sie schlecht daran? Schreiben Sie bitte Stichworte in eine Tabelle und diskutieren Sie anschließend im Kurs.
3. Wie denken Menschen aus Ihrem Herkunftsland über die EU?
4. An welche Länder grenzt Deutschland an?
5. Worin unterscheiden sich die Länder der EU? Wie denken Sie über diese Unterschiede?

6. Das Bruttoinlandsprodukt (BIP) misst, wie stark die Wirtschaft eines Landes ist.
   Für Deutschland heißt das zum Beispiel, dass ein einzelner Bürger im Jahr 2013 Waren und Dienstleistungen im Wert von 32.000 Euro hergestellt hat.
   Welche Ursachen könnten die großen Unterschiede zwischen manchen Ländern der EU haben?
7. Warum ist es in der EU manchmal schwierig, politische Entscheidungen zu treffen?

picture-alliance / dpa / dpaweb

picture-alliance / dpa

ullstein bild / Becker & Bredel

M 13 | Wie hat sich die Europäische Union entwickelt?

ullstein bild / Zennig (L)

Früher…

- gab es in Europa viele Kriege, in denen Millionen Menschen ihr Leben verloren haben.
- musste man im Urlaub D-Mark gegen Schilling, Lire oder Francs eintauschen.
- hat man in Italien einen Taschenrechner gebraucht, um auszurechnen, was das Hotel kostet.
- musste man Zoll bezahlen, wenn man Wein oder Zigaretten aus Spanien mitgebracht hat.
- musste man an den Grenzen oft lange im Stau stehen, weil die Pässe oder Personalausweise kontrolliert worden sind.
- hat jeder einzelne Staat selbst über seine Gesetze und seine Politik entschieden.
- war es sehr kompliziert, wenn man ein Haus in einem anderen europäischen Land kaufen wollte, um dort zu leben.
- hat man eine Arbeitsgenehmigung gebraucht, wenn man in einem anderen europäischen Land arbeiten wollte.
- mussten die Firmen Zölle und Steuern bezahlen, wenn sie ihre Waren und Produkte in einem anderen europäischen Land verkaufen wollten.
- hat es für Bauern, Handwerker und Unternehmer viel weniger Konkurrenz gegeben.
- musste sich jedes Land alleine um seine armen Regionen kümmern.
- hat jedes Land alleine gegen Kriminalität gekämpft.
- durfte man nur in seinem Heimatland wählen.

Nie wieder Krieg! Darüber sind sich die Menschen in Europa nach dem Zweiten Weltkrieg einig. Millionen haben ihr Leben verloren, viele Städte sind zerstört und die meisten Menschen haben kaum genug zum Leben. Für viele junge Leute ist klar, dass es Frieden in Europa nur geben kann, wenn die Nationen zusammenarbeiten. Auch einige Politiker vertreten diese Ideen.

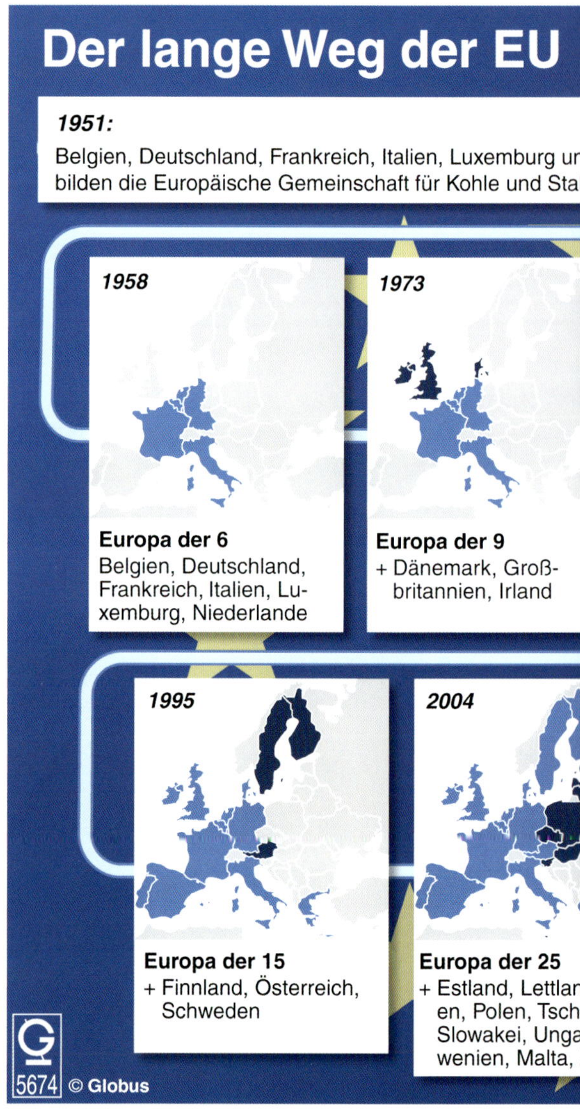

1951 wird die Europäische Gemeinschaft für Kohle und Stahl gegründet. Mit dabei sind Belgien, Deutschland, Frankreich, Italien, die Niederlande und Luxemburg. Die Zusammenarbeit soll den Frieden sichern, aber auch wirtschaftliche Vorteile für die Länder bringen. 1957 beschließen diese Länder die Römischen Verträge und gründen die Europäische Wirtschaftsgemeinschaft (EWG).

FRAGEN UND AUFGABEN

1. Warum kam es nach dem Zweiten Weltkrieg zu einer engeren Zusammenarbeit in Europa?
2. Was hat sich durch die europäische Integration verändert?
   Schreiben Sie Stichworte zu den Bereichen MENSCHEN, WIRTSCHAFT, POLITIK auf.

Die wirtschaftlichen Vorteile führen dazu, dass sich immer mehr Länder anschließen. Die Gemeinschaft wird größer und die Zusammenarbeit wird enger. Man nennt das Zusammenwachsen der unterschiedlichen Länder „europäische Integration". Seit 1992 heißt die Gemeinschaft „Europäische Union" (EU).

Heute leben in den 28 Staaten der EU etwa 500 Millionen Menschen, mehr als in ganz Nordamerika. Die Länder arbeiten inzwischen nicht nur wirtschaftlich zusammen, sondern auch im Kampf gegen Kriminalität, beim Umweltschutz oder in der Außen- und Sicherheitspolitik. Auf diesen beiden Seiten finden Sie Beispiele dafür, was sich mit der europäischen Integration geändert hat.

Erwin Petz

Heute ...

- gibt es viel weniger Konflikte in Europa. Zwischen Mitgliedsländern der EU gab es noch nie Krieg. Die Länder der EU arbeiten sogar in der Außenpolitik zusammen.
- bezahlt man in vielen europäischen Ländern mit dem Euro.
- kann man Preise für Waren und Dienstleistungen viel leichter vergleichen, weil es den Euro gibt.
- gibt es an den Grenzen innerhalb der EU keine Personenkontrollen mehr (Schengener Abkommen).
- beschließen das EU-Parlament und der Ministerrat viele Gesetze, die für uns im Alltag wichtig sind. Die EU-Kommission ist so etwas wie die Regierung der EU. Die Minister heißen „Kommissare".
- können EU-Bürger/innen ihren Arbeitsplatz und Wohnort innerhalb der EU frei wählen. Auch Eigentum, z. B. ein Haus, kann man in EU-Ländern viel leichter kaufen.
- können Unternehmen überall in der EU ihre Produkte und Dienstleistungen anbieten. Sie müssen keine zusätzlichen Zölle oder Steuern bezahlen.
- gibt es für die Unternehmen in der EU viel mehr Konkurrenz. Wer nicht mithalten kann, kommt in Schwierigkeiten.
- hilft die EU armen Regionen in Europa mit Geld bei Projekten, z. B. wenn Brücken oder Autobahnen gebaut werden.
- versuchen die EU-Länder gemeinsam, gegen internationale Kriminalität oder gegen Terroristen zu kämpfen.
- dürfen EU-Bürger/innen an Kommunalwahlen teilnehmen und sich auch selber wählen lassen.

FRAGEN UND AUFGABEN

3. Diskutieren Sie im Kurs über die Veränderungen. Was ist aus Ihrer Sicht positiv, was negativ für die Menschen und das Zusammenleben in Europa?
4. Gibt es Entscheidungen, die auch in Zukunft nicht durch die EU, sondern von den einzelnen Ländern getroffen werden sollten?

M 14 | EU-Würfelspiel

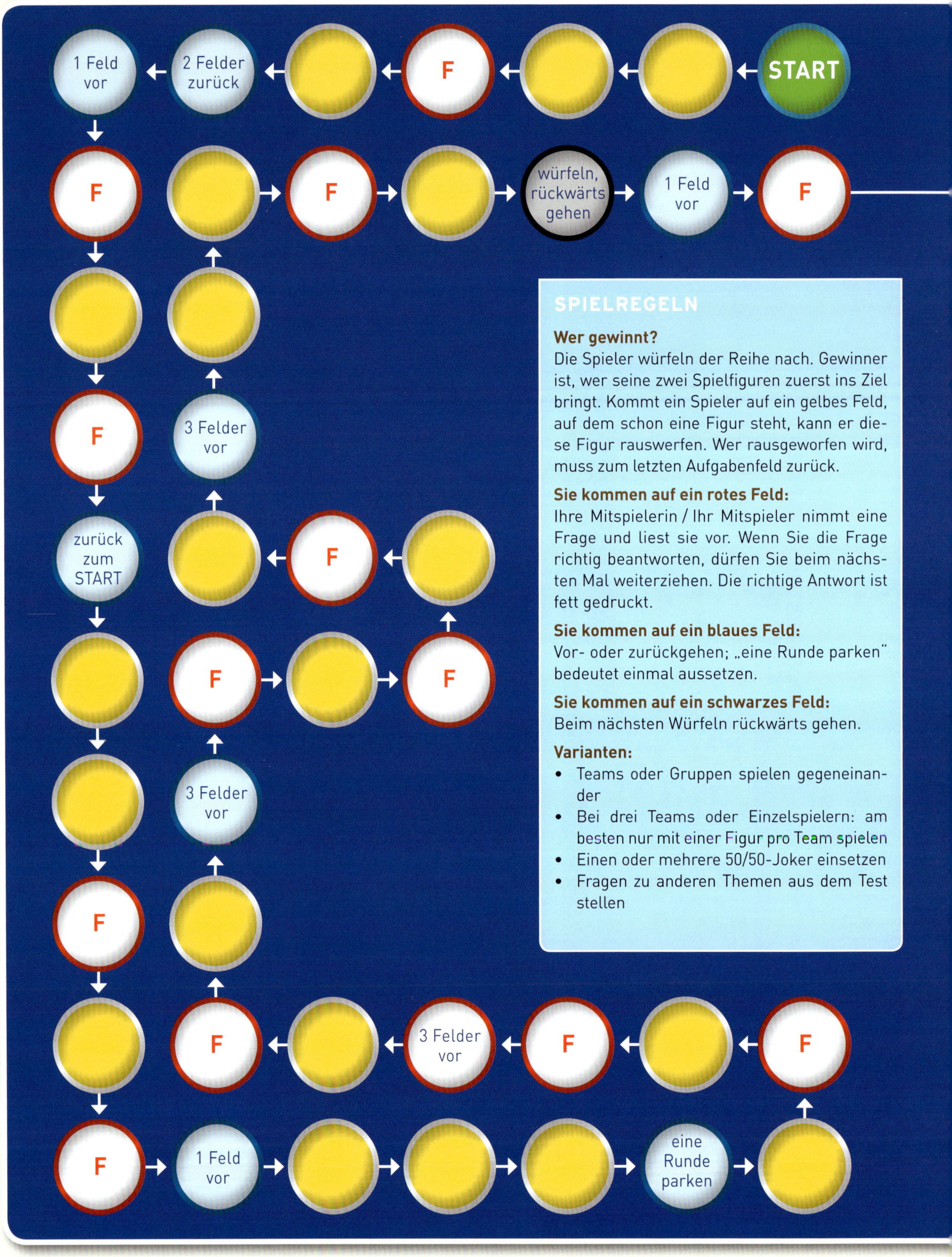

SPIELREGELN

Wer gewinnt?
Die Spieler würfeln der Reihe nach. Gewinner ist, wer seine zwei Spielfiguren zuerst ins Ziel bringt. Kommt ein Spieler auf ein gelbes Feld, auf dem schon eine Figur steht, kann er diese Figur rauswerfen. Wer rausgeworfen wird, muss zum letzten Aufgabenfeld zurück.

Sie kommen auf ein rotes Feld:
Ihre Mitspielerin / Ihr Mitspieler nimmt eine Frage und liest sie vor. Wenn Sie die Frage richtig beantworten, dürfen Sie beim nächsten Mal weiterziehen. Die richtige Antwort ist fett gedruckt.

Sie kommen auf ein blaues Feld:
Vor- oder zurückgehen; „eine Runde parken" bedeutet einmal aussetzen.

Sie kommen auf ein schwarzes Feld:
Beim nächsten Würfeln rückwärts gehen.

Varianten:
- Teams oder Gruppen spielen gegeneinander
- Bei drei Teams oder Einzelspielern: am besten nur mit einer Figur pro Team spielen
- Einen oder mehrere 50/50-Joker einsetzen
- Fragen zu anderen Themen aus dem Test stellen

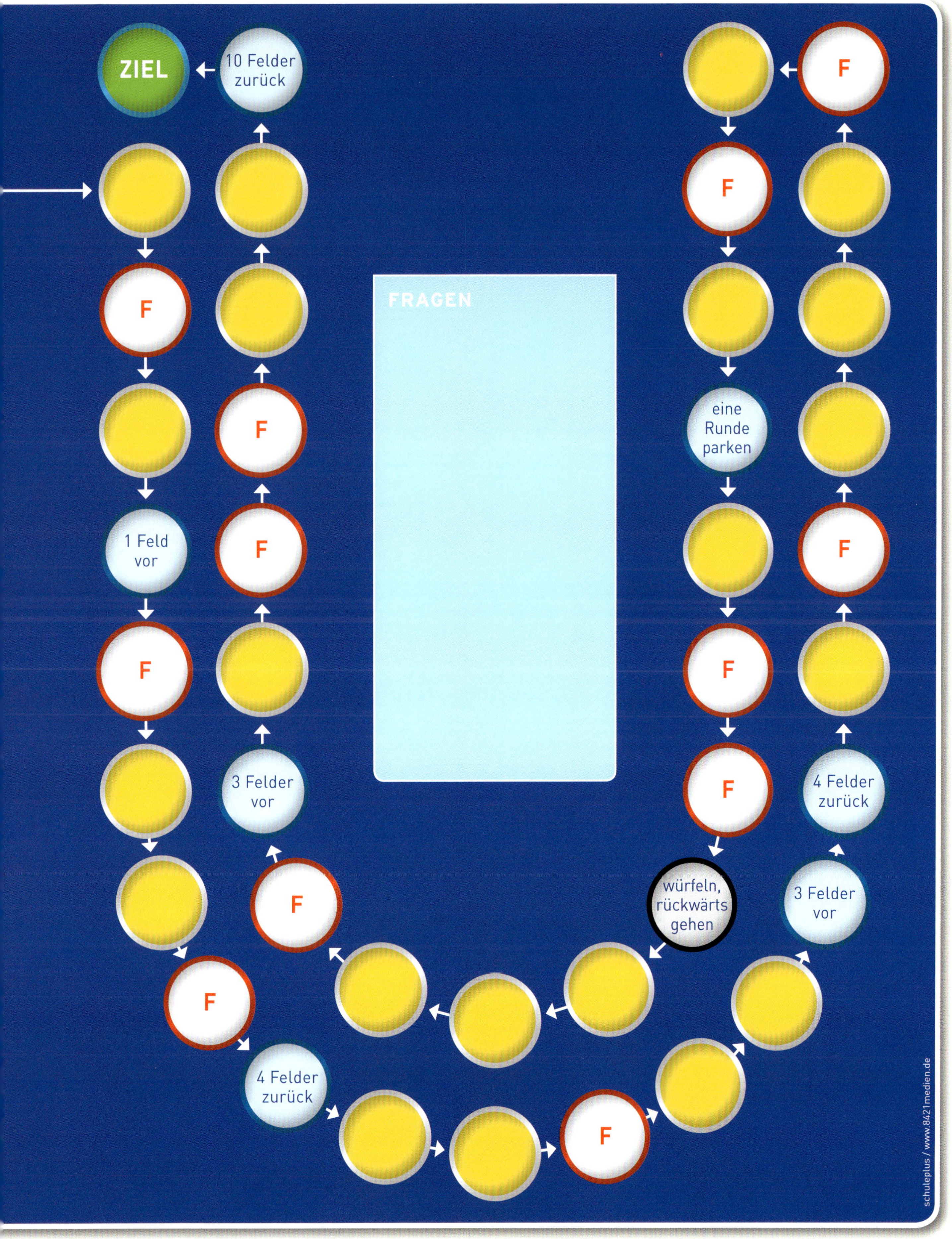
ZIEL
10 Felder zurück
F
F
F
F
1 Feld vor
F
3 Felder vor
F
F
FRAGEN
F
4 Felder zurück
F
F
F
eine Runde parken
F
F
F
4 Felder zurück
würfeln, rückwärts gehen
3 Felder vor
schuleplus / www.8421medien.de

M 14 | EU-Würfelspiel

Was ist ein EU-Kommissar?

a) Ein Polizeioffizier bei Europol
b) Der Präsident des EU-Parlaments
c) So etwas wie ein Minister in der EU
d) Ein Geheimagent

Welches EU-Land bedeckt die größte Fläche?

a) Frankreich
b) Spanien
c) Polen
d) Schweden

Woher hat Amerika seinen Namen?

a) Amerik ist ein Naturstein, den man im Osten der USA findet.
b) „A mer ika" heißt in der Sprache der Inkas „Land über dem Meer".
c) Von den Amarikas, einem südamerikanischem Indianer-Stamm
d) Von Amerigo Vespucci, einem italienischen Entdecker

Der höchste Berg Europas ist ...

a) der Ben Nevis in Schottland.
b) die Zugspitze in Deutschland.
c) die Dufourspitze in der Schweiz.
d) der Mont Blanc in Frankreich.

Deutschland ist Mitglied im Schengener Abkommen. Was bedeutet das?

a) Deutsche können in viele Länder Europas ohne Passkontrolle reisen.
b) Alle Menschen können ohne Passkontrolle in Deutschland einreisen.
c) Deutsche können ohne Passkontrolle in jedes Land reisen.
d) Deutsche können in jedem Land mit dem Euro bezahlen.

Was sind „Klompen"?

a) Felsen an der Südküste von Portugal
b) Bunte Holzschuhe aus den Niederlanden
c) Knödel aus Österreich
d) Puppen aus Dänemark

Wie viele Länder gehören zur EU?

a) 12
b) 16
c) 28
d) 29

Wer beschließt die Gesetze (Richtlinien) in der EU?

a) Der EU-Ministerrat und das EU-Parlament
b) Nur das EU-Parlament
c) Die EU-Kommission
d) Die Chefs der sechs größten EU-Länder

Der Euro-Tunnel verbindet Frankreich und England und ist ...

a) 35 km lang.
b) 50 km lang.
c) 65 km und 300 m lang.
d) ungefähr 70 km lang.

In welchem Land isst man „Schlagobers"?

a) Belgien
b) Frankreich
c) Österreich
d) Italien (in Südtirol)

Die zwölf goldenen Sterne der EU-Flagge stehen für ...

a) die zwölf Länder, die 1986 Mitglieder der EU waren.
b) die zwölf hellsten Sterne über dem Himmel von Europa.
c) „Vollkommenheit" und „Einheit".
d) die zwölf wichtigsten Ziele der EU.

Welches Land gehört nicht zur EU?

a) Litauen
b) Slowakei
c) Slowenien
d) Norwegen

„Goldene Stadt", so nennt man ...

a) Bukarest, die Hauptstadt von Rumänien.
b) Prag, die Hauptstadt von Tschechien.
c) Budapest, die Hauptstadt von Ungarn.
d) Valletta, die Hauptstadt von Malta.

Die Hymne der EU ist ...

a) das Lied „Freedom" von John Wesley.
b) die Arie „Amore" von Giovanni Martello.
c) die „Ode an die Freude" aus der 9. Sinfonie von Ludwig van Beethoven.
d) eine Mischung aus den 28 Nationalhymnen („Hymne für den Frieden").

In welchem Land der EU leben die meisten Menschen?

a) Deutschland
b) Frankreich
c) Großbritannien
d) Polen

Das Europäische Parlament wird ...

a) alle vier Jahre gewählt.
b) alle fünf Jahre gewählt.
c) alle sechs Jahre gewählt.
d) alle sieben Jahre gewählt.

Was zeigt die EU-Flagge?

a) Ein weißes Kreuz auf blauem Grund
b) Sechzehn bunte Ringe
c) Zwölf goldene Sterne auf blauem Grund
d) Einen goldenen Kreis auf rotem Grund

Welches Land ist nicht Mitglied der EU?

a) Griechenland
b) Litauen
c) Albanien
d) Bulgarien

Welche Farbe hat ein 500-Euro-Schein?

a) Braun
b) Grün
c) Blau
d) Violett

Wie viele Sprachen werden in Europa gesprochen?

a) Etwa 25
b) 15
c) Etwa 45
d) Fast 200

Wo ist der Sitz des Europäischen Parlaments?

a) Straßburg
b) Den Haag
c) Dublin
d) Kopenhagen

Wo arbeitet das Europäische Parlament?

a) In Warschau, Paris und Wien
b) In Berlin, Paris und London
c) In Lissabon, Nizza und Amsterdam
d) In Straßburg, Luxemburg und Brüssel

Die EU-Kommission ...

a) ist so etwas wie die Regierung der EU.
b) ist das höchste Gericht der EU.
c) die Spezial-Polizei der EU.
d) beschließt die Gesetze (Richtlinien) der EU.

Wie viele Zigaretten darf man aus einem anderen EU-Land für den eigenen Gebrauch mitbringen?

a) Ungefähr 800
b) Nicht mehr als eine Stange (ca. 200)
c) Bis zu 2000
d) Es gibt keine Grenzen.

Um was geht es in den Römischen Verträgen?

a) Um eine Pipeline zwischen Europa und Russland
b) Um die Europäische Wirtschaftsgemeinschaft
c) Um eine gemeinsame europäische Armee
d) Um eine Steuer auf Zigaretten

Welche Aufgabe hat die Europäische Zentralbank (EZB)?

a) Sie verleiht Geld an Privatleute, z. B. für den Hausbau.
b) Sie sorgt dafür, dass der Euro stabil bleibt.
c) Sie ist das Finanzamt der EU.
d) Sie kauft Aktien von großen Firmen.

Welches Land grenzt an Deutschland an?

a) Tschechien
b) Ungarn
c) Slowenien
d) Italien

In welchem Land gibt es mehr als 55.000 Seen?

a) Republik Irland
b) Ungarn
c) Niederlande
d) Finnland

Wie viele Menschen leben in der EU?

a) Etwa 500 Millionen
b) Etwa 400 Millionen
c) Etwa 350 Millionen
d) Etwa 300 Millionen

Welches Land ist kein Nachbarland von Deutschland?

a) Österreich
b) Tschechien
c) Ungarn
d) Schweiz

Aus welchem EU-Land kommen LEGO-Bausteine?

a) Dänemark
b) Schweden
c) Zypern
d) Estland

Seit wann bezahlt man in Deutschland mit dem Euro?

a) Seit 1998
b) Seit 2000
c) Seit 2002
d) Seit 2004

M 14 | EU-Würfelspiel

Woher hat Europa seinen Namen?

a) Janis Europadis war ein griechischer Philosoph.
b) Europa Canetti war die Geliebte von Christoph Kolumbus.
c) Europa war eine schöne Königstochter, in die sich der griechische Gott Zeus verliebt hat.
d) Europa ist ein lateinisches Wort und heißt übersetzt „Land meiner Väter".

Was ist auf der Rückseite einer deutschen 50-Cent-Münze zu sehen?

a) Der Bundesadler
b) Der Zweig einer Eiche
c) Das Reichstagsgebäude
d) Das Brandenburger Tor

Was ist die zweitgrößte Euromünze?

a) Die 2-Euro-Münze
b) Die 50-Cent-Münze
c) Die 1-Euro-Münze
d) Die 1-Euro-Münze und die 50-Cent-Münze sind gleich groß.

In welchem Land der EU wird am meisten Bier getrunken?

a) Tschechien
b) Deutschland
c) Großbritannien
d) Dänemark

Wie heißt der Wahlspruch (das Motto) der EU?

a) „Frieden und Demokratie für Europa"
b) „Einigkeit und Recht und Freiheit"
c) „Freiheit, Gleichheit, Brüderlichkeit"
d) „In Vielfalt geeint"

Welches Land der EU hat eine Königin/einen König als Staatsoberhaupt, obwohl es eine Demokratie ist?

a) Slowenien
b) Belgien
c) Österreich
d) Portugal

Was ist keine Entscheidung der EU?

a) Dass Bananen aus der EU mindestens 14 cm lang sein müssen
b) Dass Deutschland bis zum Jahr 2020 18 % seines Stroms aus erneuerbaren Energien erzeugen muss
c) Dass seit 2012 keine Glühbirnen mehr verkauft werden dürfen
d) Dass das Kindergeld bei uns erhöht wird

Welcher europäische Staatschef hat den Literaturnobelpreis bekommen?

a) Der britische Premierminister Winston Churchill
b) Der deutsche Bundeskanzler Willy Brandt
c) Der französische Präsident Charles de Gaulle
d) Der italienische Ministerpräsident Giulio Andreotti

Wie heißen die Gesetze der EU?

a) Richtlinien
b) Leitlinien
c) Dekrete
d) Manuale

Welche Länder gehören zu den „baltischen Republiken"?

a) Belgien, Litauen, Dänemark
b) Schweden, Finnland, Dänemark
c) Polen, Estland, Slowakei
d) Litauen, Estland, Lettland

„Benelux" ist …

a) eine Maßeinheit, mit der man die Stärke von Licht misst.
b) eine exklusive britische Hotelkette.
c) die Bahngesellschaft von Luxemburg und Belgien.
d) ein Name für Belgien, die Niederlande und Luxemburg.

Was sind Wallonen?

a) Kleine Teilchen, die der deutsche Physiker Heisenberg entdeckt hat
b) Französisch sprechende Bewohner der belgischen Region Wallonie
c) Eine bulgarische Pferderasse mit besonders kurzen Beinen
d) Römische Goldmünzen

Was sind Gnocchi?

a) Kleine italienische Kartoffelklöße
b) Bronzefiguren des spanischen Künstlers Pablo Picasso
c) Südfranzösische Wildkatzen, die bis zu 45 cm hoch werden
d) Felsen an der Westküste von Portugal

Welche europäischen Hauptstädte liegen an der Donau?

a) Wien, Zagreb und Sofia
b) Wien, Bratislava, Budapest und Belgrad
c) Prag, Wien und Budapest
d) Zagreb, Sofia und Bukarest

Wer wird bei der Europawahl gewählt?

a) Die Europäische Kommission
b) Die Länder, die in die EU eintreten dürfen
c) Die Abgeordneten des Europäischen Parlaments
d) Die europäische Verfassung

Wer oder was ist „Flamenco"?

a) Javier Flamenco war der berühmteste Stierkämpfer Spaniens.
b) Ein Flammkuchen aus dem Elsass (Frankreich)
c) Lieder und Tänze aus der spanischen Region Andalusien
d) Ernesto Flamenco war der erste Europäer im Weltraum.

In welcher europäischen Stadt steht der Petersdom?

a) In Petersburg
b) In Warschau
c) In Berlin
d) In Rom

Was meint ein Finne, wenn er „Anteeksi!" sagt?

a) Er entschuldigt sich bei Ihnen.
b) Er möchte, dass die Temperatur in der Sauna erhöht wird.
c) Er gratuliert Ihnen zum Geburtstag.
d) „Anteeksi" sagen Finnen zum Schluckauf.

Wie viele Kriege gab es bisher zwischen EU-Ländern?

a) Keinen
b) Einen
c) Drei
d) Fünf

In welchem dieser EU-Länder gibt es keinen König / keine Königin mehr?

a) Dänemark
b) Portugal
c) Niederlande
d) Belgien

Wo liegt der Ort Llanfairpwllgwyngyllgogerychwyrndrobwllllantysiliogogogoch?

a) In Finnland
b) In Slowenien
c) In Polen
d) In Wales (Großbritannien)

Wer ist das offizielle Staatsoberhaupt von Papua-Neuguinea?

a) Die britische Königin
b) Der französische Staatspräsident
c) Der spanische König
d) Der Enkel von Wilhelm II, dem letzten deutschen Kaiser

Wann wurde die Europäische Wirtschaftsgemeinschaft gegründet?

a) 1947
b) 1957
c) 1967
d) 1977

Was wird durch die EU bestimmt?

a) Wie lange Schüler/innen auf das Gymnasium gehen müssen
b) Wie hoch die Beiträge zur Krankenversicherung sind
c) Wie viel Geld für Kindergärten ausgegeben wird
d) Wie hoch die finanzielle Unterstützung für Bauern ist

In welchem EU-Land ist der EURO nicht die offizielle Währung?

a) Dänemark
b) Österreich
c) Spanien
d) Republik Irland

Was ist EUROPOL?

a) Die europäische Forschungsstation am Südpol
b) Eine Steuer, die alle EU-Bürger/innen bezahlen müssen
c) Die Europäische Polizeibehörde
d) Die Europäische Börse im polnischen Warschau

Die Fläche aller EU-Staaten ist etwa so groß wie ...

a) die Fläche der USA
b) ein Viertel der Fläche Russlands
c) die Fläche Australiens
d) die Fläche Algeriens

An welchen Wahlen dürfen alle EU-Bürger/innen mit Wohnsitz in Deutschland teilnehmen?

a) An allen Wahlen
b) An Kommunal- und Landtagswahlen
c) An Kommunalwahlen
d) Nur an Bundestagswahlen

Welches der folgenden EU-Länder hat eine Landgrenze zu Russland?

a) Polen
b) Schweden
c) Rumänien
d) Bulgarien

Welches Land hat die Farben blau und gelb in seiner Flagge?

a) Bulgarien
b) Estland
c) Litauen
d) Schweden

In welcher Länderflagge gibt es kein blau?

a) Großbritannien
b) Slowakei
c) Ungarn
d) Schweden

Wie viele Menschen haben Deutsch als ihre Muttersprache?

a) Ca. 80 Millionen
b) Ca. 90 Millionen
c) Ca. 100 Millionen
d) Ca. 120 Millionen

M 15 | Was Paolo vom EU-Binnenmarkt hält

Paolo Varese hat vor 10 Jahren ein kleines italienisches Restaurant in München aufgemacht. Mittags essen viele Handwerker bei ihm, weil es bei Paolo immer schmeckt und nicht zu teuer ist.

Auch Stefan Schmalhans ist seit Jahren Stammgast bei Paolo. Er hat einen Malerbetrieb gleich um die Ecke, liebt die italienische Küche und den italienischen Wein …

picture-alliance / dpa / dpaweb

Lesen Sie den folgenden Dialog mit verteilten Rollen:

Paolo
Prego, Stefano, hier ist dein Espresso. Heute ist nicht so viel los, da können wir uns unterhalten.

Stefan
Warum hattest du denn letzte Woche geschlossen? Warst du krank?

Paolo
Nein, nein, ich war in Italia und habe eingekauft. Frische Kräuter, Pasta, die beste Grappa der Welt und ich hab dir auch wieder ein paar Flaschen von dem Tenute Marchese mitgebracht.

Stefan
Paolo, du bist ein wahrer Freund. Ich liebe diesen Chianti aus der Toskana. Wunderbare Qualität und gar nicht so teuer. Vielen Dank!

Paolo
Bedank dich bei der EU und dem Binnenmarkt.
Früher habe ich meinen Freunden auch Wein aus Italia mitgebracht, aber da war es nicht so einfach. Vor der Grenze habe ich immer feuchte Hände bekommen, weil der Kofferraum voll mit Chianti war und ich Angst vor einer Kontrolle hatte. Das ist jetzt Gott sei Dank vorbei.

Stefan
Stimmt! Im August habe ich mit meiner Familie Urlaub in Spanien gemacht. Natürlich habe ich auch ein paar Stangen Zigaretten mitgebracht. Die sind dort viel billiger und pro Person sind, glaube ich, bis zu 800 Zigaretten erlaubt. Seitdem rauche ich allerdings wieder viel mehr.

Paolo
Ah, Spanien, ein wunderbares Land! Meine Tochter studiert in Barcelona. Ich habe ihr letztes Jahr eine kleine Wohnung dort gekauft. Ich kann dir sagen, die Preise sind höher als in München.

Stefan
Freut mich, dass dein Restaurant so gut läuft. Ich könnte mir das nicht leisten. Ich bin froh, wenn ich niemanden entlassen muss. Wir können einfach nicht mehr mithalten. Die Maler aus Polen und Ungarn arbeiten für die Hälfte unseres Lohns. Zum Glück habe ich viele treue Stammkunden, so wie dich. Sonst müsste ich meinen Laden dichtmachen.

Paolo
Ich versteh dich gut, Stefano. Die Konkurrenz ist groß. Früher gab es auch nur ein italienisches Restaurant in unserer Straße, heute sind es schon drei und einer ist gar kein Italiener, sondern ein Schwabe.

Stefan
Bei dir schmeckt es aber immer noch am besten. Deshalb sitz ich ja fast jeden Mittag hier. Da könnten noch mal vier Restaurants aufmachen.

Paolo
Es ist manchmal aber auch gut, wenn es Konkurrenz gibt. Ich konnte das Geld für die Wohnung meiner Tochter auch nicht bar auf den Tisch legen. Ich musste einen Kredit aufnehmen. Was glaubst du, wo du die niedrigsten Zinsen kriegst? Bei der Banco Bilbao, ich habe dort auch gleich ein Konto für meine Tochter aufgemacht.

Stefan
Paolo, vielen Dank für den Tipp. Es lohnt sich eben immer zu dir zu kommen, nicht nur, weil du der beste Koch bist. Komm, bring uns doch noch ein Glas von der besten Grappa der Welt!

FRAGEN UND AUFGABEN

Der EU-Binnenmarkt bietet vier Freiheiten.
Welche Beispiele finden Sie im Gespräch zwischen Paolo und Stefan?

1. freier Personenverkehr

2. freier Warenverkehr

3. freier Dienstleistungsverkehr

4. freier Kapitalverkehr

Welche Vorteile und welche Nachteile sehen Stefan und Paolo im Binnenmarkt der Europäischen Union?

Vorteile	**Nachteile**

SPIETH

Inhalt Modul 3: Mensch und Gesellschaft

M 1 | Wie leben die Menschen in Deutschland zusammen?

Wir sind beide zum zweiten Mal verheiratet. Aus unserer ersten Ehe haben wir je drei Kinder in die neue Familie mitgebracht.

Ich sorge allein für Luka. Vormittags bringe ich ihn zur Kita, damit ich arbeiten kann.

Leon ist jetzt zwei Jahre alt. Wir wünschen uns noch eine Schwester oder einen Bruder für ihn.

AUFGABEN UND AKTIVITÄTEN

Schreiben Sie die Stichworte in die Box.

- Was bedeutet Familie für Sie?
- Warum ist die Familie wichtig für Sie?

1. Ordnen Sie den Bildern bitte die richtigen Begriffe zu:

a) Kern- oder Kleinfamilie
b) Patchwork-Familie
c) Großfamilie
d) Alleinerziehende/r
e) Unverheiratetes Paar
f) Mehrgenerationenhaus
g) Eingetragene Lebenspartnerschaft (Homo-Ehe)

Das ist für mich keine Familie.

Wir kennen uns seit drei Jahren. Jetzt ziehen wir in eine gemeinsame Wohnung. Heiraten wollen wir noch nicht.

Wir wohnen alle unter einem Dach: Großeltern, Eltern und Kinder. Mein Mann hat das Foto gemacht.

In unserem Haus leben Menschen aus drei Generationen zusammen. Wir fühlen uns wie eine große Familie.

Wir sind froh, dass der Staat unsere Partnerschaft anerkennt.

2. Welche Bilder zeigen Familien?
Ordnen Sie die Fotos auf der Linie unten ein.
Diskutieren Sie anschließend im Kurs.

Das ist für mich eine Familie.

M 1 | Wie leben die Menschen in Deutschland zusammen?

Die Menschen in Deutschland leben heute anders zusammen als vor 20, 30 oder 50 Jahren. Die Familien haben sich verändert, es gibt neue Lebensgemeinschaften und viele Menschen leben alleine in ihrer Wohnung.
Neun wichtige Veränderungen (Trends) finden Sie auf dieser Doppelseite.

- **Suchen Sie Trends aus, über die Sie im Kurs sprechen wollen.**
- **Welche Gründe gibt es für die Veränderungen?**
- **Was bedeuten sie für das Leben der Menschen?**
- **Wie denken Sie über diese Veränderungen?**

Trend 1

Es gibt weniger Kinder und kleinere Familien.

Heute bringt eine Frau im Durchschnitt etwa 1,4 Kinder auf die Welt, 1960 waren es noch 2,4 Kinder.
In mehr als der Hälfte aller Familien lebt nur ein Kind.

Quelle: Statistisches Bundesamt 2014

Trend 2

Paare heiraten später, Frauen bekommen später Kinder.

Männer heiraten im Durchschnitt mit 33,6 Jahren, Frauen mit 30,9 Jahren. Im Durchschnitt sind Frauen 29,3 Jahre alt, wenn sie ihr erstes Kind zur Welt bringen.

Quelle: Statistisches Bundesamt 2015

Trend 3

Immer mehr Kinder leben bei alleinerziehenden Eltern.

Jedes fünfte Kind in Deutschland lebt bei alleinerziehenden Eltern. 85,6 % der Alleinerziehenden sind Frauen. Viele Alleinerziehende brauchen Hilfe vom Staat.

Quelle: Statistisches Bundesamt 2013

Trend 4

Immer mehr Paare leben unverheiratet zusammen.

In Deutschland leben 2,8 Millionen unverheiratete Paare zusammen.
Für manche Paare ist das Zusammenleben ein „Test" für die Ehe, manche Paare wollen nicht heiraten. Viele Lebenspartnerinnen und Lebenspartner haben auch schon eine Scheidung hinter sich.

Quelle: Statistisches Bundesamt 2015

Trend 5

Kinder leben länger bei den Eltern.

picture-alliance / Image Source

Junge Männer wohnen besonders lange im „Hotel Mama". Mit 25 Jahren leben noch 37 % der Söhne bei den Eltern. Bei den jungen Frauen sind es nur 21 %.

Quelle: Statistisches Bundesamt 2013

Trend 6

Mehr Kinder unter drei Jahren besuchen eine Kindertageseinrichtung.

picture alliance / ZB

35 % der deutschen Kinder unter drei Jahren besuchen eine Kindertageseinrichtung.
Bei Kindern aus Migrantenfamilien sind es nur etwa 17 %.

Quelle: Mediendienst Integration 2014

Trend 7

Es gibt mehr Stieffamilien (Patchwork-Familien).

picture alliance / dpa Themendienst

Nach einer Scheidung finden viele Menschen einen neuen Lebenspartner. Die Kinder müssen sich dann an eine Stiefmutter / einen Stiefvater gewöhnen. Etwa 14 % aller Familien sind Stieffamilien.

Quelle: Familienreport 2012, Bundesministerium für Familie, Senioren, Frauen und Jugend

Trend 8

Es gibt mehr binationale Paare.

2013 lebten etwa 1,2 Millionen deutsch-ausländische Paare zusammen.
Das sind fast doppelt so viele binationale Paare wie im Jahr 1996.

Quelle: Statistisches Bundesamt 2015

Trend 9

Immer mehr Menschen leben alleine.

picture alliance / chromorange

Einpersonenhaushalte sind inzwischen sehr häufig: In 41 % aller Haushalte lebt nur eine Person.
Von allen Frauen über 60 Jahren leben 40 % alleine in ihrer Wohnung.

Quelle: Statistisches Bundesamt 2014

M 2 | Wer soll das machen? Rollenverteilung in der Familie

Reinhold Löffler

Wer macht das bei Ihnen?

- sich um Eltern oder Schwiegereltern kümmern
- Hausaufgaben kontrollieren
- Entscheidungen treffen
- Gartenarbeit
- einkaufen gehen
- Wäsche waschen
- bügeln

Frau

So viel Zeit verwenden Väter und Mütter in Deutschland jeden Tag (in Minuten)

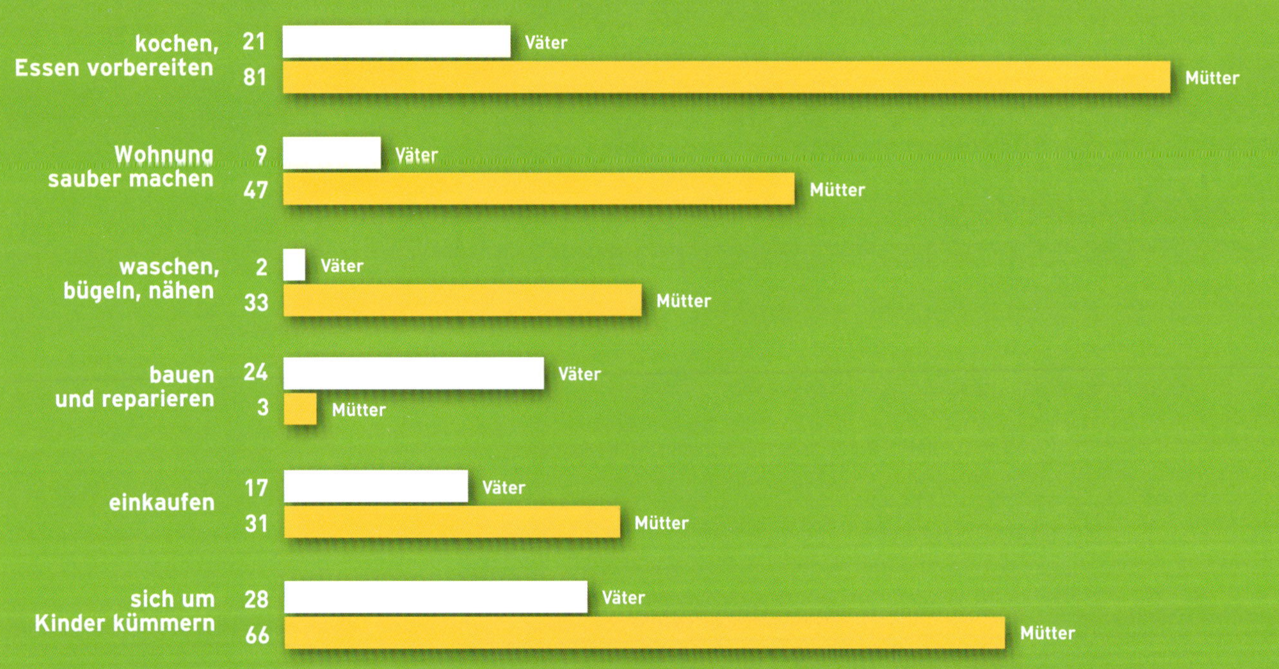

Quelle: Statistisches Bundesamt, ZBE 01/02, Tabellenband 1

kochen	Rechnungen bezahlen
Dinge reparieren	mit den Kinder über ihre Probleme sprechen
Wohnung sauber machen	mit den Kindern spielen
Geld verdienen	zum Elternabend gehen

Reinhold Löffler

Mann

AUFGABEN UND AKTIVITÄTEN

1. Sprechen Sie über die Karikaturen:
   - Wie denken Sie über die Männer?
   - Was sollen die Frauen antworten?
2. Wer ist in Ihrer Familie für die Aufgaben auf den Karten zuständig (der Mann, die Frau oder beide gemeinsam)? Ordnen Sie die Karten auf einer Stellwand.
3. Vergleichen Sie das Ergebnis im Kurs mit der Statistik auf der linken Seite.
4. Soll sich an der Situation in Ihrer Familie etwas ändern?
   Verschieben Sie Karten, mit denen Sie nicht zufrieden sind.
5. Wie könnten folgende Sätze weitergehen?
   Sammeln Sie in einer Gruppe Ideen.
   Anschließend können Sie im Kurs über die unterschiedlichen Vorschläge diskutieren.

Wenn sich Männer nur Zeit für ihren Beruf nehmen, ...

Wenn Frauen arbeiten gehen, ...

Wenn nur der Mann oder nur die Frau Entscheidungen trifft, ...

Wenn Männer kochen, waschen und bügeln können, ...

Wenn Mütter immer für ihre Kinder und die Familie da sind, ...

M 3 | Wie will ich leben, wenn ich alt bin?

picture-alliance / Presse-Bild-Poss

Fragen an das Alter

Lässt du mir den Mann und ein paar Freunde
oder werde ich alleine sein?

Lässt du mir Musik und meine Beine
oder werd´ ich nicht mehr tanzen gehen?

Kann ich anderen noch 'was geben
oder machst du mich zur Last für sie?

Kann ich mein Leben noch bestimmen
oder sprechen andere dann für mich?

Werd' ich noch neue Bilder malen
oder immer auf die alten schauen?

Will ich dir an diesem Ort begegnen
oder sehen wir uns im Sonnenland?

Ioanna Filidis

Es kommt nicht darauf an, wie alt man wird, sondern wie man alt wird. (Ursula Lehr)

Hasan und Kayra leben in Duisburg. Sie sind seit 10 Jahren verheiratet und haben zwei Söhne. Hasans Vater ist sehr krank. Er hat eine Demenz und kann sich an viele Dinge nicht mehr erinnern. Im Alltag braucht er immer mehr Hilfe von Hasans Mutter. Manchmal findet er nicht mehr alleine nach Hause, obwohl er seit 35 Jahre im gleichen Stadtteil lebt.

Kayra: Hasan, deinem Vater geht es nicht gut.

Hasan: Was ist los? Ist es schlimm?

Kayra: Deine Mutter hat angerufen. Die Polizei hat ihn gebracht. Er hat von der Moschee nicht mehr nach Hause gefunden. Er hat sich dann auf das Sofa gesetzt und nach seiner Mutter gerufen.

Hasan: Was? Großmutter ist doch seit 20 Jahren tot.

Kayra: Er kann sich an fast nichts mehr erinnern. Er kann auch kein Deutsch mehr. Dabei hat er mal ganz gut sprechen können.

Hasan: Mutter schafft das nicht mehr. Sie ist alt und sie verliert ihren Mann.

Kayra: Was willst du tun? Wie können wir ihr helfen?

Hasan: Wir können die beiden nicht zu uns nehmen. Vater ist zu krank. Wir müssen beide arbeiten und für unsere Kinder sorgen.

Kayra: Willst du sie in ein Heim schicken?

Hasan: Natürlich nicht. Aber kennst du für Vater eine bessere Lösung?

Kayra: Und was ist mit deiner Mutter? Sie kann in kein deutsches Altenheim. Sie spricht zu wenig Deutsch. Sie fühlt sich dort nicht wohl.

Hasan: Wir müssen mit ihr reden. Das hätten wir schon vor Jahren machen müssen.

Kayra: Meinst du, wir können sie zu uns holen? Wir haben das kleine Zimmer noch frei. Dann müssen die Jungs noch länger in einem Zimmer bleiben.

Hasan: Ich weiß nicht, wie Mutter darüber denkt. Ich weiß auch nicht, ob sie Vater in ein Heim gibt.

Kayra: Wir müssen uns informieren, es gibt bestimmt gute Heime. Sybel hat erzählt, dass es in dem neuen Heim türkische Pflegerinnen gibt.

Hasan: Hast du eigentlich schon einmal darüber nachgedacht, was wir machen, wenn wir alt werden?

Kayra: Ich will nicht den gleichen Fehler machen, wie deine Eltern. Sie haben immer gesagt, sie gehen in die Türkei zurück. Hier alt zu werden war nie ein Thema für sie. Vielleicht hat deine Mutter deshalb nicht richtig Deutsch gelernt.

Hasan: Sprich nicht schlecht über meine Mutter. Sie hat alles für uns gemacht.

Kayra: Natürlich, du weißt doch, wie sehr ich sie mag. Was denkst du, wie wird das bei uns später sein?

Hasan: Vielleicht wohnen die Kinder weit weg. Ich glaube schon, dass sie uns besuchen werden. Aber wir können nicht verlangen, dass sie uns pflegen und immer für uns da sind. Wir schaffen das ja auch nicht bei meinen Eltern. Es ist nicht mehr so wie früher in der Türkei.

Kayra: Das glaube ich auch. Deshalb müssen wir erst mal wissen, was wir wollen und was es für Möglichkeiten gibt.

Hasan: Du hast Recht. Morgen Abend informieren wir uns im Internet.

Kayra: Nein Hasan, nicht morgen, das machen wir jetzt gleich.

AUFGABEN UND AKTIVITÄTEN

1. Sprechen Sie über das Gedicht und die Fragen an das Alter. Haben Sie ähnliche Sorgen, wenn Sie an das Alter denken? Würden Sie noch andere Fragen stellen?
2. Lesen Sie den Dialog zwischen Hasan und Kayra mit verteilten Rollen. Welches Problem haben die beiden? Wie wollen sie es lösen?
3. Wie könnte das Gespräch mit Hasans Mutter verlaufen? Bereiten Sie in Gruppen kurze Rollenspiele vor. Diskutieren Sie anschließend über unterschiedliche Lösungen und Entscheidungen.

Hinweis: Hier findet man Beispiele, wie man im Alter wohnen kann: www.schader-stiftung.de/themen/stadtentwicklung-und-wohnen

INFO

In Deutschland leben weniger Menschen in Pflegeheimen als die meisten denken. Bei den alten Menschen zwischen 80 und 84 Jahren sind es nur 8 Prozent.

M 4 | Medien begegnen uns überall

Das meiste, was wir über die Welt wissen, haben wir in Zeitungen, Büchern und im Internet gelesen, im Fernsehen gesehen oder im Radio gehört.

Ich habe immer mein Handy dabei. So kann ich auch unterwegs über das Internet mit Freunden Kontakt halten, Bilder austauschen und erfahre immer sofort das Neueste.

Ich habe mich zu einem Kurs angemeldet. Ohne Computerkenntnisse kann ich meinen Job nicht mehr schaffen.

AUFGABEN UND AKTIVITÄTEN

1. Welche Medien werden auf den Bildern gezeigt? Wozu benutzen sie die Menschen?
2. Welche Medien nutzen Sie am häufigsten? Welche Medien brauchen Sie unbedingt?
3. Füllen Sie die Tabelle auf der rechten Seite aus. Vergleichen Sie Ihre Ergebnisse.
4. Wie würde die Tabelle für Ihre Kinder aussehen?
5. Verbringen die Menschen zu viel Zeit mit Medien? Diskutieren Sie im Kurs.

So lange nutzen die Menschen in Deutschland Fernsehen, Radio und Internet an einem durchschnittlichen Tag:

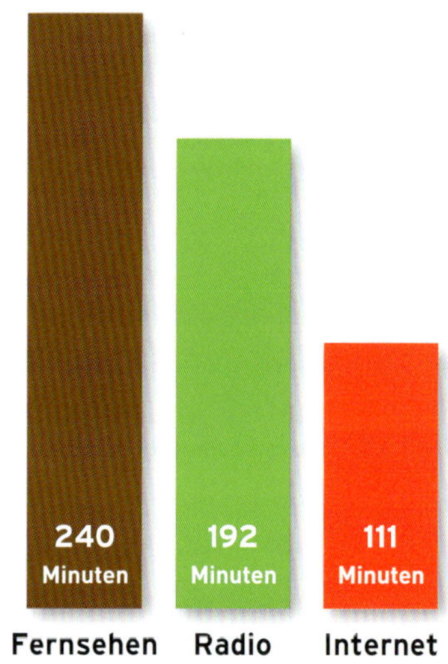

Quelle: ARD/ZDF – Onlinestudie 2014

Ich gehe gerne in die Bücherei. Da gibt es spannende Bücher über Detektive.

Ich spiele viel am Computer. Hier kann ich Aufgaben lösen und alles um mich herum vergessen. Es macht auch einfach Spaß und ist eine super Abwechslung zum Alltag.

Wie viele Stunden nutzen Sie diese Medien an einem normalen Tag?

Fernsehen, Video, DVD

1 Stunde	2 Stunden	3 Stunden	4 Stunden	5 Stunden	6 Stunden	7 Stunden	8 Stunden

Radio, Musik hören

1 Stunde	2 Stunden	3 Stunden	4 Stunden	5 Stunden	6 Stunden	7 Stunden	8 Stunden

Lesen (Zeitung, Zeitschrift, Buch)

1 Stunde	2 Stunden	3 Stunden	4 Stunden	5 Stunden	6 Stunden	7 Stunden	8 Stunden

Computer/Internet

1 Stunde	2 Stunden	3 Stunden	4 Stunden	5 Stunden	6 Stunden	7 Stunden	8 Stunden

Ich möchte mich über wichtige Ereignisse informieren.
Die Nachrichtensendungen sind leider oft schwer zu verstehen.

Von zu Hause kann ich bequem viele Informationen suchen oder auch mit Behörden Kontakt aufnehmen. Inzwischen erledige ich sogar viele Einkäufe im Internet.

Ich liebe Krimis. Wenn es richtig spannend ist, vergesse ich alles andere.

Diese Vielfalt von Zeitungen und Zeitschriften ist riesig – für Beruf, Hobby oder einfach zur Unterhaltung. Hier finde ich immer, was ich suche.

M 5 | Das Fernsehprogramm: Die Qual der Wahl

Montag

morgens

DAS ERSTE

5.30 Morgenmagazin 23-404-067
9.00 heute 56-932
9.05 Rote Rosen (Wh.) 9-048-338
9.55 Wetterschau 3-535-609
10.00 heute 79-883
10.03 Brisant (Wh.) 300-015-661
10.15 Hansi Hinterseer 7-817-357
Naturjuwele rund um Wien (Wh.)
12.00 heute 47-059
12.15 ARD-Buffet Kochen: 1-019-067
Wochenthema Bistro-Küche
13.00 Mittagsmagazin 64-048
14.00 Tagesschau 57-338
14
14.10 Rote Rosen 2-639-488
Telenovela, Deutschland 2010
15.00 Tagesschau 99-390
15.10 Sturm der Liebe 8-050-116
Telenovela, Deutschland 2010
16.00 Tagesschau 71-970
16.10 Seehund, Puma & Co.
Zoogeschichten 7-072-852
17.00 Tagesschau 21-951
17.15 Brisant Magazin 8-096-628
18.00 Verbotene Liebe 18-338
Serie, Deutschland 2010
16
18.25 Marienhof 4-429-222
Serie, Dtl. 10. Mit Maike Billitis, Mirco Wallraf, Maike Bremen
18.50 Großstadtrevier HD 9-612-319
Krimiserie, Dtl. 2008. Das Erfolgsgeheimnis. Mit Jan Fedder, Peter Heinrich Brix
19.50 Wetter im Ersten 3-074-154
19.55 Börse im Ersten 3-073-425
20.00 Tagesschau 36-609

ZDF

5.30 Morgenmagazin 23-402-609
9.00 heute 54-574
9.05 Volle Kanne – Service täglich Magazin 9-600-680
Dazwischen: 10.00 heute
10.30 Hanna – Folge deinem Herzen (Wh.) HD 2-705-767
11.15 Reich und Schön 9-074-951
11.35 Reich und Schön 6-377-241
12.00 heute 97-241
12.15 drehscheibe Deutschland
Magazin, Dtl. 2010 1-017-609
13.00 Mittagsmagazin 55-390
14.00 heute – in Deutschland
Nachrichten 56-609
14.15 Die Küchenschlacht 34-203
Dokusoap. Alexander Herrmann sucht den Spitzenkoch
15.00 heute – Sport 98-661
15.15 Tierische Kumpel 7-065-777
16.00 heute – in Europa 70-241
16.15 Hanna – Folge deinem Herzen (285) HD 6-081-864
17.00 heute – Wetter 29-593
17.15 hallo deutschland 85-406
17.45 Leute heute 632-425
18.00 SOKO 5113 20-680
Krimiserie, Dtl. 2004
Eine alte Rechnung
19.00 heute 79-390
19.20 Wetter 6-210-680
19.25 WISO WISO-Tipp: 5-492-929
Sparen bei Bankgeschäften – Geldwerte Tipps vom Girokonto bis zur Geldanlage

RTL

6.00 Punkt 6 Magazin 7-787-195
Moderation: Wolfram Kons und Angela Finger-Erben
7.30 Alles was zählt (vom Fr.) 6-116
8.00 Unter uns (Wh. vom Fr.) 7-845
8.30 GZSZ (Wh. vom Freitag) 9-048
9.00 Punkt 9 Magazin 3-767
9.30 Mitten im Leben! (Wh.) 30-721
10.30 Mitten im Leben! 14-067
Dokusoap, Deutschland 2010
11.30 Unsere erste gemeinsame Wohnung Dokusoap 3-628
12.00 Punkt 12 407-357
Mittagsjournal
Moderation: Katja Burkard
14.00 Mitten im Leben! 51-574
Dokusoap, Deutschland 2010
15.00 Verdachtsfälle 31-796
Dokusoap, Deutschland 2010
16.00 Familien im Brennpunkt
Dokusoap, Dtl. 2010 35-512
17.00 Betrugsfälle 8-135
Dokureihe, Deutschland 2010
17.30 Unter uns 1-222
Serie, Deutschland 2010 (3832)
18.00 Explosiv Magazin 2-951
Moderation: Janine Steeger
Oder Regionalprogramme
18.30 Exclusiv Starmagazin 13-883
Moderation: Frauke Ludowig
18.45 RTL Aktuell / Wetter 229-715
19.05 Alles was zählt 572-390
Serie, Deutschland 2010 (920)
19.40 Gute Zeiten, schlechte Zeiten Serie (4483) 1-844-135

SAT.1

5.30 Sat.1-Frühstücksfernsehen
Mit Simone Panteleit, 50-681-796
Matthias Killing, Karen Heinrichs und Jan Hahn
10.00 Zwei bei Kallwass 77-048
Moderation: Angelika Kallwass
11.00 Richterin Barbara Salesch
Gerichtsshow, Dtl. 2004 33-680
12.00 Richter Alexander Hold
Gerichtsshow, Dtl. 2001 44-796
13.00 Britt 20-116
Talk. Liebes-Chaos – Werden wir uns heute trennen?
Moderation: Britt Hagedorn
14.00 Zwei bei Kallwass 24-932
Moderation: Angelika Kallwass
15.00 Richterin Barbara Salesch
Gerichtsshow, Dtl. 2010 95-406
16.00 Richter Alexander Hold
Gerichtsshow, Dtl. 2007 99-222
17.00 Niedrig und Kuhnt – Kommissare ermitteln 9-845
Ein bittersüßes Geheimnis
17.30 Niedrig und Kuhnt – Kommissare ermitteln 2-932
Reihe. Schuld und Sühne
Oder **Regionalprogramme**
18.00 Eine wie keine 3-661
Telenovela, Dtl. 2010 (115)
18.30 Anna und die Liebe 1-680
Telenovela, Dtl. 2010 (426)
19.00 Das Sat.1-Magazin 3-319
19.30 K 11 – Kommissare im Einsatz Reihe, Dtl. 2010 5-390
20.00 Sat.1 Nachrichten 70-375

20

DOKUREIHE

20.15 Wildes Japan HD 432-512
2-tlg. Doku. Schneeaffen und Vulkane – Beeindruckende Megastädte auf der einen, unberührte Natur auf der anderen Seite: Japan steckt voller Gegensätze. In atemberaubenden Bildern zeigt die Doku die schönsten Landschaften des Inselreichs – angefangen bei den japanischen Alpen auf der Hauptinsel Honshu, wo die Makaken (o.) den eisigen Temperaturen trotzen.
22
21.00 Die Knochen-Docs 85-222
START 3-tlg. Doku. Geschichten aus der Heidelberger Orthopädie
21.45 FAKT Magazin 432-203
22.15 Tagesthemen 165-816
22.45 Beckmann Talkshow 837-883
0.00 Nachtmagazin 15-100
0.20 Jürgen von der Lippe – Das Beste aus 30 Jahren 35-520
Aufzeichnung von 2009 aus der Universität der Künste in Berlin
0.50 Immer Ärger mit Harry
Krimikomödie, 48-417-742
USA 1955. Mit Shirley MacLaine, John Forsythe, Parker Fennelly. Regie: Alfred Hitchcock FSK: 12 / **95 Min.**
nachts
2.25 Tagesschau 32-162-487
2.30 Sturm d. Liebe (Wh.) 7-968-636
3.20 Die Knochen-Docs 3-811-181
3-tlg. Doku (1/Wh. v. 21.00 Uhr)
4.05 Bahnstrecken 6-836-181
4.55 Tagesschau 38-480-549
5.00 FAKT (Wh.) Bis 5.30 5-760-100

TV-KOMÖDIE

20.15 Lüg weiter, Liebling HD
NEU TV-Komödie, 4-963-319
Dtl. 2009. Mit Ludger Pistor
Regie: Gabriela Zerhau
Ein von Marthas (Hannelore Elsner) Hund zerbissenes Sakko führt die wohlhabende Endfünfzigerin in die Arme des charmanten Hape (Götz George). Der Pleitier gibt sich als Diplomat in geheimer Mission aus – und Martha geht ihm prompt auf den Leim. Als aus dem zarten Bündnis Liebe wird, will Hape seiner Liebsten endlich die Wahrheit sagen. Doch da kommt ihm Marthas Vermögensverwalter in die Quere... **90 Min.**
21.45 heute-journal 430-845
22.12 Wetter 201-828-898
22.15 Schatten der Wahrheit 16:9
Mysterythriller, 9-216-512
USA 2000. Mit Harrison Ford, Michelle Pfeiffer. Regie: Robert Zemeckis FSK: 16 / **120 Min.**
0.15 heute nacht 4-340-181
0.30 KoranKinder 9-975-907
Koranschulen in Bangladesch
2.00 neoMusic: Charts 5-135-297
3.00 heute 5-226-365
3.05 neues 2-324-278
3.35 Vor 30 Jahren – Häuptling Rollender Donner 4-460-617
4.05 heute 38-470-162
4.10 ML Mona Lisa (Wh.) 4-473-181
4.40 Global Vision 2-598-636
5.00 hallo deutschland 5-768-742

QUIZSHOW

20.15 Wer wird Millionär? 488-222
Quizshow mit Günther Jauch
Magische Kulisse (o.): Effektvolles Licht und suggestive Musik untermalen das Ratespiel.
21.15 Vermisst 7-718-951
Dokusoap, Deutschland 2010
Roswitha (45) war sechs, als die Mutter starb. Sie blieb beim Vater, ihre Schwester Erika kam ins Heim. Bis heute haben sich die beiden nicht gesehen, auch keinen Kontakt gehabt. Wo lebt Erika heute? Der Fall beschäftigt Julia Leischik ebenso wie die Suche nach einem Mann aus Samoa, der seine deutsche Frau und zwei Töchter 1984 ohne ein Wort der Erklärung verließ.
22.15 Extra – Das Magazin 274-390
23.30 future TREND Reportage
4-tlg. Reihe, Dtl. 2010 (2) 1-086
0.00 Nachtj. / Wetter 34-568
0.35 10 vor 11 Magazin 9-630-542
Geplant: Simone Boccanegra – ein selten gespieltes Meisterwerk von Verdi an der Staatsoper Unter den Linden Berlin
1.00 Endlich wieder Arbeit!
(Wh. von gestern) 3-233-094
1.55 Familien... (v. 16.00) 4-615-636
2.45 Nachtj. / Wetter 4-056-407
3.15 Adrenalin 7-876-100
TV-Actionthriller, Dtl. 1996
Mit Til Schweiger, Lena Gryczka, Ralph Herforth **90 Min.**
4.45 Verdachtsfälle (Wh.) 8-812-384
5.35 Explosiv (Wh.) B. 6.00 8-355-636

KRIMISERIE

20.15 Der letzte Bulle 742-932
Serie, Dtl. 2010. Nachtschicht
Es scheint, als sei Krankenschwester Lea Buchwald das Opfer ihres Engagements für geschlagene Frauen geworden. Hat der gewalttätige Gatte von Kerstin Schmückler die junge Frau erdrosselt? Im Gegensatz zu Andreas (Maximilian Grill, l.) hält Mick allerdings den Chefarzt (Christian Tasche) für hochverdächtig.
21.15 Danni Lowinski 8-150-116
Anwaltsserie, Dtl. 2010 (4)
Eine sichere Bank – Danni unterstützt eine junge Witwe, die nach dem Tod ihres Mannes vor einem Berg Schulden steht und die Raten für ihr Haus nicht mehr zahlen kann.
22.15 Stars & Stories 6-269-488
23.00 Spiegel TV – Reportage
Aktuelle Berichte 3-425
23.30 Der letzte Bulle 69-067
Krimiserie, Dtl. 2010 (v. 20.15)
0.30 Danni Lowinski 4-910-100
Anwaltsserie, Dtl. 2010 (Wh.)
1.25 Zwei bei Kallwass 8-247-487
2.15 Barbara Salesch 8-800-655
3.05 Alexander Hold 5-700-162
3.50 Niedrig und Kuhnt – Kommissare ermitteln 4-199-297
4.15 Niedrig und Kuhnt – Kommissare ermitteln 9-018-520
4.40 K 11 – Kommissare im Einsatz (Wh.) 8-789-013
5.05 Toto & Harry 5-967-742

KIKA

6.00 logo! 8 55-435-227
6.10 Grabesruh 6 15-369-208
6.55 Planet Sketch 6 96-095-840
7.30 Superschlau 5 71-792-111
7.35 Timm Thaler 6 33-936-043
8.00 Willi will's... 6 40-907-598
8.25 Au Schwarte! 4 33-904-444
8.50 Die faule Paula 5 98-464-111
8.55 Siebens. 4 81-643-840
9.25 Morgen OLI 3
9.35 Trotro 3 85-423-376
9.40 Kl. Traktor 3 54-943-111
10.00 JoNaLu 3 540-92-289
START Animeserie, Dtl.
10.25 Tom & das Brot 854-24-005
10.30 Trickboxx.Kino! 39-971-983
10.45 Tabaluga tivi 5 76-434-227
11.30 Die Maus 3 13-826-668
12.00 Hänsel und Gretel
TV-Märchen, 67-294-463
Dtl. 2005 FSK: 6 / **75/75 Min.**
13.15 quergelesen 8 75-204-666
13.30 Fortsetzung folgt – Die Doku 6 31-661-111
14.00 Die Wilden Hühner
Komödie, Dtl. 82-930-482
2005 **105/105 Min.**
15.45 Trickboxx 6 26-294-111
16.00 Löwenzahn 36-192-145

DOKUSOAP

16.25 Callis kleines Fußballmärchen 6 58-238-376
NEU Dokusoap, Dtl. 2010
(1) Der Check
Mit Reiner Calmund (o.)
17.10 Die beste Klasse Deutschlands 18-238-260
17.55 Familie Superschlau 5
START Trickserie 23-153-598
18.05 Tauch, Timmy! 20-058-869
18.15 Au Schwarte! 4 30-862-956
18.40 Zigby 3 20-038-005
18.50 Sandmann 20-052-685
19.00 Yakari 6 36-277-821
19.25 pur+ 10-250-192
19.50 logo! 50-741-442
20.00 Willi will's... 64-937-956
20.10 dasbloghaus.tv 60-890-821
20.35 dasbloghaus.tv 60-810-685

Altersempfehlungen: 3 ab 3 Jahren

Informieren und Lernen	Unterhaltung und Entspannung	Action und Spannung

ullstein bild / DIAGENTUR

picture-alliance / Image Source

KLEINES GLOSSAR

Das Fernsehen ist ein „Tor zur Welt" und steht uns immer offen. Es informiert uns darüber, was in der Welt passiert. Filme „entführen" uns in märchenhafte Welten oder spannende Geschichten.
Oft vergessen wir aber auch, dass nicht alle Sendungen für Kinder und Jugendliche geeignet sind. Im Fernsehprogramm können sich Eltern an den Uhrzeiten orientieren:

06.00-20.00 Uhr	geeignet unter 12 Jahre
20.00-22.00 Uhr	geeignet ab 12 Jahre
22.00-23.00 Uhr	geeignet ab 16 Jahre
23.00-06.00 Uhr	geeignet ab 18 Jahre

Bei Kinofilmen, auf DVDs und Computerspielen finden Sie eine Altersangabe (FSK-Kennzeichnung). Sie soll die Kinder und Jugendlichen schützen. Kinder sind aber unterschiedlich weit entwickelt. Prüfen Sie deshalb selbst, ob ein Film wirklich für Ihr Kind geeignet ist!

FSK ab 0 freigegeben · FSK ab 6 freigegeben · FSK ab 12 freigegeben · FSK ab 16 freigegeben · FSK ab 18

AUFGABEN UND AKTIVITÄTEN

1. Finden Sie möglichst viele Sendungen, die Sie den Spalten in der Tabelle zuordnen können.
2. Welche Sendungen interessieren Sie besonders? Welche würden Sie für Ihr Kind aussuchen?
3. An welchen Zeichen erkennen Sie, ob sich ein Kind bei einer Sendung wohlfühlt oder nicht?
4. Eine FSK-Kennzeichnung soll Kinder und Jugendliche schützen. Welche Sendungen würden Sie Ihr Kind nicht sehen lassen? Warum?
5. Im Zweiten Programm kommt die Sendung „Schatten der Wahrheit". Sollten Sie Ihr Kind mit 16 Jahren diese Sendung sehen lassen? Begründen Sie Ihre Entscheidung.

M 6 | Computer und Freizeit

Luca, 16 Jahre, über „World of Warcraft - WoW"

picture-alliance / dpa

WoW ist meine Welt. Hier bin ich wer – und zwar jemand ganz anderes. Es geht darum, Aufgaben und Missionen zu erledigen – je besser ich bin, desto mehr Fähigkeiten habe ich und desto mächtiger werde ich im Spiel. Meine Freunde spielen alle WoW. Wir treffen uns häufig in der WoW-Welt und spielen miteinander. Deswegen muss ich auch jeden Tag spielen, weil die anderen sonst viel weiter im Spiel sind als ich. Da ist Abendessen wirklich nicht so wichtig. Ich kann mir ja später etwas aus der Küche holen. Außerdem müssen wir ja auch in der Gruppe Aufgaben lösen. Ich würde meine Freunde sonst alleine lassen. Das wollen meine Eltern einfach nicht verstehen. Ich kann auch am Computer viel lernen. Da muss ich voll konzentriert sein und viele Dinge schnell und gleichzeitig machen. Meine Eltern haben Angst, dass ich abhängig werde. Ich finde es blöd, dass sie so dagegen sind – die haben das doch noch nie ausprobiert, die wissen doch gar nicht, wovon sie reden!

Nina, 15 Jahre, über Facebook

picture-alliance / Sven Simon

Bei Facebook zu sein gehört heute einfach dazu. Das geht gar nicht mehr anders. Alle meine Klassenkameraden und Freundinnen sind auch dort. Facebook ist total wichtig für uns. Man kann da Bilder von Partys reinstellen oder schreiben, was man so am Tag gemacht hat. Im Chat verabreden wir uns und erzählen, was am Wochenende so läuft. Wäre ich da nicht online, würde ich das alles nicht mitkriegen. Ich wüsste ja überhaupt nicht, was alle meine Freunde machen. Deswegen habe ich mein Handy auch immer dabei. Eine Freundin von mir ist vor einem Jahr nach Spanien umgezogen. Nur so kann ich überhaupt mit ihr in Kontakt bleiben! Manchmal bin ich auch in anderen Chatrooms – einfach, um neue Leute kennen zu lernen. Ich kann da viel besser über meine Probleme reden, bleibe anonym und niemand schaut mich komisch an. Außerdem treffe ich da viel mehr Jugendliche mit gleichen Problemen. Die verstehen mich irgendwie viel besser als meine Eltern.

Serkan, 13 Jahre, über YouTube

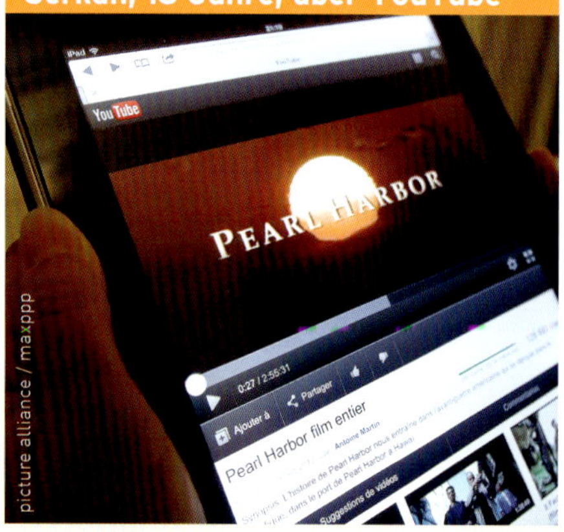

picture alliance / maxppp

Seiten wie YouTube sind echt cool. Manche Videos kann ich mir stundenlang anschauen und mich totlachen. Wenn ich ein neues Lied gehört habe, gebe ich das einfach bei YouTube ein und schon habe ich es als Video. Außerdem finde ich dort auch viele Serien wie die Simpsons. Wenn die im Fernsehen laufen, hab ich meistens keine Zeit – bei YouTube kann ich sie sehen, wann ich will. Es gibt noch so viele andere Comics und Filme, die mir einfach immer zur Verfügung stehen. DVDs sind mir viel zu teuer oder ich muss sie ausleihen. Im Internet kann ich mir doch alle Filme kostenlos anschauen – manchmal noch bevor sie bei uns im Kino laufen. Außerdem kann jeder auch eigene Videos drehen und auf YouTube hochladen – alles gleich vom Handy aus! So kann ich mit meinen Freunden ganz leicht die neuesten Erlebnisse austauschen.

Kevin, 17 Jahre, über Kampfspiele

picture-alliance / dpa / dpaweb

Ich weiß gar nicht, warum sich die Leute immer so aufregen. Call of Duty, Battlefield und andere gehören doch inzwischen zu den Hobbys fast aller Jugendlichen. Ich kenne auch einige Mädchen, die spielen. Aber die Erwachsenen reden dann immer gleich über Killerspiele oder Amokläufe. Das geht mir echt auf die Nerven! Bei den vielen Leuten, die gerne zocken, müsste es ja jeden Tag einen Amoklauf geben. Dabei ist das doch nur ein Spiel. Klar, man kann da echt seine Wut rauslassen, wenn man mal einen blöden Tag hat. Aber das ist ja nur am PC, nicht in Wirklichkeit! Und es wird auch nicht nur rumgeballert: Ohne Taktik und Strategie hast du sofort verloren. Du musst immer schnell auf neue Ereignisse im Spiel reagieren und geschickt mit dem PC umgehen. Deshalb muss man schon ein paar Stunden am Tag üben. Aber es gibt einem dann doch den Kick, wenn man eine Runde gewonnen hat.

Frau Müller, über ihren Sohn Jan, 16 Jahre

Langsam weiß ich wirklich nicht mehr weiter. Jan fährt gerade diese „Null-Bock-Schiene". Er hat keine Lust mehr auf die Schule und auf seine Hobbys. Früher ist er immer Fußball spielen gegangen und hat in einer Band gespielt – jetzt hat er nicht mal mehr Lust, sich mit seinen Freunden zu treffen. Seine Schulnoten sind im Keller! Er hockt eigentlich die ganze Zeit vor dem Computer. Er kommt nicht zum Essen, wenn ich ihn rufe. Dabei gebe ich mir immer solche Mühe beim Kochen! Er hört überhaupt nicht auf das, was mein Mann oder ich ihm sagen. „Ihr habt eben keine Ahnung", sagt er.

Herr Araz über seinen Sohn Salim, 17 Jahre

Bis vor zwei Jahren war unser Sohn ein netter Junge. Er war offen, hatte viele Freunde und hat gern draußen gespielt. Jetzt gibt es nur noch eins: den Computer. Sobald er aus der Schule kommt, schaltet er ihn an und wir haben Mühe, ihn überhaupt zum Essen und Schlafen zu bewegen – von Hausaufgaben rede ich erst gar nicht. Freunde hat er nur noch virtuell. Darauf kann man sich doch nicht verlassen. Seine Freunde von früher habe ich schon seit Monaten nicht mehr gesehen. Das ist doch nicht gesund! Jungen in dem Alter brauchen doch Bewegung. Aber Salim sitzt nur noch zu Hause rum! Was sollen wir bloß machen? Er ist ja bald volljährig!

Herr Schulze, Deutschlehrer an einer Realschule

Als Deutschlehrer weiß ich nicht mehr weiter. Die Sprache vieler Schüler ist von den elektronischen Medien völlig verdorben. Man muss sich nur mal die Sprache in einer SMS anschauen. Das kann man überhaupt nicht Deutsch nennen. So sehen dann auch die Aufsätze in der Schule aus. Wenn immer weniger Schüler Bücher lesen wollen, können sie auch keine guten Texte schreiben! Montags ist es am schlimmsten. Da können die meisten kaum still sitzen und sind übermüdet. Kein Wunder, wenn sie das ganze Wochenende vor dem Bildschirm sitzen! Die Jungen reden nur über ihre Spiele und Actionfilme. Da geht es nur um Macht und Gewalt. Und in den Pausen sitzen alle Schüler nur noch über ihren Handys, anstatt miteinander zu reden. Wo soll das denn noch hinführen?

INFO

Battlefield / Call of Duty / GTA etc.:
Es gibt sehr viele ganz verschiedene Computerspiele wie zum Beispiel Gesellschaftsspiele, Rennspiele, Strategiespiele. Hier handelt es sich um Kampfspiele, bei denen es meistens darum geht, den Gegner zu töten. Sie werden von Eltern und Experten kritisiert, weil sie ein erhöhtes Gewaltpotenzial besitzen. Häufig sind die Spiele erst ab 16 oder 18 Jahre freigegeben!

World of Warcraft (WoW):
Ein Online-Rollenspiel, an dem sehr viele Spieler gleichzeitig teilnehmen. Es geht darum, Aufgaben zu erledigen und einzeln oder in Gruppen gegen seine Gegner zu kämpfen.

Facebook:
Soziales Netzwerk im Internet, bei dem man ein persönliches Profil erstellt und mit anderen Menschen Nachrichten oder Bilder austauscht, sich mit Freunden über Hobbys, gemeinsame Interessen und vieles mehr unterhalten kann. Soziale Netzwerke werden immer beliebter. Kritische Diskussionen gibt es häufig zu der Frage, ob die vielen persönlichen Daten vor Missbrauch geschützt sind. Auch die Nutzer selbst müssen entscheiden, wieviel sie über sich veröffentlichen möchten.

TIPP:
Viele Informationen und Ratschläge finden Sie im Internet auf dieser Seite: www.klicksafe.de

AUFGABEN UND AKTIVITÄTEN

1. Hat Ihr Kind einen eigenen Computer? Steht der Computer im Kinderzimmer?
2. Wissen Sie, was Ihr Kind am Computer tut?
3. Worin sehen Sie Gefahren?
4. Arbeiten Sie in Gruppen zu einem Fallbeispiel:
   a) Warum ist der Computer für die Jugendlichen so wichtig?
   b) Welche Kritik haben Eltern und Lehrer?

M 7 | Lernen – ein Leben lang

Warum schreibt man „Vogel" groß und „fliegen" klein?
Was zieht man zu einem Bewerbungsgespräch an?
Was heißt „Steckdose" auf Englisch?
Wie kann man auch als älterer Mensch aktiv bleiben?
Wie wickelt man ein Baby?
Wie bindet man seine Schuhe?
Wie funktioniert das neue Programm auf dem Computer?

„Mit kaputten Knien kannst du keinen Teppich mehr verlegen und ohne PC-Kenntnisse kannst du in keinem Büro anfangen."

„Afife geht jetzt in den Kindergarten und ich kann dort Deutsch lernen. Der Sprachkurs heißt Mama lernt Deutsch."

Was verändert sich im Leben der Menschen auf den Bildern?

„Endlich habe ich eine eigene Wohnung. Kochen ist kein Problem, mit dem Bügeln klappt es noch nicht so richtig."

„Von Papa und Mama habe ich eine Uhr zur Einschulung bekommen. Schule ist okay, manchmal machen wir auch Spiele."

DENKEN SIE IM KURS ÜBER DAS THEMA „LERNEN" NACH.

lernen

- **Warum lernen wir?** – Prüfungen
- **Wie lernen wir?**
- **Was müssen wir lernen?** – Mit dem PC arbeiten
- **Von wem lernen wir?** – Eltern

Eigentlich lernen wir Menschen unser ganzes Leben lang, oft sogar, ohne dass wir es merken. Manchmal ist es anstrengend, manchmal macht es Spaß. Einige Dinge verlernen wir nie, andere haben wir schon nach zwei Wochen wieder vergessen. So richtig ausruhen können wir nie, weil sich immer irgendetwas verändert.

„Die Arbeit macht Spaß, aber es ist gar nicht so einfach nach drei Jahren Babypause. Die meisten Geräte sind neu."

„Als Techniker verdienst du besser und hast mehr Verantwortung. Die Prüfung war stressig, aber es hat sich gelohnt."

Was lernen sie?

„20 Jahre Lehrer in Lüneburg und nun in Lesotho. Alles ist anders hier und genau das interessiert mich."

„Als Technische Zeichnerin musst du genau sein, als Rentnerin darfst du kreativ sein. Trotzdem fehlt mir der Job manchmal."

ZUM DISKUTIEREN UND NACHDENKEN

- Was lernen Sie und was lernt Ihr Kind besonders leicht?
- Warum ist das Lernen in jedem Alter wichtig?
- Warum ist es für Kinder und Jugendliche besonders wichtig zu lernen?
- Was hilft uns beim Lernen? Was macht Lernen schwieriger?
- Was ändert sich, wenn man Vater oder Mutter wird? Was muss man lernen?

M 8 | Bildungs-Hits

Was sollen Kinder unbedingt lernen?

Was ist Ihnen am wichtigsten? Bitte markieren Sie fünf Kugeln.

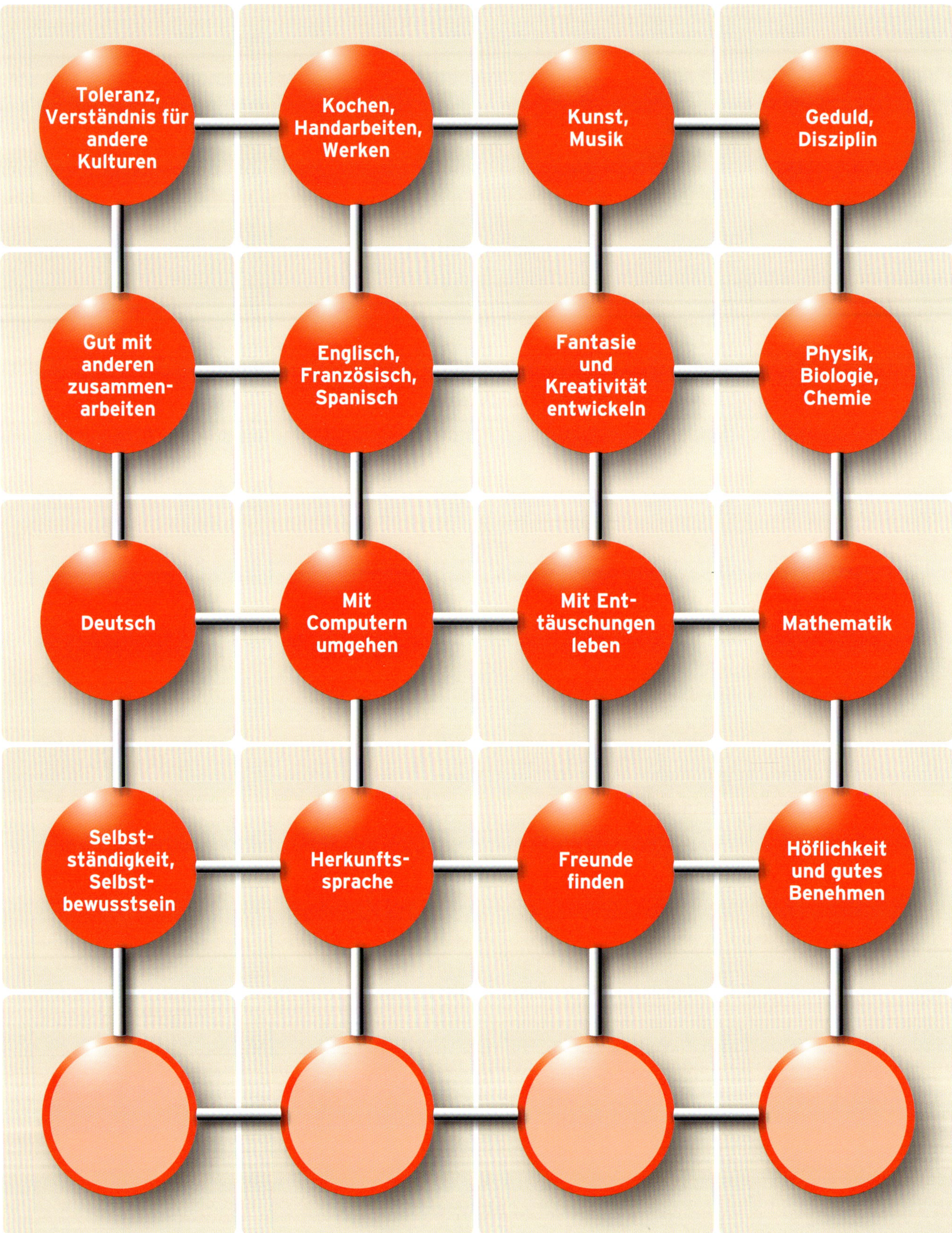

Sammeln Sie bitte die Ergebnisse aus dem Kurs.

	Kursergebnis
Toleranz, Verständnis für andere Kulturen	
Kochen, Handarbeiten und Werken	
Kunst und Musik	
Geduld und Disziplin	
Gut mit anderen zusammenarbeiten	
Englisch, Französisch und Spanisch	
Fantasie und Kreativität entwickeln	
Physik, Biologie und Chemie	
Deutsch	
Mit Computern umgehen	
Mit Enttäuschungen leben	
Mathematik	
Selbstständigkeit und Selbstbewusstsein	
Die Herkunftssprache	
Freunde finden	
Höflichkeit und gutes Benehmen	

AUFGABEN UND AKTIVITÄTEN

1. Wie haben sich die anderen Teilnehmer/innen entschieden? Finden Sie heraus, was die „Bildungs-Hits" im Kurs sind. Fehlt etwas, was Kinder Ihrer Meinung nach unbedingt lernen sollten?
2. Überlegen Sie sich konkrete Situationen zu den einzelnen Kugeln. Wann braucht man diese Dinge im Alltag und im Berufsleben?
3. Machen Sie eine Kopie von der linken Seite und schneiden Sie die Kugeln aus. Finden Sie Kugeln, die zu folgenden Fragen passen.
   a) Was sollten Kinder besonders früh lernen?
   b) Warum ist Deutsch so wichtig?
   c) Was muss eine Polizistin gut können? Was ist für einen Mechaniker wichtig?

Hinweis: Sie können auch eigene Kugeln ergänzen.

ZUM NACHDENKEN UND DISKUTIEREN

Was kann man nicht allein aus Büchern oder von Lehrerinnen und Lehrern lernen?

M 9 | Warum es wichtig ist, was Eltern über die Schule denken

Die Einschulung ist ein wichtiger Tag für Kinder. Die meisten Erstklässler/innen sind froh, dass sie nun endlich zu den „Großen“ gehören und in die Schule gehen dürfen. Und natürlich freuen sich alle auf die Schultüte und die Geschenke von den Eltern, Großeltern und Patinnen/Paten.

Wir haben die Erstklässler/innen an einer Koblenzer Grundschule an ihrem ersten Schultag begleitet. Nach der Einschulungsfeier haben wir ihre Eltern befragt, wie sie den Tag erlebt haben und wie sie über die Schule denken. Auf der nächsten Seite finden Sie einige Antworten, die wir bekommen haben.

Wie fühlen sich diese Kinder wohl bei ihrer Einschulung? Wie war das bei Ihnen? Können Sie sich noch an Ihren ersten Schultag erinnern?

ullstein bild / Minehan

AUFGABEN UND AKTIVITÄTEN

1. Lesen Sie bitte die Interviews auf der nächsten Seite. Denken die Eltern eher positiv oder negativ über Schule und Lehrer/innen? Ordnen Sie die Interviews auf dem Meinungsbarometer ein.
2. Wie haben Sie die Schule erlebt? Machen Sie ein Interview mit einer anderen Kursteilnehmerin / einem anderen Kursteilnehmer.
3. Ist es wichtig, was Eltern über Schule denken? Warum ist es wichtig, wie Eltern mit ihren Kindern über die Schule reden?
4. Was erwartet die Schule in Ihrem Herkunftsland von den Eltern? Wie ist das in Deutschland?

picture-alliance / ZB

Barbara Schröder

An so einem Tag denken alle Eltern das Gleiche: Wird mein Sohn gute Noten schreiben? Lernt meine Tochter genauso schnell wie die anderen Kinder? Kann ich meinem Kind helfen, wenn es Probleme gibt? Natürlich sind gute Noten wichtig, aber manche Eltern machen sich auch verrückt. Ein Bekannter von uns lässt seine Tochter wochenlang nicht ins Schwimmbad gehen, wenn sie mal eine Vier schreibt. Unsere Tochter soll kein Bauchweh vor Klassenarbeiten haben.

Yesim Salkim-Döbler

Ich bin aufs Gymnasium gegangen. In meiner Klasse war ich die einzige Migrantin. Meine Noten waren immer gut. Damals habe ich gedacht, Vater interessiert das überhaupt nicht. Die anderen haben Geld für gute Noten bekommen, aber das wollte ich gar nicht. Heute erzählt er mir immer, wie stolz er damals auf mich war. Wir wollen uns mehr dafür interessieren, wie es Mehmet in der Schule geht. Vielleicht lasse ich mich auch als Elternvertreterin wählen.

Janis Zemendis

Heute Nacht habe ich von meiner Grundschullehrerin geträumt. Sie hat uns an den Haaren gezogen, wenn wir mal laut waren. Einmal hat sie ein Bild von mir zerrissen, weil ich meinen Namen nicht draufgeschrieben habe. Auch später hatte ich nur wenige Lehrerinnen und Lehrer, die sich wirklich für uns interessiert haben. Manche haben meinen Namen mit Absicht falsch ausgesprochen. Ich glaube nicht, dass das heute anders ist.

Clara Benuti

Es war einfach schön, wie die Erstklässler begrüßt worden sind. Die Viertklässler haben ihnen vorgespielt, was im Unterricht passiert. Eine von ihnen war die Lehrerin. Sie konnten zeigen, was sie schon alles können und man hat richtig gemerkt, wie viel Spaß sie dabei haben. Auch die neue Klassenlehrerin hat sich viel einfallen lassen und tolle Sachen mit den Kindern gemacht. Sicher wird es auch mal Probleme geben, aber dann können wir ja mit ihr reden.

Roman Pfeifer

Ist es wirklich wichtig, ob Rhabarber eine Obstsorte oder ein Gemüse ist? Und wer muss später noch etwas über die alten Griechen und Römer wissen? Manchmal frage ich mich, warum die Kinder in der Schule das alles lernen müssen. Das meiste hilft ihnen doch später nicht weiter, wenn sie ein Auto reparieren sollen oder als Erzieherin arbeiten. In der Schule sollte man nur das lernen, was man im Leben auch wirklich braucht.

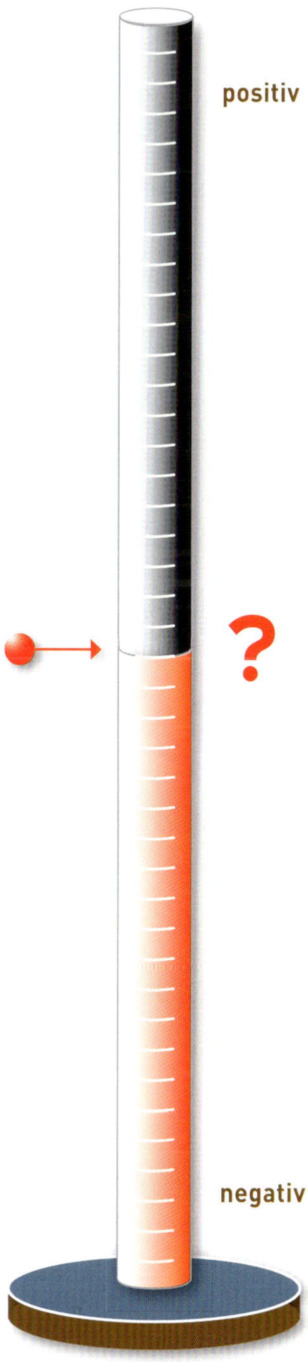

Meinungsbarometer

M 10 | Ein ganz normaler Tag für Max

Max ist 9 Jahre alt und geht in die 3. Klasse.

Wir haben auf dieser Seite aufgeschrieben, was Max an einem ganz normalen Tag macht. Bevor Sie seinen Tagesablauf lesen, können Sie im Kurs ja darüber sprechen, was bei Ihnen und Ihren Kindern zu einem „ganz normalen Tag" gehört.

i-punkt

7:00 Uhr	Max steht auf, zieht sich an, wäscht sich und putzt sich die Zähne; er packt schnell noch seinen Schulranzen, für Frühstück ist keine Zeit mehr.
7:25 Uhr	Max geht aus dem Haus; er muss sich beeilen, die Schule beginnt in 15 Minuten.
7:45 Uhr	Max kommt fünf Minuten zu spät; er hat Glück, Frau Berger kommt auch zu spät; er hat zwei Stunden Deutsch.
9:15 Uhr	Große Pause, Max spielt mit anderen Jungs Fußball auf dem Pausenhof; er hat Streit mit Timo, weil Timo „Flasche" zu ihm sagt.
9:45 Uhr	Nach der Pause: Zwei Stunden Mathe, danach Vokabeltest in Englisch; Max ist müde, er kann sich an viele Wörter nicht mehr erinnern. Sein Magen brummt, er hatte kein Pausenbrot dabei.
12:45 Uhr	Der Unterricht ist zu Ende.
13:15 Uhr	Max kommt nach Hause; Mittagessen mit seinem älteren Bruder Moritz und seiner Mutter. Max erzählt vom Streit mit Timo. Seine Mutter und sein Bruder geben Tipps.
14:00 Uhr	Luca holt Max zum Skateboard fahren ab.
15:30 Uhr	Max fährt mit seinem Fahrrad zum Fußball-Training.
17:45 Uhr	Max beginnt mit den Hausaufgaben.
18:00 Uhr	Sein Vater kommt nach Hause; es gibt Abendessen; Moritz berichtet, dass seine Klasse im Juli ins Schullandheim geht; seine Mutter erzählt, dass sie halbtags arbeiten gehen kann.
18:45 Uhr	Max macht mit seinen Hausaufgaben weiter; sein Vater hilft ihm mit Mathe.
19:00 Uhr	Moritz und Max spielen Computer.
20:15 Uhr	Fernsehen: Es gibt einen Action Film auf RTL 2.
22:30 Uhr	Max putzt sich die Zähne, seine Eltern bringen ihn ins Bett, er spielt noch ein Computerspiel.
23:00 Uhr	Max schläft ein.

Max und die Hausaufgaben

Max hat einen harten Tag hinter sich. Früh aufstehen, Schule, Fußball-Training. Und jetzt soll er auch noch Hausaufgaben machen. Was hatte er noch mal auf?

i-punkt

Sein Bruder Moritz nervt ihn, der übt mit seiner E-Gitarre und hat den Verstärker auf volle Lautstärke gedreht. Nach der ersten Aufgabe ruft seine Mutter: „Max beeil dich, Papa hat gerade angerufen. Er ist in zehn Minuten daheim. Dann wollen wir Abend essen."

Max beschließt, nach dem Essen weiterzumachen. Dann kann ihm ja auch sein Papa helfen. Sein Vater ist ziemlich müde, weil sein Tag wieder mal „total anstrengend" war. Trotzdem hilft er Max mit den Rechenaufgaben. „Mensch Max, das ist doch ganz einfach. Warum schaffst du das denn nicht alleine? Das haben wir mit dem Taschenrechner in fünf Minuten."

Sein Vater tippt die Zahlen ein und Max muss nur noch das Ergebnis in sein Heft schreiben. Englisch kann er ja morgen in der großen Pause noch von Mona abschreiben. Die ist die Beste in Englisch und sitzt neben ihm.

Am nächsten Tag in Mathe will der Lehrer die Hausaufgaben kontrollieren. Da merkt Max, dass er sein Heft auf dem Wohnzimmertisch liegen gelassen hat.

BERATUNG UND HILFE FÜR IHR KIND

Manchmal kommen Eltern mit der Erziehung einfach nicht mehr alleine zurecht. Das kann allen Eltern passieren und es passiert auch vielen Eltern.
Darum gibt es Stellen, wo Eltern und ihre Kinder kostenlos Hilfe bekommen können. Nutzen Sie die folgenden Angebote.

Jugendämter
Kinder, Jugendliche und Eltern können sich in allen Fragen der Erziehung und Entwicklung an das Jugendamt wenden. Sie finden dort Beratung und Unterstützung in Not- und Konfliktsituationen.

Telefonische Beratung und Hilfe – Die Nummer gegen Kummer
Kinder- und Jugendtelefon:
116111 (kostenlos) oder 0800-1110333
Elterntelefon: 0800-1110550

Erziehungs-, Jugend- und Familienberatungsstellen
helfen bei Erziehungsfragen und Erziehungsproblemen, Sprach-, Bewegungs- und Konzentrationsstörungen und Konflikten zwischen Eltern und Kindern.

Suchtberatung
Suchtberatungsstellen helfen bei Alkohol-, Drogen- und Medikamentenmissbrauch.

AUFGABEN UND AKTIVITÄTEN

1. Über welche Aktivitäten können Max und seine Eltern selbst entscheiden?
2. Was muss Max zu ganz bestimmten Zeiten erledigen?
3. Stellen Sie sich vor, Sie sind die Mutter / der Vater von Max. Was würden Sie an seinem Tagesablauf ändern?
4. In dem Text „Max und die Hausaufgaben" sind mindestens 8 Fehler, die Max und seine Eltern bei den Hausaufgaben machen. Finden Sie die Fehler?
5. Schreiben Sie einen „Hausaufgaben-Ratgeber" für Eltern und Kinder. Sie können auch mit Ihren eigenen Kindern darüber reden.
6. Überlegen Sie, was bei Kindern unbedingt zum Tagesablauf gehört. Schreiben oder zeichnen Sie Ihre Ideen auf ein Plakat.

M 11 | Wie Kinder besser Deutsch lernen

ullstein bild / Lineair

ullstein bild / CARO / Sorge

picture-alliance / ZB

ullstein bild / photothek

Verbinden Sie die Tipps bitte mit den passenden Sätzen auf der rechten Seite.

1. Schicken Sie Ihr Kind möglichst mit drei Jahren in den Kindergarten.
2. Ermöglichen Sie Kontakte zu deutschen Kindern.
3. Nutzen Sie die Angebote zur Sprachförderung (z. B. Förderunterricht) an der Schule / am Kindergarten Ihres Kindes.
4. Lesen Sie Ihrem Kind regelmäßig vor, z. B. bevor es ins Bett geht.
5. Denken Sie darüber nach, welche Fernsehsendungen Ihr Kind anschauen darf.
6. Sprechen Sie viel mit Ihrem Kind.
7. Bücher muss man nicht immer kaufen. Leihen Sie Bücher aus der Bücherei aus.
8. In vielen Büchereien gibt es Vorlesestunden für Kinder.
9. Achten Sie darauf, dass Ihr Kind die Herkunftssprache gut lernt.
10. In binationalen Partnerschaften sprechen die Partner das Kind am besten in ihrer Muttersprache an.
11. Kinder lernen von ihren Eltern.
12. Wenn Sie sich in Deutsch wirklich fit fühlen, können Sie in vielen Situationen auch Deutsch mit Ihrem Kind reden.

AUFGABEN UND AKTIVITÄTEN

1. Wählen Sie bitte zwei oder drei Tipps aus, die Sie für besonders wichtig halten. Warum sind diese Tipps sinnvoll?
2. Welche Vorteile kann es haben, wenn man zwei Sprachen gut sprechen und schreiben kann?
3. Machen Sie mit dem Kurs einen Besuch in der Bücherei Ihres Ortes / Ihrer Stadt.

picture-alliance / dpa / dpaweb

Welche Bilder passen zu den Tipps?

a) Nicht zu viel schauen lassen, auch Kindersendungen auf Deutsch auswählen.

b) Wenn Sie noch unsicher sind: Verbessern Sie zuerst Ihr Deutsch.

c) So hört das Kind beide Sprachen richtig.

d) Sicher finden Sie dort auch interessante Bücher für Ihr Kind.

e) Kinder, die ihre Herkunftssprache gut sprechen, sind auch in der Schule erfolgreicher.

f) Fragen Sie regelmäßig nach, wie sich die Sprache Ihres Kindes entwickelt.

g) Wenn Sie selbst lesen, liest auch Ihr Kind öfter und lieber.

h) Suchen Sie selbst auch Kontakt zu Eltern aus der Nachbarschaft oder aus der Schule / dem Kindergarten Ihres Kindes.

i) Es macht Spaß, Geschichten in einer Gruppe zu hören und andere Kinder zu treffen.

j) Beantworten Sie seine Fragen. Kinder wollen wissen, wie die Welt funktioniert.

k) Mit fünf Jahren ist es eigentlich schon zu spät.

l) Sie können auch Kinderbücher in Ihrer Herkunftssprache vorlesen.

ullstein bild / JOKER / Steußloff

ullstein bild / CARO / Blume

ullstein bild / Sorge / CARO

ZUM NACHDENKEN UND DISKUTIEREN

- Was möchten Sie Ihrem Kind von der Kultur Ihres Herkunftslandes mitgeben?
- Kinder von Migrantinnen und Migranten sind im Durchschnitt älter als deutsche Kinder, wenn sie in den Kindergarten kommen. Woran könnte das liegen?

model released

...cture-all... / dpa

M 12 | Traumeltern und Traumkinder

Vielleicht kennen Sie den englischen Spruch „Nobody is perfect“. Auf Deutsch kann man das mit dem Satz „Wir sind alle nur Menschen“ übersetzen. Wo Menschen sind, werden Fehler gemacht. Das gilt in Schule und Beruf oder auch im Straßenverkehr. Das gilt aber auch für das Zusammenleben in der Familie. Die perfekten Eltern und die perfekten Kinder gibt es nicht. Das ist auch ganz gut so. Trotzdem hat es uns interessiert, wie sich Kinder ihre „Traumeltern“ vorstellen.

Vielleicht kann man so besser darüber nachdenken, wie man als Mutter oder Vater sein will.

Wie stellt ihr euch eure „Traumeltern“ vor? Wie sollten die besten Eltern der Welt sein?

Ich will einfach das dürfen, was alle anderen in meiner Klasse auch machen. Also zum Beispiel Fußball schauen, wenn Bayern in der Champions League spielt. Oder Computerspiele machen, solange ich will.
Sebastian, 10 Jahre

Die perfekten Eltern kontrollieren ihre Kindern nicht andauernd und geben nur gute Tipps, wenn man sie danach fragt. Sie sollen in der Schule nicht zu viel von mir erwarten und mich auch mal in Ruhe lassen, wenn ich für mich sein will. Sie sollen mich ernst nehmen und nicht wie ein Baby behandeln.
Karina, 15 Jahre

Die tollsten Eltern haben immer Zeit und müssen nicht arbeiten. Die Mama soll mit mir tanzen und Fahrrad fahren. Der tollste Papa der Welt macht mit mir Puzzles und geht mit mir schwimmen. Außerdem schenken sie mir ein Pferd.
Viktoria, 6 Jahre

Meine Traumeltern sollen Vorbilder sein. Sie sollen stark sein und wissen, wo es lang geht. Gute Eltern hauen nicht und sprechen in der Familie nicht schlecht über mich. Sie müssen gar nicht so modern sein, ich mag lieber eine richtige Mutter und einen richtigen Vater. Sie können streng sein, aber meine Freunde will ich selber finden.
Cem, 12 Jahre

Ich will gar keine perfekten Eltern. Was heißt schon perfekt? Ich will ja auch kein perfektes Kind sein. Sie sollen einfach überlegen, was es für mich heißt, wenn sie mir Sachen verbieten. Ich interessiere mich für meine Eltern, weil ich sie gern habe. Das Gleiche will ich von ihnen.
Dana, 16 Jahre

WAS GEHÖRT AUS IHRER SICHT ZU GUTEN ELTERN?

Sie zeigen ihrem Kind, dass sie es gern haben.

____

____

____

ELTERN TÜV

Seit Tausenden von Jahren beschweren sich Menschen über zwei Dinge: das Wetter und die Jugend. Die jungen Leute haben keinen Respekt mehr, sie sind zu faul, sie benehmen sich schlecht und beachten keine Regeln. Solche Sätze kann man zum Beispiel bei den griechischen Philosophen Aristoteles und Sokrates nachlesen. Ähnlich denken aber auch heute viele (erwachsene) Menschen. Früher war eben alles besser. Manchmal will man dann die Frage stellen, wer denn die Eltern dieser Kinder sind.

Wir haben einige Mütter und Väter gefragt, was ihnen bei der Erziehung besonders wichtig ist.

Welche Eigenschaften sollen Kinder haben? Was sollen sie lernen?

Ich finde wichtig, dass Kinder selbstbewusst sind. Sie sollen keine Angst haben und ihre Meinung sagen. Wer sich klein fühlt, hat später keinen Erfolg. Sie sollen aber auch nicht arrogant sein. Sie müssen verstehen, dass auch sie sich an Regeln halten müssen.

Kinder haben nicht nur Rechte, sondern auch Pflichten. Sie sollen in der Familie mithelfen. Sie müssen auch lernen Dinge zu tun, die ihnen keinen Spaß machen. Das ist auch für die Schule wichtig.

Meine Kinder sollen offene Augen und offene Ohren haben. Sie sollen neugierig sein und Fragen stellen und sie sollen sich nicht nur für sich selbst, sondern auch für andere Menschen interessieren.

Kinder sollen keine Probleme machen. Ich möchte nicht in die Schule kommen müssen, weil die Noten schlecht sind oder weil es Streit oder sogar eine Schlägerei gab. Sie sollen ehrlich sein und gehorchen, also tun, was man ihnen sagt. Und sie sollen gut arbeiten können.

Wir wünschen uns vor allem, dass unser Kind gesund bleibt. Ein Kind ist doch kein Computer, den man programmieren kann. Wir wollen, dass unser Kind gut und schlecht unterscheiden kann und dass es seine Talente nutzt.

ullstein bild / Imagebroker.net

WAS IST IHNEN BEI DER ERZIEHUNG WICHTIG?

____

____

____

AUFGABEN UND AKTIVITÄTEN

1. Sprechen Sie über die beiden Bilder auf dieser Doppelseite. Welche unterschiedlichen Rollen haben die Eltern und die Kinder?
2. Welche Eltern wollen die Kinder und Jugendlichen haben? Können Eltern immer so sein? Sollen Eltern immer so sein?
3. Wie stellen sich die Eltern ihre Kinder vor? Denken Sie auch so oder haben Sie eine andere Meinung als die Eltern, die wir befragt haben?
4. Stellen Sie sich vor, Eltern müssten durch den TÜV. Sie sind die Prüferin / der Prüfer. Was müssten Eltern erfüllen, damit sie den TÜV bestehen? Sie können die wichtigsten Punkte in die Box auf der linken Seite schreiben.

M 13 | Kinder fördern - aber wie?

Fast alle Eltern wollen ihre Kinder so gut wie möglich fördern. Aber wie kann man das im Alltag tun? Gute Tipps und Ratschläge alleine helfen da nicht weiter. Deshalb finden Sie auf dieser Doppelseite vier kurze Dialoge zwischen Eltern und ihren Kindern. Es sind ganz konkrete Situationen, wie sie jeden Tag in Familien vorkommen können.

Selbstbewusstsein aufbauen

ullstein bild / sodapix

Maike (7) zeigt ihrem Vater eine Karte, die sie ihrer Mutter zum Muttertag schenken will.

Maike: Papa, schau mal, was ich für Mama in der Schule gebastelt habe.
Papa: Muss das jetzt sein? Jetzt kommt gleich Terra X im Fernsehen.
Maike: Aber morgen ist doch Muttertag.
Papa: Dann zeig halt her. Was soll denn das für ein Tier sein?
Maike: Das ist ein Elefant. Mama mag doch Elefanten so.
Papa: Aber der hat ja nur drei Beine und die Ohren sind viel zu klein.
Maike: Ich hab mich extra angestrengt.
Papa: Und schau mal da: Alles Gute, da schreibt man „Gute" doch groß. Ist doch klar, es heißt das „Gute".
Maike: Frau Bauer hat gesagt, das ist okay.
Papa: Für die ist doch alles okay. Naja, du kannst es ja noch einmal versuchen und eine neue Karte basteln. Vielleicht klappt es beim zweiten Mal besser. Ich mal dir dann auch gerne den Elefanten.
Maike: Jetzt hab ich keine Lust mehr.

AUFGABEN UND AKTIVITÄTEN

1. Wie reagiert Maikes Vater? Wie fühlt sich Maike dabei?
2. Wie könnte er besser reagieren? Schreiben Sie einen neuen Dialog oder machen Sie ein Rollenspiel dazu.
3. Wann loben Sie Ihre Kinder? An was sollte man denken, wenn man seine Kinder kritisiert?
4. Was können Eltern noch tun, damit Kinder selbstbewusst werden und eigene Ideen entwickeln?

Interesse haben, neugierig sein

picture-alliance / dpa

Manuel (8) und sein Vater gehen in der Innenstadt einkaufen. Dort ist eine Demonstration.

Manuel: Was machen die Leute da?
Vater: Sie demonstrieren.
Manuel: Was heißt demonstrieren?
Vater: Wenn man demonstriert, zeigt man, dass man mit etwas nicht zufrieden ist.
Manuel: Mit was sind die Leute denn unzufrieden?
Vater: Die wollen mehr Geld für ihre Arbeit.
Manuel: Für wen arbeiten die denn?
Vater: Für Opel.
Manuel: Und warum bezahlt Opel den Leuten nicht einfach mehr Geld?
Vater: Wenn alle Arbeiter mehr Geld bekommen, wird es für Opel teurer Autos zu bauen. Dann wird auch der Preis für einen Opel höher. Und vielleicht kaufen dann mehr Leute einen VW.
Manuel: Und warum verstehen das die Arbeiter nicht?
Vater: Weil Opel mit ihrer Arbeit ja eine Menge Geld verdient. Sie finden es nicht gerecht, dass sie nichts davon haben.
Manuel: Und was denkst du?

AUFGABEN UND AKTIVITÄTEN

1. Wie reagiert Manuels Vater auf die Fragen? Warum ist das für Manuel gut?
2. Wie hätte sich Manuel bei folgenden Antworten gefühlt?
   - Das verstehst du nicht. Dafür bist du noch zu klein.
   - Das lernst du später in der Schule.
   - Dafür haben wir keine Zeit. Wir müssen jetzt einkaufen.
3. Was kann man tun, wenn man nicht alles sofort (auf Deutsch) erklären kann?
4. Was können Eltern noch tun, damit Kinder sich für verschiedene Dinge interessieren?

Die Überschriften zeigen Ihnen, um welche Eigenschaften und Fähigkeiten es in den Dialogen geht. So können Sie auswählen, mit welchen Themen Sie sich beschäftigen wollen. Sie können die Aufgaben unter den Dialogen gemeinsam mit einer Partnerin / einem Partner oder in einer Kleingruppe bearbeiten und dann im Kurs Ihre Ergebnisse diskutieren.

Verantwortung übernehmen

picture-alliance / dpa

Murat (9) und Devin (10) wünschen sich einen Wellensittich als Haustier.

Murat: Mama, du hast doch gesagt, wir sollen in vier Wochen noch mal kommen.
Mutter: Um was geht es denn?
Devin: Wir wünschen uns doch einen Wellensittich, hast du das vergessen?
Mutter: Nein, aber habt ihr denn herausgefunden, wie man sich um Wellensittiche kümmert?
Devin: Man gibt ihnen einmal am Tag Futter und immer frisches Wasser. Außerdem muss man den Käfig einmal in der Woche sauber machen.
Mutter: Wer ist „man"?
Murat: Na, wir Männer eben, Devin und ich.
Mutter: Und was ist in den Ferien mit dem Tier?
Devin: Wir haben mit Opa gesprochen. Er würde den Wellensittich nehmen.
Mutter: Und ich habe schon mit Papa gesprochen. Er ist auch einverstanden. Aber ihr macht für jede Woche einen Plan, damit wir genau wissen, wer an welchem Tag zuständig ist.
Murat: Der Plan ist schon fertig. Können wir jetzt losfahren und den Wellensittich kaufen?

AUFGABEN UND AKTIVITÄTEN

1. Was erwartet die Mutter von Murat und Devin, bevor sie einen Wellensittisch kauft? Was erreicht sie bei Devin und Murat damit?
2. Welche Aufgaben haben Ihre Kinder?
3. Wie können Kinder noch lernen, Verantwortung zu übernehmen?
4. Wie können Kinder in der Familie mithelfen?

Selbstständig werden

picture alliance / Picture Press

Nadja (10) muss in einer halben Stunde in der Schule sein, hat aber noch den Schlafanzug an.

Mutter: Nadja, zieh dich jetzt bitte um.
Nadja: ---
Mutter: Nadja, ich sprech mit dir. Du hast keine Zeit mehr. Zieh dir jetzt endlich deine Kleider an.
Nadja: Was hast du gesagt?
Mutter: Du sollst dich umziehen, aber schnell!
Nadja: Kannst du mir meine Kleider bringen? Sie sind noch in meinem Zimmer.
Mutter: Hier. Du musst einen Pulli anziehen. Es ist kalt.
Nadja: Den blauen mag ich nicht. Bitte bring mir den roten.
Mutter: Okay, aber nur weil wir keine Zeit mehr haben.
Nadja: Mama, hast du mir heute ein richtiges Sandwich gemacht oder nur wieder Käse und Salat aufs Brot getan?
Mutter: So wie du es wolltest, aber iss es bitte auch. Du musst dich beeilen, sonst kommst du zu spät.
Nadja: Ach bitte, bind mir doch die Schuhe. Die Schnürsenkel sind so lang.
Mutter: Aber nur, damit es schneller geht.
Nadja: Mama, kannst du mich bitte fahren. Wenn ich zu spät komme, schimpft Frau Seefeld.
Mutter: Das ist jetzt aber wirklich das letzte Mal.

AUFGABEN UND AKTIVITÄTEN

1. Wie reagiert Nadjas Mutter? Was denkt sich Nadja dabei?
2. Wie könnte Nadjas Mutter besser reagieren? Machen Sie ein Rollenspiel dazu.
3. Was nehmen Sie Ihren Kindern ab? Was könnten Ihre Kinder alleine tun?
4. Was können Eltern noch tun, damit Kinder selbstständig werden?

M 14 | Kinder brauchen Regeln

Es ist schön, wenn Kinder in Freiheit aufwachsen dürfen. Aber sie dürfen natürlich nicht alles machen, was sie wollen, sonst kommen sie im Leben nicht zurecht. Kinder brauchen Regeln und Grenzen. Sie müssen wissen, wie sie sich verhalten sollen und dass „manche Sachen“ verboten sind. Und sie müssen wissen, dass etwas passiert, wenn sie sich nicht an diese Regeln halten, wenn sie ihre Grenzen überschreiten.

Ihre Vorschläge: Wie reagieren Sie als Mutter oder Vater in so einer Situation?

ullstein bild / CARO / Muhs

Oma ist zu Besuch. Die Familie sitzt am Esstisch. Die dreijährige Alia spielt mit ihrem Essen. Sie mischt mit den Händen Spaghetti und Soße. Dann schleckt sie das Essen von den Fingern ab. Als sie Saft haben möchte, klettert sie auf den Tisch und holt ihn. Normalerweise erlauben ihre Eltern das alles.
Aber heute ist Oma da. Darum sagt ihre Mutter, dass Alia mit Messer und Gabel essen muss. Und sie soll auf ihrem Stuhl sitzen bleiben. Alia steht auf ihrem Stuhl und tanzt. Die Eltern schimpfen. Jetzt schmiert sich Alia Spaghetti in die Haare. Die Mutter nimmt ihr den Teller weg. Da bekommt Alia einen Wutanfall.

ullstein bild / imagebroker.net

Im Zimmer von Eren (9 Jahre) herrscht komplettes Chaos. Er hat seit zwei Wochen nicht aufgeräumt. Eigentlich hat er seiner Mutter versprochen, dass er jeden Freitag aufräumt. Aber er hatte immer eine Ausrede. Als er seine Sportschuhe nicht mehr findet, reicht es seiner Mutter. Sie sagt „Räum sofort dein ganzes Zimmer auf.“
Dann geht sie in die Küche. Als sie nach einer Stunde wieder kommt, spielt Eren Computer. Im Zimmer sieht es aus wie vorher. „Ich räume später auf“, sagt er. Da hat die Mutter genug. Sie wirft alle Sachen, die sie finden kann, auf den Boden. Eren fängt an zu weinen. Er schreit: „Du bist die blödeste Mama der Welt. Ich ziehe aus!“

ullstein bild / Schellhorn

Es ist Samstagabend. Der 15jährige Leo möchte mit seinen Freunden weggehen. Die Eltern sagen: „Du kannst bis 22 Uhr wegbleiben. Aber du darfst keinen Alkohol trinken und wir wollen wissen, wo du hingehst.“ Leo beschwert sich: „Alle anderen dürfen länger weggehen. Nur ich muss immer so früh daheim sein. Und wo ich hingehe, geht euch gar nichts an.“ Da wird der Vater sauer und schreit: „So lange du in meinem Haus wohnst, sage ich, was du machst!“ Leo nimmt schnell seine Jacke, rennt davon und schlägt hinter sich die Türe zu. Um 0.30 Uhr kommt er endlich nach Hause. Er hatte seinen Eltern nicht Bescheid gesagt, dass er später kommt. Er riecht nach Bier.

AUFGABEN UND AKTIVITÄTEN

1. Diskutieren Sie die unterschiedlichen Vorschläge.
   - Wird das Kind die Grenzen in Zukunft beachten?
   - Passt Ihre Reaktion zum Alter des Kindes?
   - Kann das Kind die Reaktion verstehen?
   - Ist die Reaktion gerecht?
2. Machen die Eltern von Alia, Eren und Leo Fehler? Wenn ja, welche?

Aussagen von Eltern (blau) – Tipps für Eltern (rot)

Drohen Sie keine Strafen an, die Sie nicht durchsetzen können oder wollen! 1	Hört auf zu streiten, sonst fahren wir nicht in den Urlaub. A	Sagen Sie nicht alles hundert Mal, das nimmt Ihr Kind nicht mehr ernst! 2	Wenn du das anders nicht verstehst, dann gibt es was hinten drauf. B	Strafen dürfen nicht verletzen. Gewalt ist nicht erlaubt! 3
Ich möchte, dass du deine Hausaufgaben vor dem Training machst. C	Es ist mir egal, ob du 16 bist. Um 8 Uhr bist du zu Hause ... D	Du gehst nicht zu der Party, ist das klar? E	Ich finde, das ist keine gute Idee, mit dem Filzstift auf den Tisch zu malen. F	Arschloch ist aber kein schönes Wort, Markus G
Sagen Sie Ihrem Kind deutlich, was Sie erwarten! 4	Mama sagt, du kannst morgen aufräumen. Ich sage, das machst du jetzt. H	Überprüfen Sie, ob die Regel zum Alter Ihres Kindes passt! 5	Zeit fürs Bett, Marco. Dein großer Bruder darf die erste Halbzeit noch anschauen. I	Erklären Sie Ihrem Kind, warum es eine Regel beachten soll! 6
Kannst du vielleicht deinen Teller raustragen? J	Leonie kann heute nicht bei uns übernachten. Wir müssen morgen arbeiten. K	Du warst jetzt eine Stunde länger am Computer. Morgen bleibt er aus. L	Ich möchte, dass du deinen Opa richtig begrüßt, wenn wir ihn besuchen. M	Stimmt, du bist nur 5 Minuten zu spät. Trotzdem bleibst du nächsten Samstag zu Hause. N
Handeln Sie konsequent, aber fair! 7	Ich habe dir schon vor einer Stunde gesagt, dass du den Computer ausmachen sollst. O	Es muss klar sein, welche Regeln gelten! 8	Mensch klasse, alle Hausaufgaben schon fertig. Super Michelle! P	Schimpfen Sie nicht nur. Loben Sie Ihr Kind, wenn es sich an Regeln hält! 9

AUFGABEN UND AKTIVITÄTEN

1. Lesen Sie die Sätze in den blauen Kreisen. Was sind gute und was sind schlechte Beispiele. Begründen Sie bitte Ihre Meinung.
2. Gegen welche Tipps verstoßen die schlechten Beispiele?
3. Welche Probleme mit Regeln gibt es bei Ihren Kindern? Wie reagieren Sie darauf?
4. Legen Sie zusammen mit Ihren Kindern Familienregeln fest. Achten Sie dabei darauf, dass alle mit diesen Regeln einverstanden sind.

M 15 | Wege durch das Schulsystem

Claudio

Als ich acht Jahre war, habe ich mein erstes Fahrrad bekommen. Wenn irgendetwas daran kaputt gegangen ist, hat mir Papa gezeigt, wie man es repariert. Nach der Frühschicht in der Fabrik hat er oft Stunden mit mir an den Bremsen und der Gangschaltung gebastelt. Mir hat das Spaß gemacht. Ich wollte wissen, wie alles funktioniert, und außerdem waren Papa und ich ein tolles Team. Später habe ich dann die Mopeds von meinen Freunden repariert. Das Lernen auf der Hauptschule fiel mir nicht so leicht. In Deutsch waren meine Rechtschreibung und die Grammatik eine Katastrophe. Aber meine Eltern haben mir klar gemacht: ohne Abschluss keine Lehre und ohne Lehre kein Job als Kfz-Mechatroniker. In der Ausbildung hab ich dann abH (ausbildungsbegleitende Hilfen) bekommen. So konnte ich mich in Deutsch und Fachkunde verbessern. Das ist jetzt auch schon wieder sechs Jahre her. Zurzeit bereite ich mich auf die Prüfung zum Kfz-Meister vor.

Annika

Alle haben mich mit meiner Zwillingsschwester Anja verglichen. Die Lehrer, meine Eltern und ich selbst. Anja war eigentlich in allem besser. Sie konnte früher laufen und sprechen, sie war schon im Kindergarten beliebt und später auf der Grundschule war ihre schlechteste Note eine Zwei. Ich war das Problem in der Familie, so habe ich mich damals gefühlt. In der Schule war ich frech und zu Hause habe ich immer den Clown gespielt, erzählt meine Mutter oft. Nach der Grundschule ist Anja aufs Gymnasium gegangen, ich habe gerade mal die Hauptschule geschafft. Das war eine schlimme Zeit. 57 Bewerbungen habe ich geschrieben, bis ich einen Ausbildungsplatz als Schneiderin bekommen habe. Zum ersten Mal mache ich etwas gerne und meine Meisterin sagt, dass man das merkt. Sogar in meiner Freizeit mache ich Zeichnungen von Kleidern und nähe Blusen. Manchmal ist meine Schwester ein bisschen neidisch, wenn sie meine Klamotten sieht. Vielleicht gehe ich nach der Lehre ja noch auf die Modeschule.

Erkan

Ich bin kein Verlierer, aber das weiß ich erst seit ein paar Wochen. Vorher hatte ich immer das Gefühl der Letzte zu sein. In den Kindergarten haben mich meine Eltern erst mit fünf Jahren geschickt. Ich konnte kaum Deutsch und in einem Jahr kannst du nicht alles nachholen, was du vorher nicht gelernt hast. In der Grundschule hat es dann Sprachförderung gegeben. Bei mir hat das nicht viel gebracht, weil ich Deutsch nur im Unterricht gesprochen habe. Manchmal fehlen mir in beiden Sprachen die Worte. Ich habe in der Grundschule nie aufgepasst und fast nur Quatsch gemacht. Vielleicht haben sie mich deshalb auch auf eine Sonderschule geschickt. Jetzt mache ich gerade ein Berufsvorbereitungsjahr (BVJ) und versuche den Hauptschulabschluss nachzumachen. Die meisten Lehrer hier sind richtig okay. Sie nehmen sich Zeit und machen Projekte mit uns. Wir dürfen dabei viel alleine oder in Teams machen. Beim letzten Projekt habe ich ein Modellauto aus Holz gebaut. Die besten Autos durften wir bei der Industrie- und Handelskammer (IHK) präsentieren. Dabei hat mir ein Schreiner eine Lehrstelle angeboten, wenn ich den Hauptschulabschluss schaffe. Jetzt weiß ich, warum ich lerne.

Ilir

Ich war sechs Jahre, als wir aus dem Kosovo nach Deutschland kamen. Meinen Eltern war wichtig, dass ich schnell deutsche Freunde finde. Sie haben mich in den Fußballverein geschickt und dort habe ich Alex, meinen besten Freund, kennen gelernt. Ich glaube, bei ihm habe ich mindestens so viel Deutsch gelernt wie in der Grundschule. Meine Eltern wollten aber auch, dass ich meine Muttersprache richtig lerne. An zwei Nachmittagen in der Woche habe ich gemeinsam mit anderen Kindern aus dem Kosovo albanisch schreiben und lesen gelernt. Alex und ich haben fast alles zusammen gemacht, sogar unseren Geburtstag haben wir gemeinsam gefeiert. Nach der Grundschule sind wir dann auf die Gesamtschule gekommen. Ich war in Mathe besser als er, und er war in Fremdsprachen stark. Oft haben wir gemeinsam auf Klassenarbeiten gelernt und uns gegenseitig geholfen. Seit einigen Wochen haben wir jetzt das Abitur in der Tasche. Ich möchte Architektur studieren, Alex hat sich für Geschichte entschieden und möchte Lehrer werden.

Maren

Meine Eltern sind einfache Leute. Mein Vater ist Lkw-Fahrer und meine Mutter arbeitet halbtags bei Lidl an der Kasse. Ihnen war aber immer wichtig, was aus mir und meinem Bruder später mal wird. Papa kam oft spät nach Hause, aber er wollte immer wissen, was in der Schule los war. Einmal hatte ich Probleme mit einer Lehrerin. Papa hat sich extra frei genommen und mit ihr gesprochen. Wenn meine Mutter aus dem Supermarkt nach Hause kam, war sie manchmal ziemlich gestresst. Sie hat aber immer darauf geachtet, dass ich meine Hausaufgaben mache – besonders auf der Grundschule. Später bin ich auf die Realschule gegangen und habe die Mittlere Reife gemacht. Zurzeit mache ich eine Ausbildung zur Bankkauffrau bei der Volksbank. Die Ausbildung dauert insgesamt drei Jahre. An zwei Tagen in der Woche bin ich an der Berufsschule und an drei Tagen arbeite ich in der Bank.

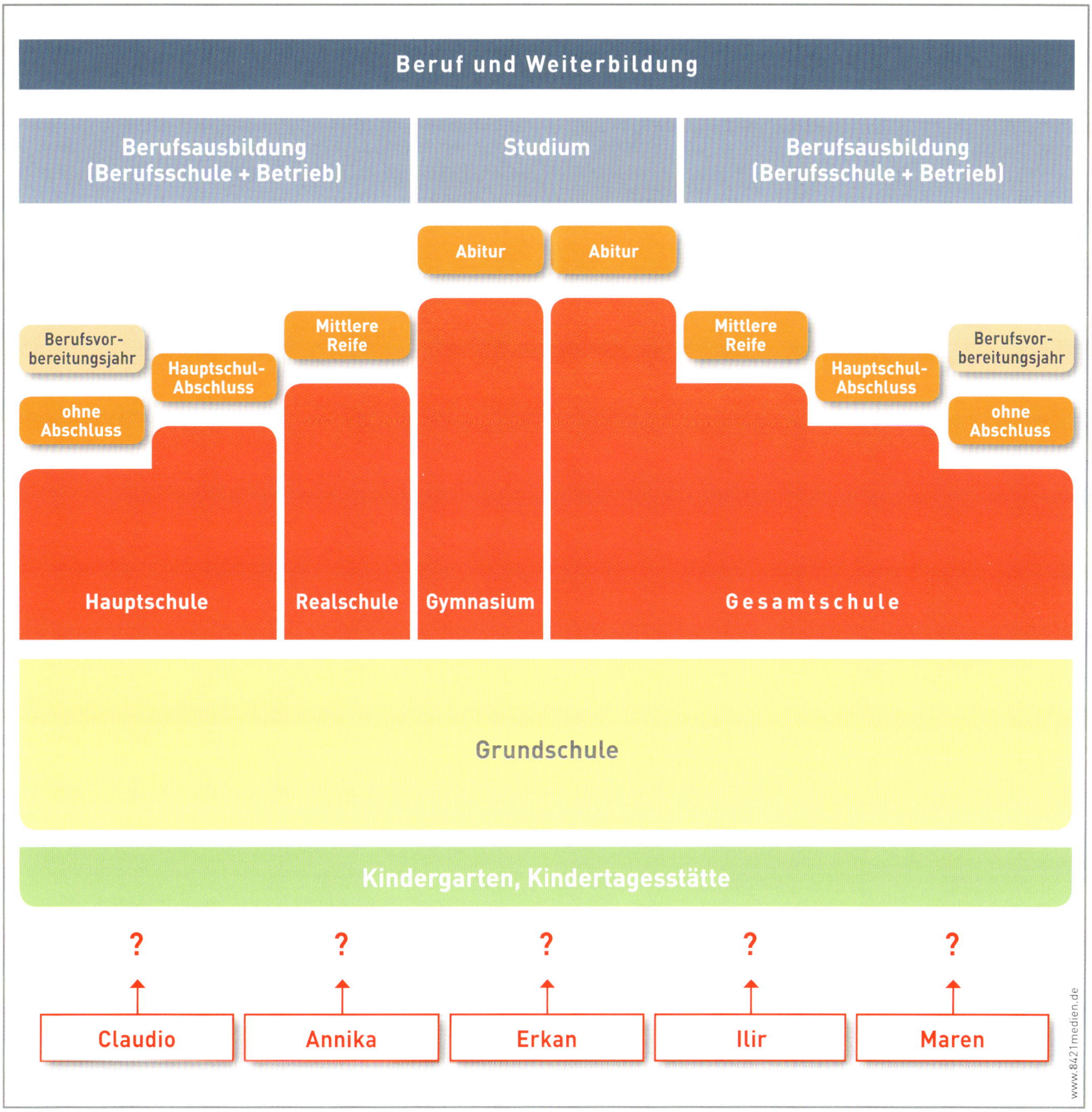

AUFGABEN UND AKTIVITÄTEN

Bitte arbeiten Sie mit einer Partnerin / einem Partner oder in einer Gruppe zu einem Lebenslauf.

1. Zeichnen Sie mit Linien den Bildungsweg der einzelnen Personen in die Grafik ein.
2. Wovon könnte der Erfolg in Beruf und Schule abhängen?
3. Wie könnte der Weg der Personen weitergehen?
4. Sammeln Sie Informationen zu den verschiedenen Schulen. Dazu können Sie die Bildungsbausteine auf der nächsten Doppelseite verwenden. Präsentieren Sie Ihre Ergebnisse im Kurs.
5. Wenn Sie möchten, können Sie Ihren eigenen Bildungsweg oder den Ihrer Kinder einzeichnen.

M 16 | Bildungsbausteine

Reinhold Löffler

Deutschland ist ein Bundesstaat und besteht aus 16 Bundesländern. Jedes Bundesland kann selbst über sein Schulsystem entscheiden. Deshalb funktioniert das Bildungssystem in jedem Bundesland etwas anders. Eine Regel gilt aber für alle Bundesländer: kein Abschluss ohne Anschluss. Wer z. B. einen Hauptschulabschluss hat, kann den mittleren Bildungsabschluss und später das Abitur nachholen.

Hauptschule

Die Hauptschule dauert normalerweise von der 5. bis zur 9. Klasse und soll die Jugendlichen vor allem fit für eine Berufsausbildung machen. Deshalb gibt es dort mehr praktischen Unterricht und weniger Theorie und Fremdsprachen als bei anderen Schularten. Wer die 9. Klasse besteht, bekommt den Hauptschulabschluss. Danach kann man sich um einen Ausbildungsplatz für einen Beruf bewerben, z. B. als Schreiner/in, Elektriker/in oder Hauswirtschafter/in.

Besonderheiten in den Bundesländern

In allen Bundesländern gibt es Schulformen, an denen man den Hauptschulabschluss in Klasse 9 (oder 10) und den mittleren Bildungsabschluss in Klasse 10 machen kann.

Baden-Württemberg	Werkreal-, Gemeinschaftsschule
Bayern	Mittelschule
Berlin	Integrierte Sekundarschule
Brandenburg	Oberschule
Bremen	Oberschule
Hamburg	Stadtteilschule
Hessen	Mittelstufenschule
Mecklenburg-Vorpommern	Regionale Schule
Niedersachsen	Oberschule
Nordrhein-Westfalen	Sekundarschule
Rheinland-Pfalz	Realschule plus
Saarland	Erweiterte Realschule
Sachsen	Oberschule
Sachsen-Anhalt	Sekundarschule
Schleswig-Holstein	Regionalschule
Thüringen	Regelschule

An vielen dieser Schulen kann man auch das Abitur machen. Die anderen bieten Anschlüsse an weiterführende Schulen an.

Realschule

Die Realschule geht bis zur 10. Klasse. In den meisten Bundesländern gibt es im letzten Schuljahr Prüfungen. Wer diese Prüfungen besteht, hat den mittleren Bildungsabschluss („Mittlere Reife", Realschulabschluss) geschafft. Danach kann man sich um einen Ausbildungsplatz für einen Beruf bewerben. Oft haben Bewerber/innen mit Realschulabschluss dabei größere Chancen als Jugendliche mit Hauptschulabschluss. Viele Jugendliche lernen aber nach der Realschule noch weiter. Sie gehen auf ein (berufliches) Gymnasium oder eine Fachoberschule, damit sie später studieren können.

Berufsausbildung

Eine Berufsausbildung dauert zwei bis drei Jahre. In dieser Zeit lernt man alles, was man später in einem bestimmten Beruf wissen und können muss. Es gibt Ausbildungen für mehr als 350 Berufe. Ohne Berufsausbildung sind die Chancen auf einen Arbeitsplatz schlecht. Einen Teil der Ausbildung macht man in einem Betrieb, an den anderen Tagen besucht man eine Berufsschule („duale Ausbildung"). Während der Ausbildung bekommt man eine „Vergütung". Wie viel Geld das ist, unterscheidet sich von Beruf zu Beruf. Jugendliche, die Probleme mit der Theorie haben oder in Deutsch nicht fit sind, können ausbildungsbegleitende Hilfen (abH) bekommen.

Grundschule

In die Grundschule müssen alle Kinder im Alter von etwa sechs Jahren gehen. Dort bleiben sie vier Jahre (in Berlin und Brandenburg sechs Jahre). In Deutsch und Mathe lernen sie Lesen, Schreiben und Rechnen. Die Kinder beschäftigen sich aber auch viel mit Themen aus ihrer Umgebung: z. B. dem Wohnort und der Natur. Außerdem haben sie Unterricht in Sport, Musik und Kunst. Die Grundschule soll die Kinder auf die weiterführenden Schulen vorbereiten. Wichtig ist dabei besonders, dass die Kinder lernen, wie man richtig lernt und wie man gut mit anderen zusammenarbeitet.

Kindergärten/Kindertagesstätten

Kinder können mit drei Jahren in den Kindergarten gehen. Sie bleiben dort, bis sie sechs sind. Sie lernen beim Spielen, etwas mit anderen Kindern zusammen zu machen und Probleme zu lösen. Sie malen, basteln, können kreativ sein und bewegen sich viel. Der Kindergarten ist besonders wichtig, damit Kinder gut Deutsch lernen. Das letzte Jahr im Kindergarten heißt Vorschule. In der Vorschule lernen Kinder wichtige Dinge, die sie später in der Grundschule brauchen. Viele Kindergärten und Kindertagesstätten betreuen die Kinder auch nachmittags, damit die Eltern arbeiten gehen können.

Auf dieser Doppelseite haben wir das Wichtigste aufgeschrieben, was Sie über Schule und Ausbildung wissen sollten.
In der grünen Box auf der linken Seite finden Sie einige Besonderheiten, die es nur in einzelnen Bundesländern gibt. Im Berufsinformationszentrum (BiZ) können Sie sich über alles, was mit Ausbildung, Studium, Beruf und Weiterbildung zu tun hat, näher informieren.
Ein BiZ gibt es in allen Agenturen für Arbeit.

Reinhold Löffler

Studium

Für manche Berufe (z. B. Arzt/Ärztin, Lehrer/in oder Ingenieur/in) muss man ein Studium an einer Universität, Hochschule oder Berufsakademie machen. Auch für höhere Positionen in Firmen braucht man normalerweise ein Studium: z. B. als Marketing-Expertin oder Übersetzer. Wie kann man Student/in werden?
Erster Weg: Man besucht ein Gymnasium, ein berufliches Gymnasium oder eine Fachoberschule und macht dort einen Abschluss.
Zweiter Weg: Man macht eine Berufsausbildung, arbeitet in diesem Beruf und bildet sich fort, z. B. zum Techniker, zur Fachwirtin oder zur Meisterin.

Gymnasium

Das Gymnasium geht meistens bis zur 12. Klasse. Schüler/innen lernen dort mindestens zwei Fremdsprachen und erhalten eine breite Allgemeinbildung. Das Gymnasium soll Schüler/innen vor allem auf ein Studium vorbereiten. Deshalb üben sie dort auch schon, wie man wissenschaftlich arbeitet. Im letzten Schuljahr finden die Abiturprüfungen statt. Wer diese Prüfungen besteht, hat das Abitur, die allgemeine Hochschulreife. Damit kann man an jeder Hochschule studieren. Nicht alle Schüler/innen entscheiden sich nach dem Abitur für ein Studium. Viele machen erst mal eine Ausbildung, weil sie einen Beruf lernen wollen oder noch nicht wissen, was zu ihnen passt.

Berufsvorbereitungsjahr

Jugendliche, die nach der Hauptschule keinen Ausbildungsplatz finden, können ein Berufsvorbereitungsjahr (BVJ) machen. Das BVJ soll sie auf die Ausbildung vorbereiten. Die Jugendlichen können im BVJ unterschiedliche Berufe näher kennen lernen und machen ein Praktikum in einem Betrieb. Außerdem werden sie in den Fächern besonders gefördert, in denen sie Schwierigkeiten haben. Im BVJ kann man auch den Hauptschulabschluss nachmachen.

Förderschule/Sonderschule

Manche Kinder haben eine körperliche bzw. geistige Behinderung oder große Schwierigkeiten beim Lernen. Für diese Kinder kann eine Förder- oder Sonderschule geeignet sein. In vielen Schulen gibt es Klassen, in denen behinderte und nicht behinderte Kinder zusammen lernen. Wenn die Leistungen bei Kindern mit Lernschwierigkeiten besser werden, können sie von der Förderschule an eine Grund- oder eine Hauptschule wechseln. Die anderen Schüler/innen können nach Ende der Förderschule (9. Klasse) noch den Hauptschulabschluss nachholen. Dies schaffen zurzeit aber nur ca. 25 Prozent.

Gesamtschule

Auf einer Gesamtschule sollen Kinder mit unterschiedlichen Fähigkeiten und Stärken zusammen lernen. In der Praxis werden die Schüler aber auch dort getrennt. Manche Gesamtschulen haben Haupt-, Realschul- und Gymnasialklassen. Andere teilen die Schüler/innen in Fächern wie Mathe, Deutsch und Naturwissenschaften in unterschiedliche Kurse ein. Auf einer Gesamtschule kann man den Hauptschul-, den Realschulabschluss und meistens auch das Abitur machen. Nach der 10. Klasse kann man sich dann entscheiden, ob man einen Beruf lernt, das Abitur machen will oder auf eine Fachoberschule geht.

AUFGABEN UND AKTIVITÄTEN

1. Bitte überprüfen Sie, ob folgende Aussagen richtig oder falsch sind.
   a) Studieren kann man nur, wenn man auf einem Gymnasium war.
   b) Auf einer Realschule kann man den mittleren Bildungsabschluss machen.
   c) Wer eine Berufsausbildung macht, lernt in einem Betrieb und auf der Gesamtschule.
   d) Behinderte Kinder dürfen nur auf Förderschulen lernen.
   e) Im Berufsvorbereitungsjahr (BVJ) kann man den Hauptschulabschluss nachmachen.
   f) Kinder kommen mit etwa sechs Jahren auf die Grundschule.
2. Welche Schularten gibt es in Ihrem Bundesland?
3. Warum sollten Kinder mit drei Jahren in den Kindergarten gehen?
4. Sprechen Sie über die beiden Karikaturen.
   Welche Probleme können Sie darin erkennen?

M 17 | Welche Schule passt zu meinem Kind?

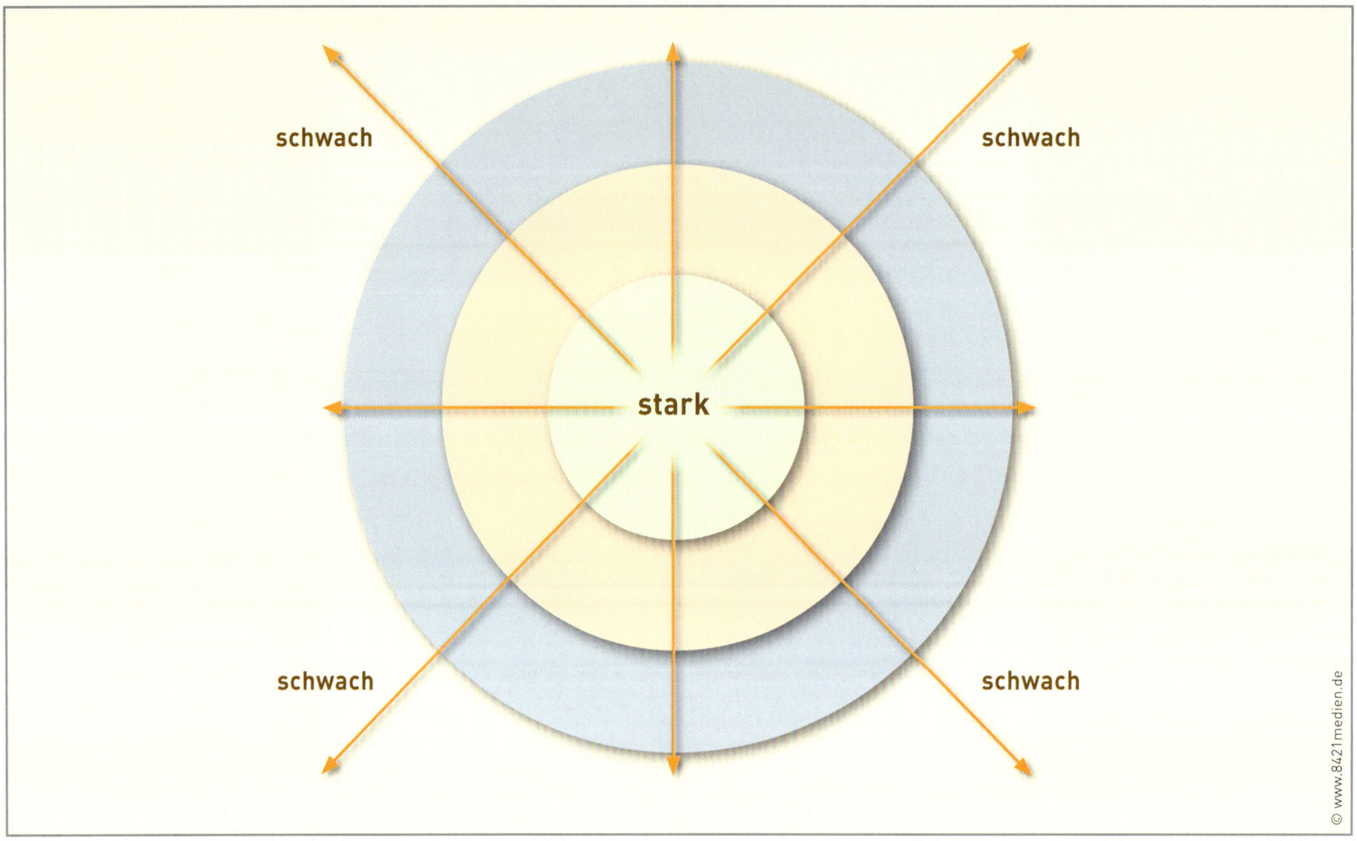

1 **Entdecker/in** stellt viele Fragen und will wissen, wie die Dinge funktionieren	2 **Bergsteiger/in** hat Kraft und Geduld und bleibt lange bei einer Sache	3 **Spielmacher/in** kann gut organisieren und andere führen	4 **Teamspieler/in** arbeitet gut mit anderen zusammen
5 **Künstler/in** ist kreativ und hat gute Ideen	6 **Gentleman** ist höflich und hilfsbereit, kann sich gut benehmen	7 **Vulkan** kann sich begeistern, macht Dinge mit Liebe	8 **Redner/in** kann gut reden und die eigene Meinung vertreten
9 **Antenne** kann sich gut in andere Menschen einfühlen	10 **Bastler/in** kann gut bauen und reparieren	11 **Lupe** arbeitet genau, ist ordentlich und zuverlässig	12 **Freischwimmer/in** kann selbstständig arbeiten und Lösungen finden

AUFGABEN UND AKTIVITÄTEN

1. Ist Ihr Kind ein „Bastler" oder ein „Bergsteiger"? Welche anderen Typen sehen Sie in Ihrem Kind? Schreiben Sie die Zahl in die Mitte, wenn Ihr Kind eine starke Ähnlichkeit mit einem Typ hat. Schreiben Sie die Zahl nach außen, wenn Ihr Kind wenig Ähnlichkeit mit einem Typ hat.
2. Woran kann man die Stärken im Alltag bemerken? Wie können Eltern diese Stärken fördern?
3. Vergleichen Sie die Eltern- und die Lehrerkarte von Lukas Schwarz (S. 173). Welche Unterschiede und Gemeinsamkeiten gibt es?
4. Was können die Klassenlehrerin, die Eltern und Lukas besser machen?
5. Bereiten Sie ein Rollenspiel zwischen den Eltern und Frau Berger vor. Besprechen Sie dabei, wie beide Seiten Lukas helfen und unterstützen können.
6. Was denken Sie? Auf welche Schule sollte Lukas nach der Grundschule gehen?

ullstein bild / CARO / Kaiser

Lukas Schwarz geht in die 3. Klasse einer Grundschule in Essen. Im nächsten Schuljahr entscheidet sich, auf welche weiterführende Schule er kommt. Seine Eltern haben einen Termin bei der Klassenlehrerin Frau Berger. Sie wollen mit ihr darüber sprechen, wie sich Lukas entwickelt und wie es ihm in der Schule geht. Frau Berger hat die Klasse seit einem halben Jahr und unterrichtet die Kinder in Mathe und Deutsch.

Damit sich Lehrer/innen und Eltern besser auf Gespräche vorbereiten können, gibt es an dieser Grundschule „Elternkarten“ und „Lehrerkarten“. Mit diesen Karten können Eltern und Lehrer/innen schon vor dem Gespräch überlegen, was ein Kind gut kann und was besser werden sollte. Bei dem Gespräch können sie ihren Eindruck dann vergleichen. Hier sind die Ergebnisse für Lukas Schwarz:

Elternkarte
Schüler/-in: Lukas Schwarz

Eindruck
++ sehr gut; + gut; o mittel; – schlecht; –– sehr schlecht

Kann Aufgaben alleine bearbeiten	+	braucht keine Hilfe von uns
Kann sich gut konzentrieren	–	nur, wenn ihn etwas interessiert
Kann neue Dinge schnell verstehen	++	will immer wissen, wie es funktioniert; fragt immer „warum“
Notendurchschnitt in Mathe	2–	hatte in der 1. und 2. Klasse eine Eins in Mathe
Notendurchschnitt in Deutsch	?	Lukas hat nur von einem Aufsatz erzählt
Versteht sich mit der Klassenlehrerin gut	––	Denkt, dass Frau Berger ihn nicht mag; findet sie ungerecht, weil immer er bestraft wird
Mitarbeit im Unterricht	o	Lukas sagt, dass er sich oft meldet, aber nur selten etwa sagen darf
Versteht sich mit anderen Kindern in der Klasse gut	+	Spielt auch am Nachmittag mit vielen Kindern aus seiner Klasse; wird zu Geburtstagen eingeladen
Macht Hausaufgaben regelmäßig und ordentlich	?	Sagt oft, dass er keine Hausaufgaben hat; macht Hausaufgaben immer nach dem Fußballtraining

Lehrerkarte
Schüler/-in: Lukas Schwarz

Eindruck
++ sehr gut; + gut; o mittel; – schlecht; –– sehr schlecht

Kann Aufgaben alleine bearbeiten	o	findet schnell Lösungen; hat wenig Geduld
Kann sich gut konzentrieren	–	ist in den ersten beiden Stunden sehr müde; lenkt andere Kinder ab
Kann neue Dinge schnell verstehen	++	versteht sehr schnell, stellt gute Fragen
Notendurchschnitt in Mathe	2–	Mathe fällt ihm sehr leicht; macht aber viele unnötige Leichtsinnsfehler
Notendurchschnitt in Deutsch	3–	kann die Lernwörter im Diktat nicht; hat schöne Ideen im Aufsatz
Versteht sich mit der Klassenlehrerin gut	o	ist manchmal frech (3 Strafarbeiten); hält sich zu wenig an Regeln
Mitarbeit im Unterricht	o	schreit Antworten oft heraus; arbeitet gut mit anderen Kindern zusammen
Versteht sich mit anderen Kindern in der Klasse gut	+	ist gut in die Klasse integriert
Macht Hausaufgaben regelmäßig und ordentlich	––	hat Hausaufgaben oft gar nicht oder nicht vollständig

TIPP

Bitten Sie die Klassenlehrerin / den Klassenlehrer Ihres Kindes, die Karte vor dem nächsten Gespräch auszufüllen.

Unter www.lpb-schuleplus.de finden Sie eine leere Karte.

M 18 | Schule und Migrantinnen/Migranten

Welche Schulabschlüsse hatten deutsche und ausländische Schulabgänger 2013?

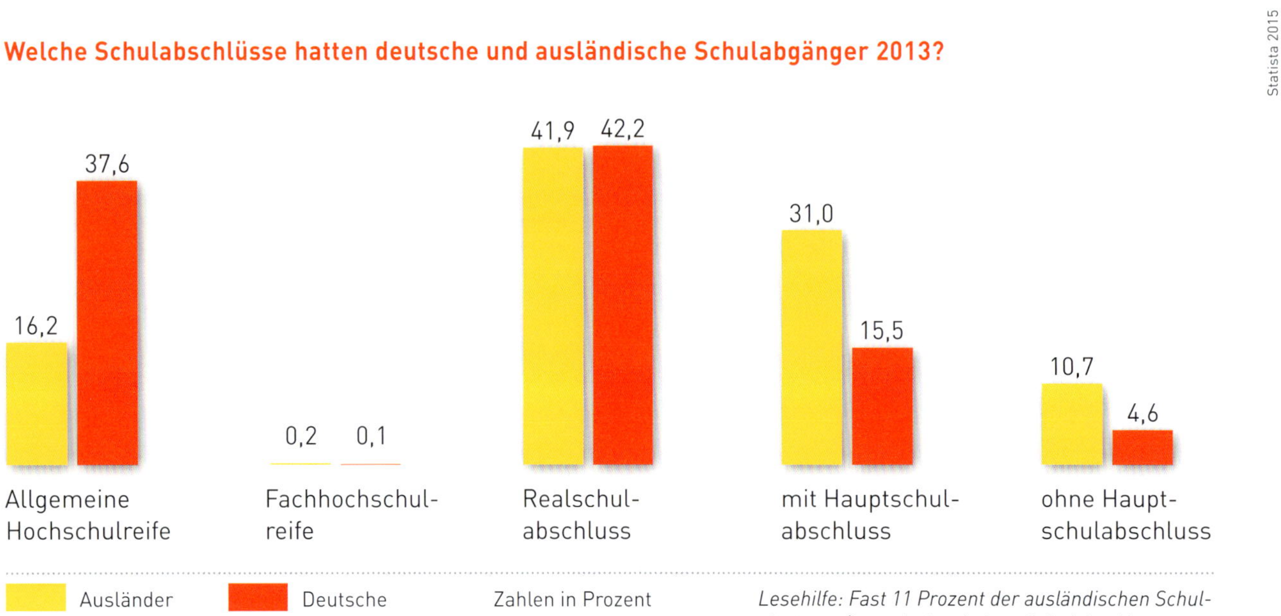

Lesehilfe: Fast 11 Prozent der ausländischen Schulabgänger/innen haben keinen Schulabschluss.

2009 wurden junge Migranten zwischen 16 und 24 Jahren gefragt, warum Schüler/innen aus Zuwandererfamilien weniger Chancen als deutsche Schüler/innen haben. Hier sind die häufigsten Antworten:

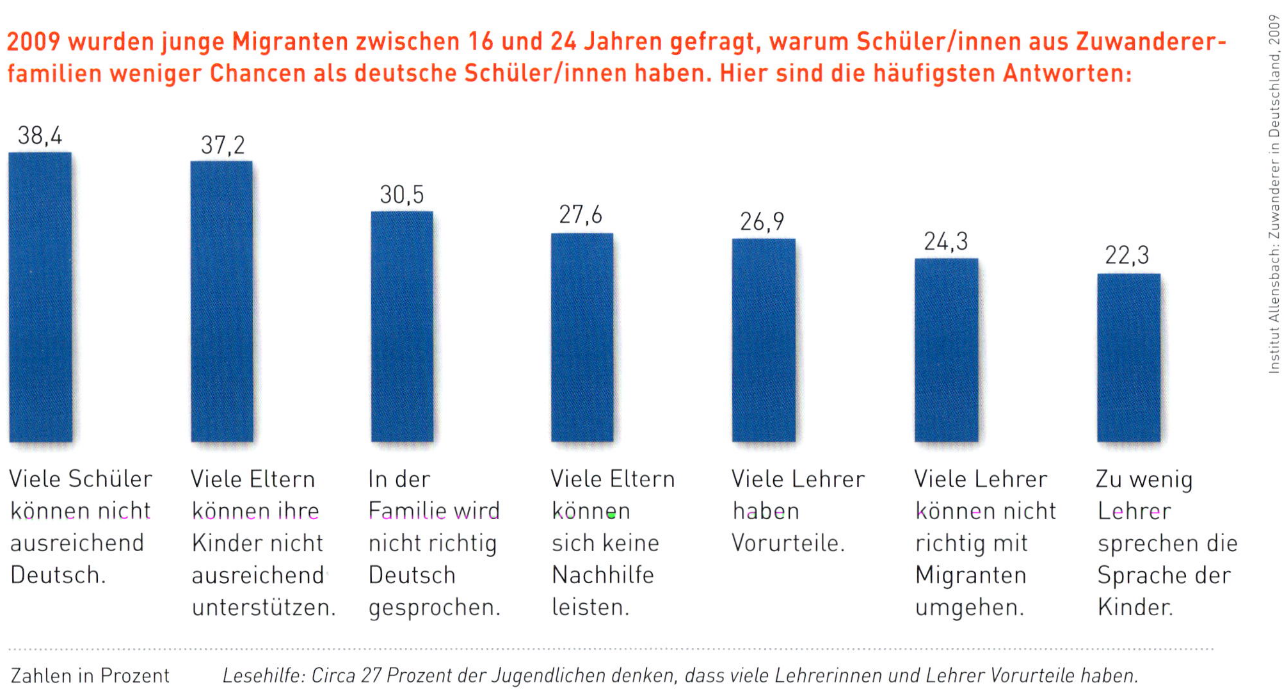

Lesehilfe: Circa 27 Prozent der Jugendlichen denken, dass viele Lehrerinnen und Lehrer Vorurteile haben.

AUFGABEN UND AKTIVITÄTEN

1. Bitte überprüfen Sie folgende Aussagen mit Hilfe des ersten Schaubildes. Stellen Sie falsche Aussagen richtig.
   a) Bei den ausländischen Schülerinnen/Schülern ist der Anteil von Jugendlichen ohne Schulabschluss niedriger als bei deutschen Schülerinnen/Schülern.
   b) Nur etwa 16 Prozent der ausländischen Schüler/innen haben das Abitur (allgemeine Hochschulreife).
   c) Bei den ausländischen Schülerinnen/Schülern machen besonders viele den Hauptschulabschluss.
2. Wie bewerten Sie diese Situation? Welche Folgen können sich durch eine schlechte Schulbildung ergeben?
3. Welche Ursachen sehen junge Migranten/innen für diese Situation? Wie denken Sie darüber?

ullstein bild – Röhrbein

Es gibt viele Möglichkeiten, die Chancen von Kindern und Jugendlichen mit Migrationshintergrund in der Schule zu verbessern. Wir haben auf dieser Seite einige Vorschläge gesammelt. Welche Vorschläge sind aus Ihrer Sicht besonders wichtig, welche sind weniger sinnvoll? Überlegen Sie dabei, was sich konkret verändern würde. Laden Sie eine Schulleiterin / einen Schulleiter aus Ihrer Gemeinde in den Kurs ein. Sprechen Sie mit ihr/ihm darüber, was an dieser Schule getan wird, um die Chancen von Kindern aus Migrantenfamilien zu verbessern.

Herkunftssprache als zweite Fremdsprache

Schüler/innen, die ihre Herkunftssprache lernen, sollen dafür auch eine Note im Zeugnis bekommen. Diese Note soll genauso wichtig sein wie Englisch oder Französisch. Eine dritte Sprache (außer Deutsch) wird nicht gefordert.

Mehr Migranten als Lehrer/Erzieher

Es soll mehr Erzieher/innen und Lehrer/innen mit Migrationshintergrund geben. Sie können wie eine Brücke für Migranteneltern und ihre Kinder sein.

Verbesserung der Lehrerausbildung

Alle Lehrer/innen sollen schon in ihrer Ausbildung darauf vorbereitet werden, dass es an den Schulen Kinder aus vielen unterschiedlichen Herkunftsländern gibt. Dann können sie später besser mit diesen Kindern umgehen.

Unterricht in der Herkunftssprache

Kinder von Migrantinnen/Migranten sollen möglichst früh ihre Herkunftssprache richtig lernen. Dazu soll es Unterricht an den Schulen geben.

Welchen Vorschlag haben Sie?

?

Ausbildungspaten

Pate kann jeder werden, der einer Schülerin / einem Schüler helfen will, einen Ausbildungsplatz zu bekommen. Die Patinnen und Paten unterstützen den Jugendlichen dann auch in der Ausbildung.

Elternbildungsangebote

Es soll mehr Elternkurse geben, damit Mütter und Väter erfahren, was in der Schule wichtig ist und wie sie ihrem Kind helfen können.

Sprachförderung

Kinder bekommen schon mit drei Jahren Sprachförderung. Auch später in der Grundschule und an der weiterführenden Schule gibt es Förderunterricht in Deutsch für alle Schülerinnen und Schüler, die Schwierigkeiten haben.

Hausaufgabenbetreuung

Schüler/innen können ihre Hausaufgaben in der Schule machen. Wenn sie dabei Hilfe brauchen, können sie Lehrer/innen oder ältere Schüler/innen fragen.

M 19 | Was heißt Integration für mich?

Die Bilder zeigen unterschiedliche Ideen von Integration und dem Zusammenleben von Menschen. Sprechen Sie im Kurs über diese Ideen.

1

i-punkt

2

i-punkt

Wie denken Sie über die Aussagen? Füllen Sie die Tabelle aus und diskutieren Sie anschließend im Kurs.

Für mich heißt Integration, dass ...

... Deutsche und Migrantinnen/Migranten heiraten können und die Eltern nichts dagegen haben.

... man nicht mehr merkt, ob jemand eine Migrantin / ein Migrant ist.

... ich nicht mehr gefragt werde, wann ich in meine „Heimat" zurückgehe.

... ich bei allen Wahlen wählen darf!

... sich die Deutschen und die Migrantinnen/Migranten in Ruhe lassen und keine Konflikte haben.

... man sich seine Freunde und Bekannten nicht nach dem Pass aussucht.

... die Deutschen gastfreundlicher werden.

... es nicht am Namen liegt, ob man einen Job oder eine Wohnung bekommt.

... ich eine moderne Muslima sein kann und Deutsche und Migrantinnen/Migranten das verstehen.

... alle Migrantinnen/Migranten einen Sprachkurs machen müssen.

... man sich für andere Menschen interessiert.

... Migrantinnen/Migranten deutsches Fernsehen schauen.

So denke ich nicht.	Ich weiß nicht.	So denke ich auch.

Geben Sie den Bildern einen Titel. Sie können Ihre Vorschläge unter die Fotos schreiben. Welches Foto passt am besten zu Ihrer Vorstellung von Integration?

3

4

M 20 | Ankommen: Integrationsgeschichte(n)

Was fällt Ihnen zu dem Wort „Ankommen" ein?
Sammeln Sie Begriffe und Gedanken in einer Mindmap.
Welche Fotos passen zu Ihrer Mindmap?

MINDMAP

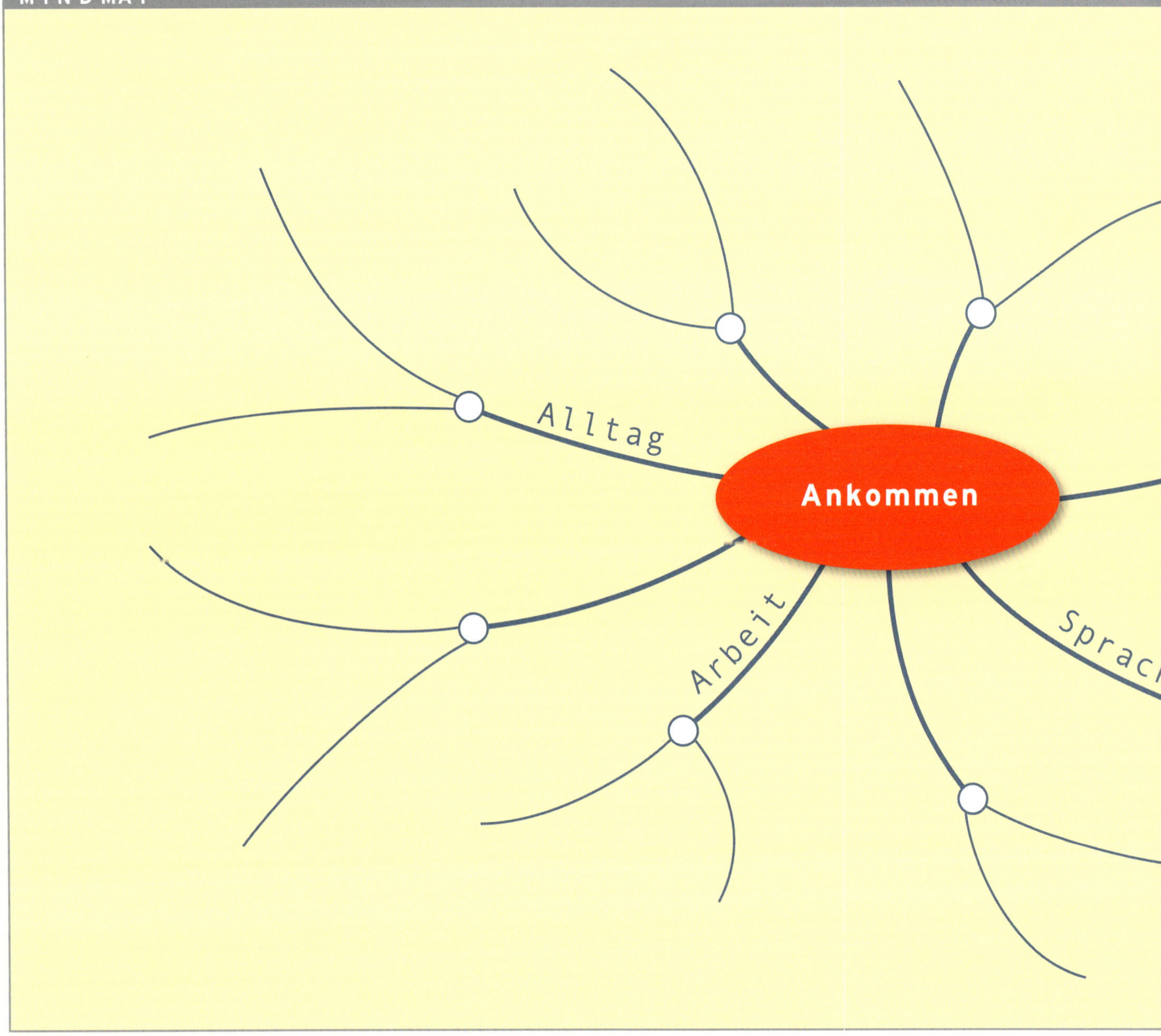

Lesen Sie die Infobox. Welche Station war für Sie oder Ihre Familie wichtig?

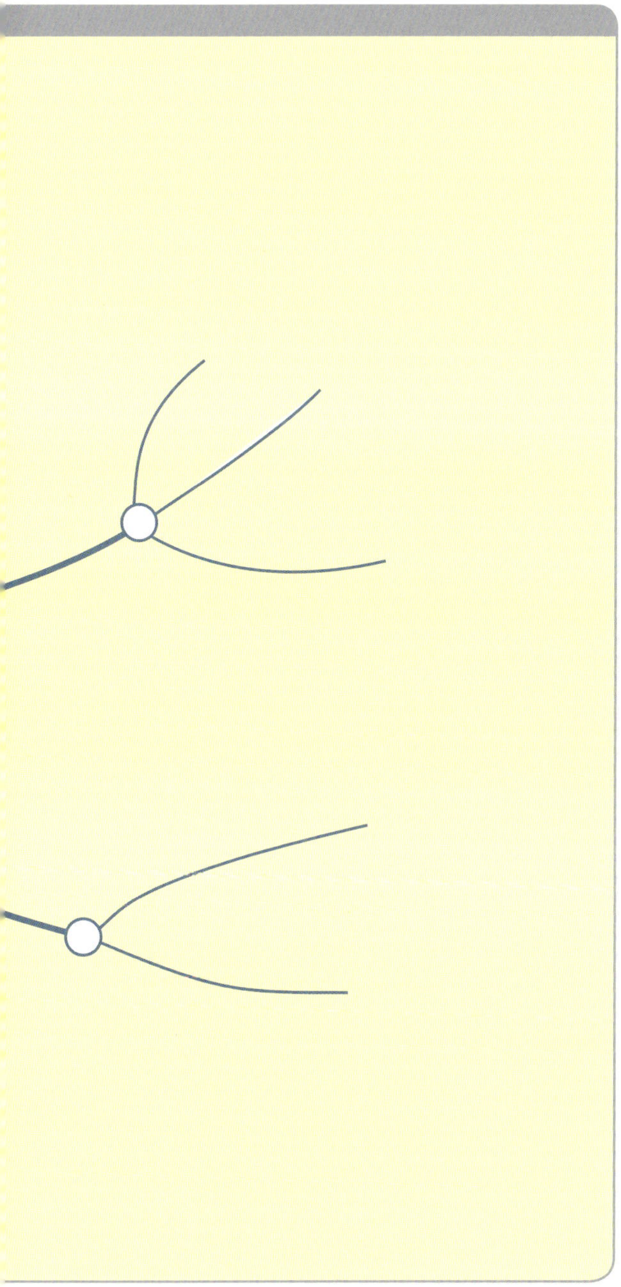

INFO – MIGRATION UND INTEGRATION

1955 – Anwerbung von „Gastarbeitern"
Die ersten „Gastarbeiter" aus Italien kommen in die Bundesrepublik. Später folgen Menschen aus Spanien, Griechenland, der Türkei, Portugal, Jugoslawien und anderen Ländern.

1973 – Anwerbestopp
Der Anwerbestopp soll dafür sorgen, dass nicht mehr so viele Ausländer nach Deutschland kommen. Viele „Gastarbeiter" entschließen sich, in Deutschland zu bleiben und holen ihre Familien zu sich.

1983 – Prämien für rückkehrwillige Gastarbeiter
Die Regierung denkt sich eine Prämie für Gastarbeiter aus, um die Zahl der Ausländer zu begrenzen: Wer in sein Heimatland zurückgeht, bekommt Geld.

ab 1987 – Starke Zuwanderung von Aussiedlern
Zwischen 1987 und 1999 kommen 2,7 Millionen Aussiedler vor allem aus der Ex-Sowjetunion nach Deutschland.

1993 – Asylrecht wird strenger
1992 beantragen 440.000 Menschen Asyl in Deutschland. Darunter sind viele Menschen aus Ex-Jugoslawien. Durch das neue Asylrecht soll die Zahl der Asylbewerber sinken.

2000 – Optionspflicht bei der Staatsbürgerschaft
Wer als Kind von Ausländern in Deutschland geboren wird, bekommt die deutsche Staatsangehörigkeit. Mit 23 Jahren muss man sich aber für eine Staatsangehörigkeit entscheiden.

2005 – Zuwanderungsgesetz
Das Zuwanderungsgesetz regelt das Ausländerrecht neu; es gibt nun Integrationskurse.

2014 – Die Optionspflicht hat sich geändert
Sie gilt nur noch, wenn man nicht in Deutschland aufgewachsen ist.

Heute leben mehr als 16 Millionen Menschen mit Migrationshintergrund in Deutschland.

M 20 | Ankommen: Integrationsgeschichte(n)

picture-alliance / kpa / Theissen

ullstein – CARO / Rupert Oberhäuser

picture-alliance / dpa

picture-alliance / dpa

Was passt in den Integrationsgeschichten zu Ihrer Mindmap? Arbeiten Sie in Gruppen zu je einem Beispiel. Schreiben Sie Stichworte zu den Geschichten in die Box auf der linken Seite. Vergleichen Sie die Integrationsgeschichten mit Ihren eigenen Gedanken und Erfahrungen.

Ihre Stichworte:

Ilse Hartgeber, 86 Jahre

In unserem Dorf leben schon lange viele Menschen aus Griechenland. Sie sind Anfang der 1970er Jahre zu uns gekommen. Ich weiß noch, dass sie sich oft auf dem Marktplatz getroffen haben. Wir Deutschen nannten ihn deshalb „Saloniki-Platz". Mir waren die Griechen fremd.

1978 war das große Hochwasser am Neckar. Das Wasser war im ganzen Dorf und ist in die Häuser gelaufen. Ich hatte damals ein Geschäft und verkaufte Wolle und Stoffe. Alle Waren mussten jetzt vom Erdgeschoss in den ersten Stock. Aber das Wasser war schneller, als ich arbeiten konnte. Es war schrecklich. Plötzlich war mein Laden voller Menschen. Alle sprachen Griechisch. Die meisten kannte ich gar nicht. Sie haben uns geholfen, und gemeinsam konnten wir die Waren und sogar einige Regale retten. Am Abend waren wir total müde und erschöpft. Da sind drei Griechinnen gekommen und haben uns warmes Essen gebracht. Mitten im Chaos haben wir alle zusammen gegessen. Selten hat es mir so gut geschmeckt.

1979 war ein großes Erdbeben in Thessaloniki. Genau dort, wo „unsere" Griechen herkamen. Mein Mann dachte nicht lange nach und gab 500 DM für den Wiederaufbau. Für einen schwäbischen Handwerker war das viel Geld. Und am Abend besuchten wir ein deutsch-griechisches Fest, zusammen mit Janis, Kaliopi, Thasos und all den anderen. Vom „Saloniki-Platz" redete niemand mehr.

picture-alliance / dpa/dpaweb

picture-alliance/ dpa

picture-alliance / dpa

picture-alliance / dpa

Hasan Kaymaz, 35 Jahre

Ich bin in Ulm geboren. Meine Familie kommt aus der Türkei. Mein Vater war ein „Gastarbeiter". Für ihn hat es immer nur seine Arbeit gegeben. Aber einmal wollte er nicht arbeiten. Das war 1969. Die Arbeiter haben gestreikt. Die Löhne waren niedrig und die Arbeitszeiten sehr lang. Der Chef wollte, dass mein Vater trotzdem arbeitet. Mein Vater sagte nein. Er war für den Streik und für seine Kollegen. Danach war er für die Kollegen nicht mehr der „Gastarbeiter" oder der „Türke". Sie sagten jetzt Murat zum ihm. Später ist er Betriebsrat geworden, als einer der ersten Türken.

Und ich? Ich wollte nach der Hauptschule eine Ausbildung machen. Keine Chance! Es gab zu wenige Ausbildungsplätze. Viele Chefs wollten keine jungen Türken. Falscher Name, falsche Adresse, falsche Religion, dachte ich. Mit 18 hatte ich nur noch türkische Freunde, hörte türkische Musik und spielte in einem türkischen Fußballverein. Die Spiele gegen deutsche Vereine waren hart. Oft hat es Streit gegeben. Die mochten uns nicht und wir sie auch nicht.

Später habe ich als Gitarrist in einer Türk-Rock-Band angefangen. Unsere Musik war aggressiv, wir haben unsere Wut rausgelassen. Am Anfang waren alle Texte türkisch, später haben wir auch Songs auf Deutsch geschrieben. Heute kommen zu unseren Konzerten viele Deutsche. Sie hören uns zu und kaufen unsere CDs. Das macht mich stolz. Ich habe aber keine Lust, der liebe und brave Vorzeige-Türke zu sein. Dafür ärgert mich noch zu viel in unserem Deutschland.

Jakob Bauer, 30 Jahre

Im deutschen Fernsehen gibt es zwei Typen von jungen Russlanddeutschen. Typ 1 heißt Olga. Sie hat in zwei Jahren perfekt Deutsch gelernt, studiert Medizin, arbeitet nebenher für eine Zeitung und engagiert sich für Integration. Typ 2 heißt Ivan. Er spricht nicht mal perfekt Russisch, trinkt Wodka aus der Flasche, hat oft Ärger mit der Polizei und schlägt sich mit jungen Türken. Natürlich sind das alles Vorurteile. Aber manchmal trifft man eine Olga oder einen Ivan. Ich war selbst ein „Ivan". Mein Deutsch war genauso schlecht wie meine Chancen. Warum sollte ich besser sein als der Ivan im Fernsehen?

Dann bin ich in die Boxschule gegangen. Dort habe ich Sergej kennen gelernt. Er ist Boxtrainer und Sozialarbeiter. Sergej fragt dich nicht: „Kannst du beim nächsten Mal vielleicht pünktlich sein?". Sergej sagt auch nicht zu dir: „Bitte trink vor dem Training kein Bier." Er macht dir klar, dass du ihm wichtig bist. Aber wenn du nicht mitmachst, kannst du nach Hause gehen. Du merkst, dass er dich versteht, aber er weint nicht mit dir. Er zeigt dir, dass du dich bewegen musst. Sergej hat mich repariert, wie ein kaputtes Auto.

Heute bin ich selbst Sozialarbeiter. Sie suchen jetzt „Menschen mit Migrationshintergrund" in solchen Berufen. Wir verstehen die Probleme von jungen Migrantinnen und Migranten besser und können besser mit ihnen und ihren Eltern umgehen. Das sagen viele Politiker. Natürlich hilft dir die gemeinsame Sprache und Kultur dabei. Aber nur, weil man einmal ein „Ivan" war, ist man kein guter Sozialarbeiter.

M 21 | Wie erlebe ich Deutschland?

Wir sind eine ganz normale Familie: Vater, Mutter und zwei Kinder. Ich heiße Achim, bin 42 Jahre alt und arbeite in einer Autofabrik. Meine Frau heißt Lika. Sie ist als Aupair-Mädchen aus Georgien nach Deutschland gekommen.

Eigentlich wollte sie nur ein Jahr bleiben. Dann haben wir uns kennengelernt und verliebt. Ein Jahr später haben wir geheiratet. Heute sind unsere Kinder schon groß: Markus ist 17 Jahre alt und macht eine Ausbildung, unsere Tochter Tamari geht in die 4. Klasse und spielt am liebsten Fußball.

1 Lika in der Fußgängerzone

2 Lika mit einer Freundin beim Nordic Walking

AUFGABEN UND AKTIVITÄTEN

- Was erleben Lika, Achim, Tamari und Markus? Welche Menschen begegnen ihnen?
- Könnten die Bilder auch aus dem Land sein, aus dem Sie (oder Ihre Eltern) kommen?
- Vergleichen Sie die Bilder mit Ihrem Leben in Deutschland. Welche Unterschiede gibt es, welche Gemeinsamkeiten?

3 Achim besucht seine Eltern.

Zeichnungen: Burkard Pfeifroth

Auf den nächsten Seiten erfahren Sie mehr über uns. Die Bilder hat Markus gezeichnet.

Sie zeigen unser Leben und unseren Alltag. Lika und ich haben dazu noch ein paar Sätze aufgeschrieben. So können Sie nachlesen, wie wir denken, welche Menschen für uns wichtig sind und welche Sorgen und Probleme wir haben.

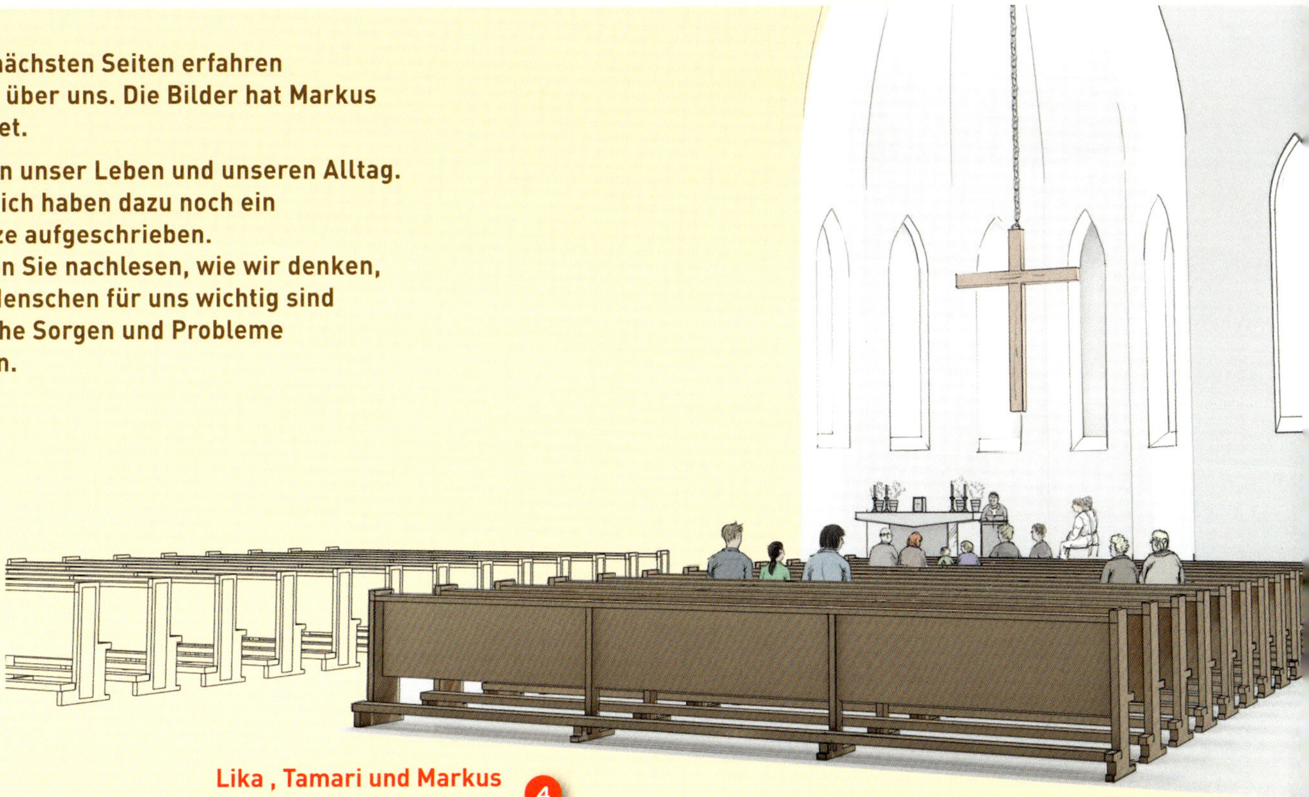

Lika , Tamari und Markus besuchen den Gottesdienst. 4

5 Lika feiert ihren 40. Geburtstag.

Zeichnungen: Burkard Pfeifroth

M 21 | Wie erlebe ich Deutschland?

Markus mit seiner Freundin Lena 6

7 Achim und Lika sprechen mit der Klassenlehrerin.

Lika arbeitet in einem Café. 8

Zeichnungen: Burkard Pfeifroth

9 Achim und seine Kollegen machen Pause.

10 Achim bekommt einen Strafzettel.

AUFGABEN UND AKTIVITÄTEN

- Was erleben Lika, Achim, Tamari und Markus? Welche Menschen begegnen ihnen?
- Könnten die Bilder auch aus dem Land sein, aus dem Sie (oder Ihre Eltern) kommen?
- Vergleichen Sie die Bilder mit Ihrem Leben in Deutschland. Welche Unterschiede gibt es, welche Gemeinsamkeiten?

11 Tamari bei einem Fußballspiel

Zeichnungen: Burkard Pfeifroth

M 21 | Wie erlebe ich Deutschland?

Uns geht es nicht schlecht. Achim verdient ganz gut und mein Job im Café bringt auch noch mal 400 Euro. Trotzdem müssen wir sparen. Miete, Essen, Auto, Kleidung, das kostet alles Geld und viel ist am Ende des Monats nicht übrig. Letztes Jahr musste Achim einige Monate kurzarbeiten. Er hat weniger verdient und dann sollten wir auch noch 200 Euro für die Klassenfahrt von Markus bezahlen. Achims Eltern haben uns das Geld gegeben. Manchmal habe ich Angst, dass Achim arbeitslos wird.

1 - Lika in der Fußgängerzone

Viel Freizeit habe ich nicht. Aber einmal pro Woche mache ich Nordic Walking mit Simone. Im Winter gehen wir ins Schwimmbad. Meistens haben wir nur zwei Stunden, aber diese Zeit ist wichtig für mich. Sport tut mir gut und mit Simone kann ich über alles sprechen. Nicht nur über die Kinder oder unsere Männer. Ich mag Simone, weil sie nicht alles besser weiß. Sie sagt nicht: „Eine Frau muss sich um die Kinder kümmern" oder „Eine Frau muss arbeiten gehen". Sie fragt: „Was willst du eigentlich?"

2 - Lika mit einer Freundin beim Nordic Walking

Ich kann meine Eltern nicht oft besuchen. Sie wohnen zu weit weg. Mein Vater ist krank. Er hatte vor zwei Jahren einen Schlaganfall und muss im Rollstuhl sitzen. Er kann sich nicht mehr alleine anziehen, nicht mehr alleine waschen und nicht mehr alleine zur Toilette. Zwei Mal pro Woche kommt eine Krankenschwester, sonst kümmert sich meine Mutter um ihn. „Was machen wir, wenn sie das nicht mehr kann?", hat Lika mich nach unserem letzten Besuch bei meinen Eltern gefragt. Ich weiß es noch nicht.

3 - Achim besucht seine Eltern.

Ich komme aus einem kleinen Dorf in Georgien. Dort sind am Sonntag alle in die Kirche gegangen. Die ganze Familie: Großeltern, Eltern und Kinder. Für mich ist das wichtig und ich möchte, dass Tamari und Markus regelmäßig in die Kirche gehen. Achim denkt anders. Er sagt, dass er an Gott glaubt, aber er will am Sonntag lieber ausschlafen, als in die Kirche gehen. Seit wir einen neuen Pfarrer haben, kommt Achim manchmal mit. Vielleicht auch wegen Markus. Markus spielt oft mit seiner Musikgruppe im Gottesdienst.

4 - Lika, Tamari und Markus besuchen den Gottesdienst.

Ich bin als Aupair nach Deutschland gekommen. Der Vater in meiner Gastfamilie hat oft gekocht oder den Tisch gedeckt. Am Anfang habe ich gedacht, das kann kein richtiger Mann sein, weil er die Arbeit von Frauen macht. Heute sehe ich das anders. Ich bin froh, dass Achim im Haushalt hilft und dass er manchmal kocht. Er findet das ganz normal. Bei meinen Eltern in Georgien war das anders. Papa hat immer gedacht, dass er der Chef ist, aber meistens hat er das gemacht, was meine Mutter wollte.

5 - Lika feiert ihren 40. Geburtstag.

Markus ist 17 Jahre alt und zum ersten Mal verliebt. Seit er Lena kennt, sehe ich ihn kaum noch. Früher haben wir beim Abendessen über die Schule oder über meine Arbeit gesprochen. Heute hat er dafür oft keine Zeit mehr: „Ich muss jetzt los, Lena wartet schon auf mich." Neulich habe ich ihm gesagt, er soll keinen Alkohol trinken, wenn er mit dem Motorroller fährt. Er hat mich angeschaut und geantwortet: „Papa, glaubst du eigentlich, ich bin blöd?" Im Sommer wollen die beiden Camping in Italien machen. Ein paar Freunde kommen auch noch mit.

6 - Markus mit seiner Freundin Lena

Zeichnung: Burkard Pfeifroth

Eigentlich sollten wir uns freuen. „Tamari ist eine tolle Schülerin", sagt ihre Klassenlehrerin, „sie kann nach der Grundschule auf das Gymnasium gehen". Für mich ist das noch nicht so klar. In meiner Familie hat niemand das Abitur gemacht. Ich weiß nicht, ob wir Tamari die Hilfe geben können, die sie braucht. Lika ist für das Gymnasium. Sie hat sich informiert. Es gibt dort jeden Tag eine Hausaufgabenbetreuung und Lerngruppen. Bevor wir entscheiden, müssen wir auch noch einmal mit Tamari sprechen.

7 - Lika und Achim sprechen mit der Klassenlehrerin.

Wenn Achim Frühschicht hat, kümmert er sich nachmittags um die Kinder. Dann arbeite ich in einem Café. Das macht mir Spaß, weil ich gerne mit Menschen zu tun habe. Das Café liegt in der Fußgängerzone, deshalb ist immer viel los. Die meisten Leute haben aber nicht viel Zeit. Sie trinken eine Tasse Kaffee, essen ein Stück Kuchen und bezahlen. Jeder bezahlt für sich, auch wenn Freunde am Tisch sitzen. Das macht natürlich mehr Arbeit für mich, hat aber auch einen Vorteil. Es gibt mehr Trinkgeld.

8 - Lika arbeitet in einem Café.

Ich arbeite seit 15 Jahren mit Janis zusammen. Janis ist ein besonderer Mensch. Sein Deutsch ist nicht perfekt, aber jeder hört ihm zu, wenn er in der Pause eine Geschichte oder einen Witz erzählt. Er war nicht lange auf der Schule, aber er weiß mehr, als in Büchern steht. Er hat die Ruhe, die mir manchmal fehlt. Früher hat er mir oft Fotos von seinem Haus in Griechenland gezeigt. „Irgendwann geh ich zurück", hat er gesagt. Heute ist er fast sechzig. Zurück nach Griechenland will er immer noch, aber nur im Winter.

9 - Achim und seine Arbeitskollegen machen Pause.

Parken verboten, Baden verboten, Kinder verboten, Hunde verboten! Bei uns gibt es so viele Regeln. Wenn ich für einen Tag König von Deutschland wäre, würde ich die Hälfte aller Regeln einfach zerreißen und in den Papierkorb werfen.
In unserer Familie ist Lika die bessere Deutsche. Sie findet es gut, dass es diese Regeln gibt. Sie sagt: „Du weißt nicht, wie es ist, wenn die Regeln nicht für alle gelten". Vielleicht hat sie ja Recht. Aber müssen es wirklich so viele Regeln sein?

10 - Achim bekommt einen Strafzettel.

Tamari geht seit vier Jahren in den Fußballverein. Sie wollte nicht turnen oder tanzen, sie wollte immer nur Fußball spielen. Ich weiß noch genau, wie ich sie zum ersten Mal zum Training gefahren habe. Sie hatte ein Trikot der deutschen Nationalmannschaft an. Ein Mädchen sagte zu ihr: „Du bist doch gar keine richtige Deutsche." Tamari hat sie nur angelacht und gefragt: „Und was ist mit Mesut Özil, ist der auch kein Deutscher?" Seit einem Jahr ist Tamari Mannschaftskapitänin.

11 - Tamari bei einem Fußballspiel

AUFGABEN UND AKTIVITÄTEN

- Lesen Sie die kurzen Texte zu den Bildern. Welche Gedanken machen sich Achim und Lika? Wie denken Sie im Kurs darüber?
- Sind Achim, Lika, Markus und Tamari eine „normale" Familie in Deutschland?

M 22 | Gesten und ihre Bedeutung

Was bedeuten diese Gesten in Deutschland? Zu welchen Bildern passen die Sprechblasen? Bedeuten diese Gesten in Ihrem Herkunftsland dasselbe?

Jetzt pass aber mal auf!

Du Vollidiot!!!

Super!

Bitte nicht!

Keine Ahnung ...

Was sollte man über Gesten wissen, wenn man in Ihrem Herkunftsland Urlaub macht? Kennen Sie noch andere Gesten?

i-punkt; Gesten: Ute Abmayr

i-punkt; Gesten: Ute Abmayr

Das ist aber teuer!

Bin ich blöd!

Sofort raus!

Du spinnst doch!

Vergiss es!

i-punkt; Gesten: Ute Abmayr

i-punkt; Gesten: Ute Abmayr

i-punkt; Gesten: Ute Abmayr

M 23 | Interkulturelle Konflikte in der Schule

**Mögen Sie lieber deutsches Bier oder griechischen Wein?
Schmeckt Ihnen eine Frühlingsrolle besser als eine Kohlroulade?
Essen Sie lieber Pizza oder Lahmacun?**

Wenn Menschen aus anderen Ländern zu uns kommen, erweitern sie nicht nur unsere Getränke- und Speisekarte. Sie bringen auch ihre Religion, ihre eigenen Werte und ihre persönlichen Erfahrungen in ihrem „kulturellen Rucksack" mit. Solche Unterschiede bereichern uns, können aber auch zu Konflikten führen.

picture-alliance / ZB

Aaliya besucht die 6. Klasse einer Realschule. Seit Wochen gibt es in der Klasse fast kein anderes Thema als die Fahrt ins Schullandheim.

Alenka	Das wird bestimmt cool! Hoffentlich kommen wir alle in ein Zimmer. Dann können wir zusammen Musik hören. Ich bringe meinen iPod mit.
Eva	Ja, und wir können mit den anderen Mädchen eine Pyjama-Party machen. Ich freu mich schon total auf die Fahrt.
Aaliya	Ich weiß noch nicht, ob ich mitfahren kann ...
Alenka	Wieso das denn? Möchtest du denn nicht mit uns in einem Zimmer übernachten? Wir drei gehören doch zusammen!
Aaliya	Meine Eltern haben die Teilnahme-erlaubnis noch nicht unterschrieben.
Eva	Das ist aber schade! Vielleicht fragen wir mal Rebecca, ob sie mit uns in ein Zimmer kommen möchte.

Aaliya ist sehr traurig und würde gerne mitfahren. Sie hat auch Angst, ihre Freundinnen zu verlieren. Ein paar Tage später fragt die Klassenlehrerin Aaliya nach der Teilnahmeerlaubnis.

Frau Ernst	Aaliya, warum hast du deine Teilnahme-erlaubnis nicht mitgebracht?
Aaliya	Ich darf nicht mitfahren.
Frau Ernst	Das finde ich sehr schade. Ich möchte gerne mit deinen Eltern darüber sprechen.

AUFGABEN UND AKTIVITÄTEN

Warum ist das Schullandheim für Aaliya wichtig? Was würde es für sie bedeuten, wenn sie nicht mitfahren darf?

Frau Ernst lädt Aaliyas Eltern zu einem Gespräch ein.

Frau Ernst Schön, dass Sie gekommen sind. Ich habe mitbekommen, dass Aaliya nicht an unserer Klassenfahrt teilnehmen darf. Warum erlauben Sie ihr denn nicht, mit der Klasse ins Schullandheim zu fahren?

Frau Akmal Bei uns ist es nicht üblich, dass ein zwölfjähriges Mädchen ohne seine Eltern wegfährt. Wenn wir in Urlaub fahren, dann machen wir das als Familie.

Frau Ernst Sie sollten wissen, dass die Klassenfahrt kein Urlaub ist. Es ist eine Veranstaltung der Schule.

Herr Akmal Ja, aber da sind die Jungs und Mädchen die ganze Zeit zusammen und keiner weiß, was sie machen.

Frau Ernst Es sind mindestens zwei Lehrerinnen dabei. Die Mädchen und Jungen schlafen in getrennten Zimmern. Tagsüber machen wir zusammen Ausflüge, wir gehen wandern und besichtigen Museen. Dabei werden die Kinder auch viel lernen. Aaliya würde das alles verpassen, wenn sie nicht mitfahren darf.

Frau Akmal Ach so, das haben wir gar nicht gewusst. Und wieso können die Kinder das nicht in der Schule lernen? Warum müssen sie dafür woanders übernachten?

Frau Ernst Im Schullandheim machen die Kinder ganz viel gemeinsam und alle müssen bestimmte Aufgaben übernehmen. So werden die Kinder viel selbstständiger. Sie müssen ihr Zimmer aufräumen, ihre Rucksäcke packen, den Tisch decken und sogar kochen. Wir haben Gruppen gebildet und jede Gruppe muss einmal für die anderen kochen. Wenn die Schüler soviel gemeinsam erleben, ist das gut für die Klassengemeinschaft. Sie lernen sich besser kennen und kommen besser miteinander aus. Auch deshalb finde ich es wichtig, dass Aaliya mitfahren darf.

Herr Akmal Wir machen uns aber trotzdem große Sorgen, wenn unsere Tochter nicht zu Hause übernachtet.

Frau Ernst Ich kann Sie verstehen. Beim Schullandheim im letzten Jahr war auch ein Mädchen aus Pakistan dabei. Ihre Eltern haben sich ähnliche Sorgen gemacht. Wenn Sie wollen, können Sie ja Kontakt mit der Familie aufnehmen. Fragen Sie die Eltern doch einfach, wie das Schullandheim für ihre Tochter war.

Frau Akmal Das würden wir gerne machen.

Frau Ernst Bitte geben Sie mir dann bis Ende der Woche Bescheid, ob Aaliya mitfahren darf.

picture-alliance / d

AUFGABEN UND AKTIVITÄTEN

1. Warum möchten Frau und Herr Akmal nicht, dass ihre Tochter Aaliya mitfährt?
2. Warum ist es der Lehrerin wichtig, dass Aaliya mitfährt?
3. Sollten es die Eltern ihrer Tochter erlauben, mit der Klasse ins Schullandheim zu fahren? Begründen Sie Ihre Meinung.

M 24 | Sprache und Konflikte

Deniz geht in die 8. Klasse der Realschule.
In letzter Zeit hat er Schwierigkeiten mit seinen Hausaufgaben.

picture alliance / dpa

Herr Yildiz (Vater, 48 Jahre)

„Mein Sohn Deniz hat in letzter Zeit viele Probleme in der Schule.
Er sagt immer, dass die Lehrer unfair zu ihm sind. Ich weiß nicht, wie ich ihm helfen soll. Dabei ist er so ein guter Sohn: Er kümmert sich nachmittags oft um seinen kleinen Bruder. Abends macht er dann meistens seine Hausaufgaben, auch wenn er müde ist.
Trotzdem geben ihm die Lehrer schlechte Noten. Ich mache mir Sorgen um seine Zukunft. Was soll ich nur tun?"

1 „Jetzt lassen Sie mich doch mal ausreden. Dann kann ich Ihnen erklären, was mit Deniz los ist."

2 „Deniz ist ein guter Junge. Er hilft uns gerade sehr viel zu Hause. Vielleicht ist er ja überfordert? Was denken Sie?"

3 „Wie können wir Deniz dabei helfen, seine Leistungen zu verbessern? Uns ist es wichtig, dass er seinen Abschluss macht."

4 „Sie haben wohl etwas gegen Türken, sonst würden Sie meinen Sohn nicht so unfair behandeln."

5 „Sie geben meinem Sohn zu viele Hausaufgaben. Sie brauchen sich nicht zu wundern, dass er das nicht schafft."

6 „Sicher ist es nicht einfach, für alle Kinder in der Klasse Zeit zu finden. Deniz meint manchmal, Sie beachten ihn nicht genug."

7 „Wir können Deniz nicht bei den Hausaufgaben helfen. Gibt es denn eine Hausaufgabenbetreuung an der Schule?"

8 „Sie geben nur meinem Sohn schlechte Noten! Die anderen Schüler schneiden viel besser ab!"

9 „Sie als Lehrer müssten es eigentlich besser wissen. Es ist doch Ihre Aufgabe, den Kindern zu helfen."

Konflikte entschärfen ...

KONFLIKT-

INFOBOX - GESPRÄCHSREGELN

1. **Zuhören** und den anderen **ausreden lassen**
2. **Sachlich bleiben**, dem anderen nicht drohen, ihn nicht beleidigen oder verletzen
3. Nach einer **gemeinsamen Lösung** suchen, **Vorschläge machen**
4. **Am Thema bleiben**, nicht abschweifen
5. In der **Ich-Form** sprechen, den anderen nicht beschuldigen
6. Die **eigene Sichtweise und Situation** erklären, Verständnis für den anderen zeigen
7. **Nachfragen**, um das Problem besser zu verstehen

Herr Kuhlmann (Klassenlehrer, 46 Jahre)

„Dieser Deniz! In letzter Zeit kommt er immer müde in den Unterricht. Bestimmt sitzt er abends zu lange vor dem Fernseher oder spielt irgendwelche Computerspiele. Im Unterricht passt er dann nicht auf. Deswegen macht er seine Hausaufgaben oft falsch. Ich glaube, dass ihn seine Eltern nicht ausreichend unterstützen.
Wenn das so weitergeht, wird er dieses Schuljahr bestimmt nicht schaffen. Ich kann ihm doch nicht ständig hinterherlaufen! Es wird Zeit, dass ich mit seinen Eltern spreche, um etwas dagegen zu unternehmen."

A „Das sind doch alles Ausreden, Deniz ist einfach zu faul!"

B „Deniz ist in letzter Zeit immer so müde. Woran könnte das liegen?"

C „Ich finde es schön, dass Deniz so fleißig hilft, aber er braucht auch Zeit für die Schule."

D „Sie sollten zu Hause nicht immer türkisch reden. Kein Wunder, dass er nicht versteht, was ich zu ihm sage!"

E „Wenn Deniz sich nicht zusammenreißt und seine Hausaufgaben macht, sehe ich schwarz für ihn."

F „Es wäre sinnvoll, wenn wir gemeinsam mit Deniz darüber sprechen, wie wichtig dieses Schuljahr für ihn ist."

G „Das ist Ihr Problem. Sie sollten Deniz besser erziehen!"

H „Ihre Kinder gehen wohl ins Bett, wann sie wollen."

I „Drei Mal in der Woche gibt es eine Hausaufgabenbetreuung an der Schule. Könnte Deniz nicht dahin gehen?"

BAROMETER

Konflikte zuspitzen ...

AUFGABEN UND AKTIVITÄTEN

1. Lesen Sie zuerst, wie Herr Yildiz und Herr Kuhlmann über Deniz und seine Leistungen denken. Welche Unterschiede gibt es?
2. Lesen Sie sich die Sätze in den Boxen gegenseitig vor. Wie fühlen Sie sich, wenn jemand so mit Ihnen spricht?

   Ich fühle mich ...
   hilflos – gut – entspannt – unsicher – bedroht – aggressiv – ängstlich – provoziert – beleidigt – verletzt – ernst genommen ...
3. Welche Aussagen von Herrn Yildiz und Herrn Kuhlmann entschärfen den Konflikt, welche spitzen ihn zu? Ordnen Sie die Aussagen auf dem Konfliktbarometer ein.
4. Welche Aussagen passen zu den Gesprächsregeln in der Infobox, welche verstoßen gegen sie?
5. Welche Regeln finden Sie besonders wichtig und weshalb? Sprechen Sie darüber im Kurs.
6. Wann fällt es Ihnen schwer, diese Regeln einzuhalten?

M 25 | Religionen in Deutschland

Der Glaube an Gott ist für viele Menschen wichtig. Er gibt ihnen Stärke und Orientierung für ihr Leben. Die Menschen in Deutschland haben viele unterschiedliche Religionen. Das Grundgesetz erlaubt allen Bürgerinnen und Bürgern, ihren Glauben frei zu leben.

Zur Freiheit gehört Toleranz: Rechte, die wir uns wünschen, sollen andere Menschen auch haben. Zur Freiheit gehört auch der Dialog der Religionen: Wenn Menschen über ihren Glauben reden, können sie einander besser verstehen und akzeptieren.

Welche Religionen erkennen Sie auf den Bildern?
Was denken oder fühlen Sie, wenn Sie die Bilder anschauen?
Haben Sie anderen Menschen schon einmal etwas über Ihre Religion erzählt?

1 — picture alliance / dpa

2 — picture-alliance/ dpa

3 — picture-alliance/ dpa

4 — picture-alliance/ dpa

5 — picture alliance / dpa

6 — picture alliance / Ferhat Bouda

Welche Religionen haben die Menschen in Deutschland?

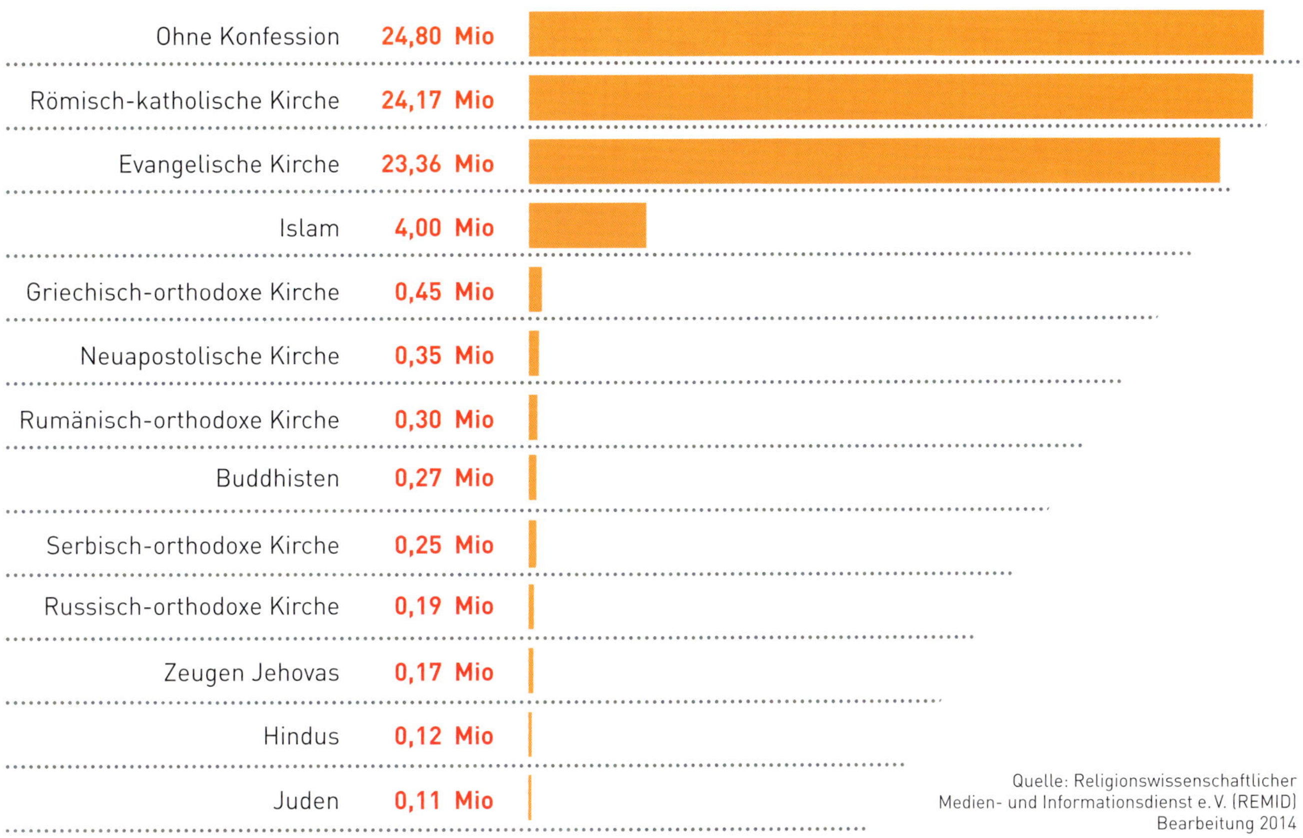

Quelle: Religionswissenschaftlicher Medien- und Informationsdienst e. V. (REMID) Bearbeitung 2014

WANDZEITUNG

Religionen und Festtage

Symbol der Religion

Drei wichtige Feste

Rituale (Hochzeit, Taufe ...)

Nach dem Leben kommt ...

AUFGABEN UND AKTIVITÄTEN

1. Was sind die größten Religionsgemeinschaften in Deutschland?
2. Warum gibt es so viele Menschen, die keine Konfession haben?
3. Schreiben Sie eine Wandzeitung zu Ihrer Religion. Stellen Sie Ihre Ergebnisse im Kurs vor.

M 26 | Der Heizungsableser

Sie kommen mindestens einmal im Jahr in die Wohnung und messen, wie viel Energie man für die Heizung verbraucht: die Heizungsableser.

Muss ein Heizungsableser seine Schuhe ausziehen, wenn er die Wohnung von Muslimen betritt?

1 Der Fall

Eine türkische Familie lässt einen Heizungsableser nicht in ihre Wohnung, weil er die Schuhe nicht ausziehen will. Die Familie benutzt die Zimmer auch als Gebetsräume. Das islamische Recht sagt, dass man Gebetsräume nur in Socken betreten darf.

2 Die Reaktion der Wohnungsgesellschaft

Die Mietwohnung der Familie gehört der städtischen Wohnungsbau GmbH. Sie schickt der Familie nun eine Rechnung für die Heizkosten in Höhe von 250 Euro. Das ist viel zu viel, sagt die türkische Familie. Sie nimmt sich eine Anwältin und geht vor Gericht.

3 Der Streit vor dem Amtsgericht

Der Richter sagt, die Familie hat Recht. Sie darf in der eigenen Wohnung selbst bestimmen, ob jemand die Schuhe ausziehen muss oder nicht. Das Gericht sagt aber auch, dass der Heizungsableser seine Arbeit machen darf, wie er will. Das Gericht macht deshalb einen Vorschlag: Die Familie soll für den Heizungsableser Überschuhe aus Plastik kaufen.

4 Die Reaktion der Familie

Die Anwältin und die Familie finden diesen Vorschlag ungerecht und diskriminierend. Warum sollen muslimische Familien Schuhe für Heizungsableser kaufen? Die Heizungsableser sollen die Rechte der muslimischen Familien beachten.

5 Die Reaktion der Wohnungsgesellschaft

Die Wohnungsbau GmbH schickt wieder eine Rechnung. Die Rechnung ist niedriger als beim ersten Mal. Nun soll die Familie den Heizungsableser in die Wohnung lassen. Aber auch diese Rechnung bezahlt die Familie nicht.

6 Die Stadt schlägt einen Kompromiss vor

?

picture alliance / ZB

Vgl. Günther Gugel: Praxisbox Interkulturelles Lernen. Grundlagen, Ansätze, Materialien. Tübingen 2011, S. 72

picture alliance / Sueddeutsche Zeitung Photo

Argumente der Wohnungsgesellschaft

Argumente der Familie

AUFGABEN UND AKTIVITÄTEN

1. Beschreiben Sie die einzelnen Phasen des Konflikts (1–5).
2. Welche Argumente hat die türkische Familie vor Gericht?
   Welche Argumente hat die Wohnungsbau GmbH?
   Spielen Sie die Gerichtsverhandlung.
3. Wie könnte ein Kompromiss zwischen der Familie und der Wohnungsbau GmbH aussehen?

Hinweis:
Wie der Streit wirklich ausgegangen ist, können Sie in den Lösungen nachlesen.

M 27 | Religion und Integration

Am 11. September 2001 sind zwei Flugzeuge in die Türme des World Trade Centers in New York gestürzt. Die Attentäter waren islamistische Terroristen. Was in New York passiert ist, hat auch das Verhältnis von Muslimen und Christen in Deutschland beeinflusst.

Die deutsch-türkische Rap-Gruppe IzmirEgal hat einen Song dazu gemacht. Sie wollen Muslime und Christen damit zum Nachdenken bringen und zeigen, welche Vorurteile es auf beiden Seiten gibt. Hier ist ein Ausschnitt aus dem Text:

09/11

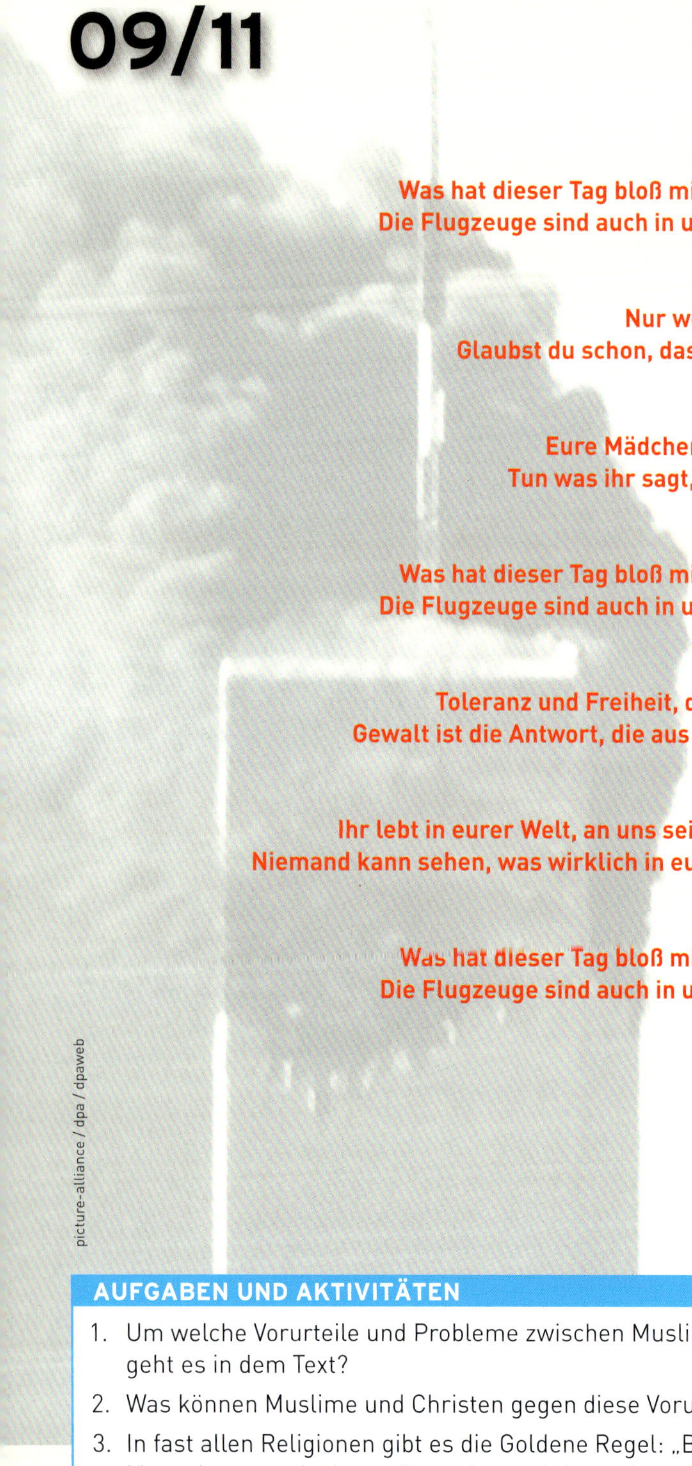

picture-alliance / dpa / dpaweb

Was hat dieser Tag bloß mit dir und mir gemacht?
Die Flugzeuge sind auch in unsere Häuser gekracht
Seit die Türme gefallen sind, fehlt dir jedes Vertrauen
Du kannst mir nicht mehr in die Augen schauen
Nur weil du kein Schwein isst
Glaubst du schon, dass du was Besseres bist
Hey, warum ist dein Gesicht so weiß?
Du hast Angst, nur weil ich Ahmet und nicht Luka heiß
Eure Mädchen müssen Burka tragen
Tun was ihr sagt, dürfen niemals fragen
Ihr lasst eure Christen-Frauen
Fast nackt von den Plakaten schauen
Was hat dieser Tag bloß mit dir und mir gemacht?
Die Flugzeuge sind auch in unsere Häuser gekracht
Seit die Türme gefallen sind, fehlt dir jedes Vertrauen
Du kannst mir nicht mehr in die Augen schauen
Toleranz und Freiheit, das kennt ihr doch nicht
Gewalt ist die Antwort, die aus eurem Glauben spricht
Soll ich dir sagen, wann deine Toleranz zu Ende geht?
Wenn die Schwester mit nem Türken vor der Türe steht
Ihr lebt in eurer Welt, an uns seid ihr nicht interessiert,
Niemand kann sehen, was wirklich in euren Moscheen passiert
Du trittst mit Schuhen auf den Teppich, auf dem ich bete
Du kennst keinen Glauben, für dich zählt nur Knete
Was hat dieser Tag bloß mit dir und mir gemacht?
Die Flugzeuge sind auch in unsere Häuser gekracht
Seit die Türme gefallen sind, fehlt dir jedes Vertrauen
Du kannst mir nicht mehr in die Augen schauen

AUFGABEN UND AKTIVITÄTEN

1. Um welche Vorurteile und Probleme zwischen Muslimen und Christen geht es in dem Text?
2. Was können Muslime und Christen gegen diese Vorurteile tun?
3. In fast allen Religionen gibt es die Goldene Regel: „Behandle andere Menschen so, wie du von ihnen behandelt werden willst." Was heißt das im Alltag für Sie?

Der Islam kommt in Deutschland an …

Dafür engagieren sich viele Muslime und Christen überall in Deutschland. Sie möchten, dass sich die Menschen beider Religionen näher kommen und verstehen lernen. Einige ihrer Aktivitäten zeigen Ihnen die Fotos auf dieser Seite.

Was tun die Menschen auf den Fotos dafür, dass der Islam in Deutschland ankommt? Welche Aktivitäten von Muslimen und Christen gibt es in Ihrer Stadt?

Muslime und Christen in Delmenhorst brechen gemeinsam das Fasten.

Beim Tag der offenen Moschee in Essen informieren sich Besucherinnen und Besucher.

Das Zentrum für Islamische Theologie in Tübingen bildet Imame aus.

Anstoß zum Dialog: Imame und Pfarrer aus Dortmund spielen Fußball.

Junge Islam-Konferenz in Berlin

Freundinnen mit unterschiedlichen Religionen in Berlin-Neukölln

Lösungen

Modul 1 - Politik in der Demokratie

S. 12-15, M1 Wo leben wir?
S. 13 Tabelle: siehe Karte auf S. 12. **S. 14 Kreuzworträtsel**, quer: DONAU, FRANKFURT, ZUGSPITZE, RHEIN, RUEGEN, DRESDEN; senkrecht: MUENCHEN, WOLFSBURG, BODENSEE, HAMBURG, BERLIN, ROSTOCK. **S. 15 Steckbrief Bundesrepublik Deutschland:** Staatsform – Republik; Einwohnerzahl – ca. 81 Millionen; Hauptstadt – Berlin; Zahl der Bundesländer – 16; Wappentier – Adler; Bundeskanzlerin – Angela Merkel; Bundespräsident – Joachim Gauck; Tag der Deutschen Einheit – 3. Oktober; Farben der Nationalflagge – Schwarz, Rot, Gold.

S. 16/17, M2 Was bedeutet Deutschland für mich? - Staatssymbole und Nationalstolz
Aufgabe 1: **Sandra** erkennt in Spanien, dass Deutschland *eine* Heimat für sie ist. Zu dieser Heimat gehören wichtige Menschen, die Sprache, postive Erinnerungen und Gefühle. **Peter** hält Deutschland für besser und schöner als andere Länder. Er hat Angst, dass Migranten dies verändern. **Bahar** liebt ihre Freiheit in Deutschland und verbindet starke Gefühle mit dem Herkunftsland ihrer Eltern. Max lebt gerne in Deutschland, will aber kein „typischer" Deutscher sein. Stolz ist er nur auf eigene Leistungen. **Aufgabe 2 und 3:** individuelle Antworten.

S. 18-23, M3 Eine Inselgeschichte - was gehört zu Demokratie?
S. 22 richtig/falsch: Die Aussagen 1, 2, 3, 5, 7 und 9 sind falsch. Die Aussagen 4, 6 und 8 sind richtig. **Aufgabe 1:** Es gibt Streit und Konflikte. Die Menschen müssen Angst um ihre Sicherheit und ihr Eigentum haben. **Aufgabe 2:** Die Menschen wissen nicht, was der Pilot vorhat. Sie haben nicht vereinbart, was „der Chef" darf und was nicht. Auch wie lange er „Chef" ist, wird vor der Wahl nicht festgelegt. Die Wahl ist nicht geheim. **Aufgabe 3** (mögliche Antworten): **Was ist ungerecht?** – Alle müssen tun, was der Pilot sagt. Keiner darf sagen, was er denkt. Die Menschen haben keine Rechte. Der Pilot entscheidet allein, was passiert. Kranke Menschen müssen betteln und haben nicht genug zu essen. Die Passagiere dürfen nicht mitbestimmen. Menschen werden zur Arbeit gezwungen. Der Pilot macht seine eigenen Regeln und muss sich nicht daran halten. **Was ist gerecht?** – Alle Menschen haben Rechte. Jeder darf tun, was er will, wenn er die Rechte von anderen Menschen beachtet. Jeder darf sagen, was er denkt. Das Volk hat die Macht. Wer nicht selbst für sich sorgen kann, bekommt Hilfe. Die Mehrheit bestimmt, wer regiert. Jeder darf seinen Beruf frei wählen. Alle müssen sich an die Gesetze und Regeln halten, auch die Politiker und der Staat. **Aufgabe 4:** linke Box – Diktatur; rechte Box – Demokratie. **S. 23, Aufgabe 1** (mögliche Antworten): **Wir entscheiden, wer uns regiert** – Krone/Lupe: Die Macht geht vom Volk aus. Das Volk kontrolliert die Regierung durch Wahlen. **Ich kann auswählen, welche Partei zu mir passt** – Schlüssel: Die Bürger/innen haben die Freiheit, zwischen unterschiedlichen Parteien zu wählen. **Wir streiten, wie man Probleme am besten löst** – Blitz/Schlüssel: Zur Demokratie gehören der Streit um den richtigen Weg und die Freiheit, eine andere Meinung zu haben. **Regeln gelten für alle: für Bürger und Staat** – Schild/Waage: Sicherheit und Gerechtigkeit kann es nur geben, wenn der Staat die Grundrechte der Bürger beachtet und schützt. **Regierung und Opposition** – Krone/Lupe/Blitz: Das Volk gibt der Regierung durch Wahlen die Macht ihre Politik durchzusetzen. Die Opposition hat die Aufgabe, diese Politik zu kontrollieren und sich mit der Regierung um den besten Weg zur Lösung von Problemen zu streiten. **Wir müssen nicht alle das Gleiche wollen** – Schlüssel/Blitz: Die Bürger/innen haben unterschiedliche Interessen. Es gibt einen Wettbewerb zwischen den Interessen unterschiedlicher Gruppen. **Ich kann mich für oder gegen etwas einsetzen** – Schlüssel/Waage/Blitz/Lupe/Krone: Demokratie wird lebendig, wenn sich die Bürger/innen einmischen. So können sie ihre Interessen einbringen und auf Entscheidungen Einfluss nehmen. **Ich muss mich informieren** – Kontrolle: Wer nicht informiert ist, kann sich keine Meinung bilden und keinen Einfluss auf Entscheidungen nehmen. **Die Mehrheit entscheidet** – Krone: Wer die Mehrheit hinter sich hat, kann seine Entscheidungen durchsetzen. **Ich kann sagen, was ich denke** – Schlüssel: Nur wenn es Meinungsfreiheit gibt, können sich die Bürger/innen einmischen. **Medien können frei berichten** – Lupe: Die Medien helfen die Politik zu kontrollieren. **Ich habe Rechte, die mir keiner nehmen kann** – Schild: Der Staat muss die Grundrechte der Bürger schützen. **Hilfe, wenn ich in Not bin** – Schild/Waage: Sozialleistungen bieten Sicherheit bei Krankheit oder Arbeitslosigkeit und sorgen für soziale Gerechtigkeit. **Es gibt unabhängige Richter** – Schild/Waage: Die Rechte der Bürger sind nur sicher, wenn Richter nicht durch Politiker beeinflusst werden dürfen. **Aufgabe 2:** individuelle Antworten. **Aufgabe 3:** freie Wahlen; Grundrechte; unterschiedliche Parteien; Opposition; Beteiligung der Bürger/innen; Mehrheitsentscheid; freie Medien; ...

S. 24/45, M4 Was ist ein Rechtsstaat?
S. 24 Zuordnung der Bilder: Satz 1 – Bild 1, 2, 3 und 4; Satz 2 – Bild 1; Satz 3 – Bild 2; Satz 4 – Bild 2; Satz 5 – Bild 4; Satz 6 – Bild 1; Satz 7 – Bild 3; Satz 8 – Bild 1, 2. **S. 25 Regeln auf der Insel:** Auf der Insel (M3) macht der Pilot die Regeln, er setzt sie durch und er entscheidet über Strafen. **Aufgabe 1:** In Deutschland beschließen der Bundestag, der Bundesrat und die Länderparlamente die Gesetze (Legislative). Die Bundesregierung und die Landesregierungen, die Polizei, Behörden und Ämter setzen sie durch (Exekutive). Die Gerichte sprechen Recht und entscheiden über Strafen (Judikative). **Aufgabe 2:** Ohne Gewaltenteilung entwickelt sich eine Situation wie auf der Insel. Der Staat setzt seine Macht gegen die Menschen ein. Die Grundrechte der Bürger/innen werden verletzt. **Aufgabe 3:** Garantierte Grundrechte; Gewaltenteilung (Legislative, Exekutive, Judikative); alle Staatsgewalten müssen sich an Gesetze halten; unabhängige Richter; vor dem Gesetz sind alle gleich; Bürger/innen haben ein Klagerecht; ...

S. 26/27, M5 Was tut der Sozialstaat für uns?
Aufgaben 1: **Bild/Text 1** – a) Mutter kann sich nach Schlaganfall nicht alleine versorgen; b) erhält Pflege und Therapie; c) Pflegeversicherung. **Bild/Text 2** – a) Mann ist arbeitslos; b) erhält Arbeitslosengeld; c) Arbeitslosenversicherung. **Bild/Text 3** – a) Familie ist arm; b) bekommt Arbeitslosengeld II (Hartz IV) und Mittel aus dem Bildungspaket; c) Leistungen aus dem Bildungspaket und ALG II werden beim Jobcenter beantragt. Sie werden über Steuern finanziert. **Bild/Text 4** – a) Mann kann nicht arbeiten; b) erhält Krankengeld (nach sechs Wochen); c) Krankenversicherung. **Bild/Text 5** – a) Zahnstellung muss korrigiert werden; b) Kind bekommt eine Zahnspange; c) Krankenkasse. **Bild/Text 6** – a) Mann ist Rentner; b) bekommt Rente; c) Rentenversicherung. **Aufgabe 3:** Sicherung des Existenzminimums (Arbeitslosengeld 2); Hilfen in Notsituationen und im Alter; Sozialversicherungen (Renten-, Kranken-, Arbeitslosen- und Pflegeversicherung); finanziert

durch Arbeitnehmer und Arbeitgeber (Beiträge ungefähr gleich hoch); weitere Sozialleistungen.

S. 28/29, M6 Was kostet der Sozialstaat?

S. 28, Aufgabe 1: 431,54 € . **Aufgabe 2:** Der Arbeitgeber bezahlt ungefähr gleich viel wie Isabel. Zusatzinfo: Durch einen etwas niedrigeren Beitrag zur Krankenversicherung sind es 299,54 €. **Aufgabe 3-5**: individuelle Antworten. **S. 29, Aufgabe 1:** Isabels Bekannter will keine Sozialabgaben bezahlen. **Aufgabe 2:** Baugewerbe, Handwerk, Dienstleistungen im Haushalt, Pflegetätigkeiten. **Aufgabe 3:** Schwarzarbeiter bezahlen keine Steuern und Sozialabgaben. Wer schwarzarbeiten lässt, entrichtet keine Beiträge zu den Sozialversicherungen. **Aufgabe 4:** siehe Infobox. **Schwierige Wörter:** 1 – f; 2 – c; 3 – e; 4 – d; 5 – b; 6 – a.

S. 30/31, M7 Warum machen (junge) Leute Schulden?

Aufgabe 1: Mobiltelefone und Kommunikation, Elektroartikel, Apps, Kleidung, Kosmetik, ... **Aufgabe 2:** Wunsch dabei zu sein; Gruppendruck; Image und Ansehen durch Markenprodukte; aggressive Werbung verführt zum Kauf; Kredite sind einfach zu bekommen; bargeldloses Zahlen: Gefühl für Geld geht verloren... **Aufgabe 3:** monatliche Ausgaben aufschreiben; festen Betrag für Extraausgaben festlegen; nicht sofort über den Kauf entscheiden; keine Geschäfte am Telefon machen; überlegen, ob man ein Produkt wirklich braucht; nicht mehr ausgeben als man verdient; keine Kredite für Konsumartikel aufnehmen; jeden Monat eine kleine Summe sparen (falls möglich);... **Aufgabe 4:** siehe Infobox.

S. 32/33, M8 Was ist ein Bundesstaat?

Stichworte für den Bundesstaat: Es gibt 16 Bundesländer; Bundesländer dürfen über manche Dinge selbst entscheiden (z.B. Schulpolitik); eigene Länderparlamente und Landesregierungen (Chef/in = Ministerpräsident/in); Bundesländer dürfen über Gesetze für den Bund mitentscheiden (Bundesrat); Bundesrat kontrolliert die Politik im Bund.

S. 34/35, M9 Auf einen Blick: Die Verfassungsprinzipien

S. 35 richtig/falsch: Die Aussagen 2, 5, 8, 12 und 15 sind richtig. Die Aussagen 1, 3, 4, 6, 7, 9, 10, 11, 13 und 14 sind falsch.

S. 36/37, M10 Wozu brauchen wir Grundrechte?

Aufgabe I (mögliche Antworten): Ohne Grundrechte werden Menschen klein: Sie dürfen nicht über sich selbst bestimmen und verlieren ihre Individualität. Bunte Persönlichkeiten werden zu einer grauen Masse. **Aufgabe 2**: individuelle Antworten. **Aufgabe 3:** Jeder Satz in der Grafik hängt mit der Menschenwürde zusammen. Die Menschenwürde geht verloren, wenn die Menschenrechte verletzt werden. **Aufgabe 4:** Ich darf nicht anders sein als andere – Bild 1, 3, 12. Ich darf nicht sagen, was ich denke – Bild 1, 3, 11. Ich darf nicht hingehen, wo ich will – Bild 3 und 5. Ich darf nicht glauben, was ich will – Bild 12. Ich darf nicht treffen, wen ich will – Bild 3. Ich darf nicht leben, wo ich will – Bild 5. Ich darf nicht sein, wer ich will – Bild 1, 2, 3, 4, 6, 8, 12.

S. 38/39, M11 Welche Grundrechte haben wir?

Zuordnung Bilder - Artikel im Grundgesetz: Bild 1 – Artikel 5; Bild 2 – Artikel 13; Bild 3 – Artikel 8; Bild 4 – Artikel 12; Bild 5 – Artikel 11; Bild 6 – Artikel 2; Bild 7 – Artikel 16a; Bild 8 – Artikel 3; Bild 9 – Artikel 7; Bild 10 – Artikel 6; Bild 11 – Artikel 10; Bild 12 – Artikel 4.

S. 40/41, M12 Artikel 2: Wie weit geht die Freiheit?

S. 40: individuelle Antworten. **S. 41: Bild 1**, **Bild 2**, **Bild 4** – Das Recht auf freie Entfaltung der Persönlichkeit verletzt oder bedroht die Gesundheit und das Leben anderer Menschen. **Bild 3** – Andere Menschen können sich durch das Recht auf freie Entfaltung der Persönlichkeit belästigt fühlen.
Zusatzinformationen: **Bild 1** – Kinder haben ein Recht auf eine gewaltfreie Erziehung. Körperliche Bestrafungen und seelische Verletzungen sind unzulässig (BGB § 1631, Abs. 2). **Bild 2** – Für Kampfhunde gilt eine Maulkorb- und Leinenpflicht. In vielen Bundesländern dürfen Kampfhunde nur mit Genehmigung gehalten werden. Die Zucht von Kampfhunden ist verboten. **Bild 3** – Nacktsein ist in Deutschland nicht ausdrücklich verboten und wird an Stränden und Seen häufig toleriert. Nacktheit an anderen öffentlichen Orten kann als Ordnungswidrigkeit geahndet und mit einer Geldbuße belegt werden. **Bild 4** – Passivrauchen im Auto oder in der Wohnung schädigt die Gesundheit von Kindern. Bisher gibt es für den privaten Bereich aber keine gesetzlichen Verbote. In Gaststätten gelten die Nichtraucherschutzgesetze der Bundesländer.

S. 42/43, M13 Artikel 3: Haben alle die gleichen Rechte?

S. 42: individuelle Antworten. **S. 43, Aufgabe 1:** Vorurteile gegenüber Jugendlichen mit Migrationshintergrund; Verallgemeinerungen von negativen Erfahrungen (schlechtere Sprachkenntnisse und kommunikative Fähigkeiten); Angst vor kulturellen Konflikten; Fähigkeiten werden nicht erkannt, weil Nebensächlichkeiten die Stärken von Bewerberinnen/Bewerbern überlagern;... **Aufgaben 2-4:** individuelle Antworten.

S. 44/45, M14 Artikel 5: Wie frei ist die Meinung?

Aufgabe 1: Freie Medien machen Unrecht sichtbar. Die Menschen können erkennen, dass sie mit ihrer Unzufriedenheit nicht alleine sind. Der Protest kann sich ausdrücken, eine Opposition formieren. Die Herrscher verlieren ihren Anspruch auf die Wahrheit... **Aufgabe 2:** Zu wenig Zivilcourage, eine Meinung gegen eine Gruppe oder gegen Vorgesetzte zu vertreten; Angst vor negativen Folgen; Menschen glauben, dass sie alleine nichts erreichen können;... **Aufgabe 3:** individuelle Antworten.

S. 46/47, M15 Aufgaben des Staates - Pflichten der Bürgerinnen und Bürger

Aufgabe 1: **Aufgaben des Staates** – Schutz der Umwelt und der Natur; Grundrechte sichern; Gerechtigkeit schaffen; Sozialleistungen finanzieren; sicheres Leben ermöglichen; Infrastruktur erhalten; für Chancengleichheit sorgen. **Pflichten der Bürger/innen** – Fürsorgepflicht für Eltern; Schulpflicht für Kinder und Jugendliche; Ausweispflicht; Steuerpflicht; Pflicht zur Gesetzestreue. **Aufgabe 2:** individuelle Antworten. **Aufgabe 3:** Die Bürger/innen zahlen Steuern, um die Aufgaben des Staates zu finanzieren. Der Staat kann nur für Sicherheit sorgen, wenn sich die Bürger/innen und die staatlichen Einrichtungen an die Gesetze halten. Gleiche Chancen gibt es nur, wenn die Eltern die Schulen unterstützen;... **Aufgabe 4:** individuelle Antworten.

S. 48/49, M16 Wie werden Ideen zu Politik?

Die Antworten sind vom Verlauf des Rollenspiels im jeweiligen Kurs abhängig.

Lösungen

S. 50-59, M17 Welche Aufgaben haben die Verfassungsorgane?
S. 51 Steckbrief Bundestag: Frage 1 – Legislative. Frage 2 – Berlin. Frage 3 – alle vier Jahre. Frage 4 – alle Deutschen ab 18 Jahre. Frage 5 – In den Bundestag kommen nur Parteien mit mehr als 5% der Zweitstimmen. Frage 6 – Fraktion = Abgeordnete einer Partei im Bundestag. Frage 7 – Gesetze beschließen; Bundeskanzler/in wählen; über die besten Lösungen für Probleme diskutieren; die Regierung kontrollieren. **S. 53 Steckbrief Bundesrat:** Frage 1 – Legislative. Frage 2 – Berlin. Frage 3 – vor allem über Schulpolitik. Frage 4 – Gesetze, die sie direkt betreffen. Frage 5 – bei Gesetzen des Bundes mitentscheiden; Interessen der Länder vertreten; Politik der Bundesregierung und des Bundestages kontrollieren. Frage 6 – Vertreter/innen der Länderregierungen. **S. 55 Steckbrief Bundesregierung:** Frage 1 – Exekutive. Frage 2 – Berlin (Bundeskanzleramt). Frage 3 – der Bundestag. Frage 4 – ein Regierungsbündnis von mehreren Parteien. Frage 5 – Bundeskanzler/in und Minister/innen. Frage 6 – Gesetze vorschlagen; Gesetze umsetzen; Richtung der Politik steuern. **S. 57 Steckbrief Bundespräsident:** Frage 1 – Berlin (Schloss Bellevue). Frage 2 – offizielles Staatsoberhaupt (aber relativ wenig Macht); Frage 3 – besucht und empfängt Staatschefs; repräsentiert Deutschland; Reden zu wichtigen Themen halten; ernennt und entlässt Kanzler/in und Minister/innen. Frage 4 – Bundesversammlung (alle Abgeordneten des Bundestages und Vertreter der 16 Länderparlamente). Frage 5 – für fünf Jahre. **S. 59 Steckbrief Bundesverfassungsgericht:** Frage 1 – Judikative. Frage 2 – Karlsruhe. Frage 3 – entscheidet, ob Grundrechte verletzt werden; prüft, ob Gesetze gegen das Grundgesetz verstoßen; verbietet Parteien, die sich gegen das Grundgesetz richten. Frage 4 – Bundestag und Bundesrat.

S. 60/61, M18 Die Verfassungsorgane: Testen Sie Ihr Wissen
S. 60 Pfeile im Schaubild: Pfeil 1 – ist Chef von; Pfeil 2 – ernennt; Pfeil 3 – wählt; Pfeil 4 – beschließt; Pfeil 5 – beschließt; Pfeil 6 – wählt; Pfeil 7 – kontrolliert; Pfeil 8 – wählt.

S. 62/63, M19 Welche Parteien sind im Parlament? Wofür setzen sie sich ein?
S. 62 Schaubild: Die Antworten zu den Fragen finden Sie als Grafik zum Download unter www.i-punkt-projekt.de.

S. 64/65, M20 Wie würden Sie entscheiden? Sollen Raucherinnen und Raucher mehr bezahlen?
Aufgabe 1: Die Fraktionskollegin und der Fraktionschef wollen, dass Lukas für das Gesetz stimmt. Die Chefin der Zigarettenfabrik und der Parteifreund wollen, dass er dagegen stimmt. **Aufgabe 2:** **Argumente der Fraktionskollegin** – Steuer schützt die Gesundheit; weniger Jugendliche werden Raucher; viele Menschen hören auf zu rauchen; Raucher schaden der Gemeinschaft und sollen deshalb mehr bezahlen. **Argumente des Fraktionschefs** – Die Wähler/innen wollen, dass die Regierung ihre Politik durchsetzen kann. Lukas stellt sich gegen die Wähler, wenn er gegen das Gesetz stimmt und schadet der Regierung und der Fraktion. Er isoliert sich in der Fraktion und verliert die Unterstützung seiner Kolleginnen und Kollegen. **Argumente der Chefin der Zigarettenfabrik** – Arbeitsplätze gehen verloren; die Fabrik wird ins Ausland verlegt. **Argumente des Parteifreundes** – Die Menschen, die Lukas gewählt haben, sind gegen das Gesetz. Das neue Gesetz vernichtet Arbeitsplätze. Es schadet der ganzen Stadt und der Partei in der Region. **Aufgabe 3:** individuelle Antworten.

S. 66/67, M21 Soll ich Deutsche/Deutscher werden?
Aufgabe 1: siehe Infobox S. 67. **Aufgabe 2-4:** individuelle Antworten.

S. 68/69, M22 Wer macht was in meiner Stadt? Behörden ABC
Aussage 1 – Landratsamt, Abteilung Soziales; Aussage 2 – Landratsamt, Zulassungsstelle; Aussage 3 – Stadtverwaltung, Bürgeramt; Aussage 4 – Stadtverwaltung, Bürgeramt; Aussage 5 – Agentur für Arbeit, Berufsinformationszentrum; Aussage 6 – Stadtverwaltung, Standesamt; Aussage 7 – Landratsamt, Abteilung Soziales; Aussage 8 – Landratsamt, Abteilung Ordnung; Aussage 9 – Stadtverwaltung, Abteilung Soziales; Aussage 10 – Landratsamt, Abteilung Gesundheit; Aussage 11 – Stadtverwaltung, Kindertagesbetreuung; Aussage 12 – Landratsamt, Abteilung Jugend und Soziales; Aussage 13 – Finanzamt; Aussage 14 – Stadtverwaltung, Bürgeramt; Aussage 15 – Landratsamt, Amt für Abfallwirtschaft; Aussage 16 – Stadtverwaltung, Bürgeramt.

S. 70/71, M23 Kann sich mitmachen lohnen?
Aufgabe 1: A – 4, B – 2, C – 6, D – 5, E – 1, F – 3. **Aufgabe 2:** Motive fürs Mitmachen: Bessere Freizeitangebote für Jugendliche; bessere Vertretung von Migrantinnen und Migranten im Gemeinderat; Zusammenarbeit zwischen Schule und Eltern verbessern; Freude an der Zusammenarbeit mit anderen; anderen Menschen helfen; Protest gegen Entscheidungen; Entscheidungen beeinflussen; Zusammenleben verbessern; Vorurteile durch Information und Begegnung reduzieren. **Aufgabe 3:** Mitmachen kann anstrengend sein; man braucht Zeit, Energie und Geduld. Wer mitmachen will, braucht (ein bisschen) Mut, Selbstvertrauen und oft auch gute Sprachkenntnisse. Manche Menschen machen nicht mit, weil sie denken, dass sie nichts bewirken können. Manche haben auch einfach kein Interesse oder sind zu bequem. Mitmachen wird leichter, wenn man „klein" beginnt (wo man schon Leute kennt und wo man sich wohl fühlt). **Aufgabe 4:** individuelle Antworten.

S. 72/73, M24 Wie kann man gemeinsam etwas verändern? – Probleme mit dem Schulbus
Aufgabe 1: individuelle Lösungen. **Aufgabe 2** (mögliche Ergebnisse): **Schritt 1 – Informationen beschaffen:** Wie viele Busse werden eingesetzt? Für wie viele Schüler/innen müssen diese Busse reichen? Wie viele Schüler/innen darf ein Bus mitnehmen? Wie funktioniert es an anderen Schulen oder in der Nachbargemeinde mit den Schulbussen? Vielleicht kann man davon etwas übernehmen. Mit anderen Eltern sprechen; Elternvertreter/innen der Klasse informieren; Brief oder E-Mail an andere Eltern schreiben; um Mithilfe bitten; Thema bei einem Elternabend ansprechen; Fotos von der Situation im Schulbus machen; nachfragen, wie Schulleitung über die Situation denkt. **Schritt 2 – wichtige Personen und Gruppen:** Schulleiter/in; Mitglieder des Gemeinderats; Lokalzeitung; Elternvertreter/innen, Elternbeirat der Schule ... **Schritt 3 – Argumente der Eltern:** Überfüllte Busse gefährden Sicherheit der Kinder; Eltern bezahlen dafür, dass Kinder jeden Tag mit dem Bus fahren können; Leistung wird nicht erbracht; lange Wartezeiten für Kinder, die nicht mitgenommen werden; Kinder kommen später nach Hause; Kinder sind in dieser Zeit ohne Aufsicht; Eltern machen sich Sorgen; Belastung der Eltern, die Kinder abholen müssen ... **Argumente des Busunternehmens**: Fahrer müssen Vorschriften beachten und dürfen nicht mehr Kinder mitnehmen; mehr

Busse kosten mehr Geld; keine genauen Informationen, wann mehr und wann weniger Busse gebraucht werden... **Schritt 4 – mögliche Lösungen:** Schulleitung informiert Busunternehmen besser (wann werden mehr, wann werden weniger Busse benötigt); Gemeinde trägt Kosten für einen zusätzlichen Bus nach der letzten Stunde; größere und kleinere Busse werden flexibel eingesetzt; Lehrer/innen beaufsichtigen das Einsteigen; Elterngruppe sammelt Rückmeldungen und bleibt in Kontakt mit der Schulleitung und dem Busunternehmen... **Aufgabe 3 und 4:** individuelle Antworten.

S. 74/75, M25 Wie kann man gemeinsam etwas verändern? – Ämter und Behörden

Aufgabe 1: individuelle Lösungen. **Aufgabe 2** (mögliche Ergebnisse): **Schritt 1 – Informationen beschaffen:** Genaue Informationen bei den Vereinen und Mitgliedern besorgen: Welche Vorurteile gibt es? Wie häufig sind negative Erfahrungen? Was genau wird als unhöflich empfunden? **Schritt 2 – wichtige Personen und Gruppen:** Bürgermeister/in, Leiter des Bürgeramtes, Internationaler Ausschuss oder Migrationsbeirat, der/die Integrationsbeauftragte, Lokalzeitung. **Schritt 3 – Argumente der Mitglieder:** Migranten und Migrantinnen verdienen mehr Respekt; Verhalten wird als Diskriminierung empfunden; erhöht die Angst vor Behördengängen; Verbesserung ist auch im Sinne der Mitarbeiter/innen; Migrantinnen/Migranten und Mitarbeiter/innen werden kompetenter im Umgang miteinander; Arbeit für die Mitarbeiter/innen wird leichter und angenehmer... **Schritt 4 – mögliche Lösungen:** Info-Abende zu Ämtern und Behörden bei Migrantenvereinen (mit Mitarbeiterinnen/Mitarbeitern der Verwaltung); mehrsprachige kleine Broschüre oder Merkblatt mit den zehn wichtigsten Tipps bei Behördengängen; „Begleit-Service" bei Sprachproblemen durch Vereine; bei Neueinstellungen: mehr Migrantinnen und Migranten als Mitarbeiter/innen; Fortbildungen für Mitarbeiter/innen der Behörden und Ämter (interkulturelle Kompetenz); Vereinfachung von Formularen... **Aufgabe 3 und 4:** individuelle Antworten.

S. 76/77, M26 Wie denken Eltern und Lehrer/innen über Zusammenarbeit?

Aufgabe 1: Elternabende – Bild 6; Mitarbeit in Schulmensa – Bild 3; Mitarbeit bei Sporttagen – Bild 5; Probleme gemeinsam lösen – Bild 2; Eltern-Lehrer-Gespräche, Sprechstunde – Bild 4; Eltern als Experten im Unterricht oder bei Ausflügen – Bild 7, Schulfeste – Bild 1; ohne Bilder: Info-Abende in Vereinen, Eltern-Café, Aufsicht im Schullandheim. **Aufgabe 2 und 3:** individuelle Antworten.

S. 78/79, M27 Warum ist der Elternabend wichtig?

Aufgabe 1: Punkt 1 – Bild 1; Punkt 2 – Bild 4; Punkt 3 – Bild 5; Punkt 4 – Bild 6; Punkt 5 – Bild 2; Punkt 6 – Bild 7; Punkt 7 – Bild 3. **Aufgabe 2:** Eltern erfahren, mit welchen Themen sich die Kinder in den verschiedenen Fächern beschäftigen und wie die Lehrer/innen ihre Noten machen. Möglichkeiten zum Mitdenken, Mitentscheiden und Mitmachen gibt es bei allen anderen Punkten auf der Einladung. **Aufgabe 3 und 4:** individuelle Antworten und Lösungen.

S. 80/81, M28 Was macht Wahlen demokratisch?

Die Wahlen auf den Bildern sind nicht allgemein (Zutritt zum Wahllokal nur für Quadrat-Menschen), nicht gleich (mehr Stimmen, höheres Stimmengewicht für Quadrat-Menschen), nicht geheim (Aufsicht, Kameras) und nicht frei (Druck auf Stimmabgabe durch getrennte Wahlurnen).

S. 82-85, M29 Wie wählen die Deutschen den Bundestag?

Aufgabe 1: Mit ihrer Zweitstimme entscheiden die Wähler/innen, wie viele Sitze die einzelnen Parteien im Bundestag bekommen. Die Zweitstimmen legen fest, welche Parteien die Mehrheit im Bundestag besitzen – und damit auch, wer Bundeskanzler/in wird und welche Politik gemacht wird. Die Erststimmen entscheiden „nur" darüber, welche Kandidaten/Kandidatinnen in den Wahlkreisen die Mehrheit bekommen und als Abgeordnete in den Bundestag einziehen. **Aufgabe 2:** CDU/CSU und SPD. **Aufgabe 3:** So müssen die Parteien immer wieder um die Wähler/innen konkurrieren und ihre Politik an den Interessen der Mehrheit orientieren. Die Bürger/innen können Regierung und Opposition austauschen und damit Einfluss auf die Richtung der Politik nehmen. **Aufgabe 6:** Hier wird kritisiert, dass sich die politischen Parteien nur alle vier Jahre um die Interessen der Menschen kümmern und nach den Wahlen Versprechungen zum Teil nicht eingehalten werden.

S. 86/87, M30 Wer rettet die Million?

Die Testfragen und Lösungen stehen in der Beilage zu „miteinander leben".

Modul 2 Geschichte und Verantwortung

S. 90/91, M1 Warum Hitler und die Nationalsozialisten an die Macht kommen

Aufgabe 1: NSDAP bedeutet Nationalsozialistische Deutsche Arbeiterpartei. Hitler kam 1933 an die Macht. Die Herrschaft der Nationalsozialisten dauerte bis 1945. **Aufgabe 2:** 1928 bekommt die NSDAP 2,6 % der Stimmen, 1933 sind es fast 44 %. Die demokratischen Parteien SPD, Zentrum und DVP verlieren Stimmen. 1928 bekommen sie zusammen rund 50 %, 1933 sind es nur noch ca. 30 %.

Aufgabe 3: 1. Die meisten Deutschen sind keine überzeugten Demokraten. Sie sind im Kaiserreich aufgewachsen und eher Untertanen als Bürgerinnen und Bürger. 2. Viele Menschen machen die demokratischen Parteien für den verlorenen Krieg und die schlechte wirtschaftliche Situation verantwortlich. 3. Die demokratischen Parteien schaffen es nicht, sich auf gemeinsame Lösungen für die Probleme zu einigen. 4. Während der Wirtschaftskrise gibt es Millionen Arbeitslose und für viele Menschen ist Hitler der „starke Mann", den sie sich wünschen. Sie vertrauen seinen Versprechungen und glauben, dass er ihre Lage verbessern kann. **Aufgabe 4** (mögliche Antworten): Demokratie braucht Demokraten. Die Menschen müssen lernen, wie wichtig Demokratie für Freiheit und Gerechtigkeit ist. Die Menschen müssen sich für die Demokratie einsetzen, wenn sie stabil sein soll. Parteien müssen sich in einer Demokratie über den richtigen Weg streiten. Sie müssen sich einig sein, wenn es gegen Extremisten geht, die die Demokratie abschaffen wollen. Die Bürger/innen sollten sich über Politik informieren und darüber nachdenken, ob Versprechungen realistisch sind. Demokratie funktioniert nur, wenn es mehrere Parteien gibt. Ein Führer, eine Partei bedeutet Diktatur.

Lösungen

S. 92/93, M2 Was sind die Ideen und Ziele der Nationalsozialisten?
Aufgabe 1: Rassismus – Bild 2; Führer – Bild 1; Gleichschaltung – Bild 3; Holocaust – Bild 4; Volksgemeinschaft – Bild 5; Krieg – Bild 6. **Aufgabe 2:** siehe Lösungen zu S. 94/95. **Aufgabe 3:** Die Menschen haben keine Grundrechte. Juden, Sinti und Roma, Homosexuelle, behinderte Menschen werden verfolgt und systematisch umgebracht. Auch Menschen mit einer anderen politischen Meinung werden durch die Nationalsozialisten verfolgt. Andere Parteien sind nicht erlaubt. Es gibt keine demokratischen Wahlen, keine freie Presse, die NSDAP bestimmt alle Bereiche des öffentlichen Lebens und wirkt bis in die Familien hinein. Zusatzinformation: Es gibt keine Gewaltenteilung mehr. 1934 entmachtet sich das Parlament selbst. Durch das „Ermächtigungsgesetz" geht die gesetzgebende Gewalt an die Regierung. Hitler kann nun neue Gesetze ohne den Reichstag beschließen.

S. 94/95, Arbeitsblatt Deutschland im Nationalsozialismus 1933-1945
Bild 1 Führer: Hitler trifft alle wichtigen Entscheidungen. Er befiehlt, alle anderen müssen gehorchen. **Bild 2 Rassismus:** Menschen werden in „gute" und „schlechte" Rassen eingeteilt. „Schlechte" Rassen werden verfolgt und umgebracht. **Bild 3 Gleichschaltung:** Die Nazis kontrollieren alles (Gewerkschaften, Zeitungen, Radiosender ...). Alle müssen sich nach ihren Ideen und Zielen richten. **Bild 4 Holocaust:** Die Nazis verfolgen Juden, Sinti und Roma und behinderte Menschen. Sie töten Millionen von Menschen in Konzentrationslagern. **Bild 5 Volksgemeinschaft:** Alle Deutschen sollen eine Gemeinschaft bilden. Minderheiten gehören nicht zur Gemeinschaft. Die Gemeinschaft ist wichtiger als der einzelne Mensch. **Bild 6 Krieg:** Deutschland beginnt den Zweiten Weltkrieg (Überfall auf Polen). Am 8. Mai 1945 ist der Krieg aus: Deutschland kapituliert. Die vier Siegermächte heißen: USA, Sowjetunion, Großbritannien, Frankreich. **Warum haben so viele Deutsche mitgemacht?** Mögliche Antworten: Weil sie von Hitler begeistert waren; weil sie Nazis waren; weil sie Karriere machen wollten; weil sie Angst hatten; weil sie gedacht haben, dass sie alleine nichts ändern können ... **Haben sich Menschen gegen die Nationalsozialisten gewehrt?** Mögliche Antworten: Ja, weil sie gegen Hitler und seine Ideen waren; weil ihnen die Menschenrechte so wichtig waren; weil sie gegen den Krieg waren; weil sie mutig waren; weil sie ein Vorbild für andere sein wollten ...

S. 96/97, M3 Was bedeuten die NS-Ideen für die Menschen?
Aufgabe 1: geht direkt aus den Texten hervor. **Aufgabe 2: Bild 1 Pogromnacht:** Synagogen, jüdische Friedhöfe und jüdische Geschäfte werden zerstört; der jüdische Nachbar wird verhaftet und ins Konzentrationslager gebracht. **Bild 2 Kriegsende, „Stunde Null":** Viele Deutsche unterstützen die Ideen der Nationalsozialisten als Mitläufer oder Täter. Manche machen Karriere, wie der Bürgermeister in der Erinnerung. Bei Kriegsende werden aus überzeugten Nazis plötzlich NS-Gegner. Noch viele Jahre belastet dies die Beziehungen von jungen Menschen zur älteren Generation. **Bild 3 Bombennacht:** Viele Menschen leiden noch Jahrzehnte später unter den schrecklichen Erlebnissen, die sie als Kinder im Krieg hatten. Dazu gehören Panik, innere Unruhe oder Schlafstörungen. **Bild 4 Erinnerung an den Holocaust:** Die Nationalsozialisten haben ungefähr 6 Millionen Juden in den Konzentrationslagern umgebracht. Diese Zahl und das Leid, das sich hinter ihr verbirgt, sind für niemanden wirklich fassbar. Zeitzeugen/Zeitzeuginnen geben diesem Leid ein Gesicht, ermöglichen Mitgefühl und fördern die Verantwortung jedes einzelnen für die Menschenwürde. **Bild 5 Vertreibung:** Unter nationalsozialistischer Herrschaft beginnt Deutschland den Zweiten Weltkrieg. Im Krieg sterben Millionen Zivilisten und Soldaten. Männer, die aus der Gefangenschaft kommen, sind oft traumatisiert und ohne Lebensmut. In Folge des Krieges verlieren viele Deutsche aus Gebieten östlich der Oder-Neiße-Linie ihren Besitz und ihre Heimat. **Aufgabe 3:** individuelle Antworten. **Aufgabe 4:** 30. Januar 1933 – Hitler wird Reichskanzler; 9. November1938 – Pogromnacht; 9. September 1939 – Beginn Zweiter Weltkrieg; 27. Januar 1945 – Befreiung von Auschwitz/Gedenktag an die NS-Opfer; 8. Mai 1945 – Kriegsende/Kapitulation.

S. 98/99 M4 Warum viele mitgemacht haben und andere Widerstand leisteten
Aufgabe 1, 2 und 3: siehe Lösungen zu S. 94/95. **Aufgabe 4:** Die Menschen auf dem Bild verlieren ihre Persönlichkeit; werden zu „Robotern"; sehen gleichgültig und unbeteiligt aus; interessieren sich nicht für andere Menschen ...

S. 100/101, M5 Welche Folgen hat der Nationalsozialismus?
Aufgabe 1: individuelle Antworten. **Aufgabe 2 und 3:** Millionen Tote durch Krieg und Verfolgung; Menschen verlieren ihre Heimat; Familien werden auseinandergerissen; Städte sind zerstört; die Menschen haben kaum genug zum Überleben; manche NS-Führer werden bestraft, andere Nazis rutschen durch das Netz; Deutschland verliert Gebiete und wird in Besatzungszonen aufgeteilt. Aus der sowjetischen Besatzungszone wird später die DDR und aus der amerikanischen, britischen und französischen Besatzungszone die Bundesrepublik. Damit liegt im Nationalsozialismus auch die Ursache für die deutsche Teilung. **Aufgabe 4:** Am Ende des Krieges mussten viele Menschen völlig neu beginnen, weil sie Familienangehörige, ihre Heimat, ihre Arbeit und ihren Besitz verloren hatten. Außerdem ist die Herrschaft der Nationalsozialisten beendet. Viele sehen den Begriff „Stunde Null" heute aber kritisch: Nicht alle Menschen sind in gleicher Weise betroffen und der Neubeginn verläuft sehr unterschiedlich. Auch die NS-Anhänger und ihre Ideen sind mit Ende des Krieges nicht plötzlich verschwunden. Die Auseinandersetzung mit dem Nationalsozialismus wirkt auch noch lange nach Kriegsende in die Familien, die Gesellschaft und Politik hinein.

S. 102/103, M6 Warum Mut auch heute gut tut
Aufgabe 1: Die Absender der Mails fühlen sich nicht betroffen; befürchten, dass ihre Kinder durch die Lehrerin benachteiligt werden könnten; haben Angst vor der persönlichen Auseinandersetzung; befürworten die (unzulässigen) Methoden der Lehrerin; wollen das persönliche Verhältnis zur Lehrerin nicht gefährden; glauben nicht, dass sie etwas ändern können. **Aufgabe 2:** individuelle Antworten. **Aufgabe 3:** Die Lehrerin verletzt geltendes Recht. Ihr Verhalten ist auch pädagogisch völlig unangemessen und für den Schüler demütigend. Sie verletzt das Vertrauen der Eltern als Basis für die Erziehungs- und Bildungspartnerschaft zwischen Schule und Elternhaus. Jans Eltern sollten sich mit anderen Eltern besprechen und anschließend den Schulleiter/die Schulleiterin informieren. Sie sollten darauf bestehen, dass der Sachverhalt geklärt wird. Wenn sich bestätigt, dass das Verhalten der Lehrerin häufiger aufgetreten ist, muss auch die Schulaufsichtsbehörde eingeschaltet werden. **Aufgabe 4:** individuelle Antworten.

S. 104-115, M7 Stationen in Bildern und Erinnerungen

Hinweis zu den Aufgabe 2–4 auf S. 105: Auf den Infokarten (S. 112–115) sind alle Information für den Test „Leben in Deutschland" rot gedruckt.

Juni 1948	Währungsreform (N) – D-Mark wird in westlichen Besatzungszonen eingeführt; es gibt wieder Waren in den Geschäften.
Juni 1948 – Mai 1949	Luftbrücke nach Berlin (IE) – Russen blockieren Wege nach Westberlin; Flugzeuge versorgen die Stadt mit Nahrung und Kohle; später: Kalter Krieg zwischen NATO (Bundesrepublik) und Warschauer Pakt (DDR); dazwischen „Eiserner Vorhang" als unüberwindbare Grenze.
23. Mai 1949	Gründung der Bundesrepublik Deutschland (WI) – Grundgesetz tritt in Kraft; Konrad Adenauer wird erster Bundeskanzler.
7. Oktober 1949	Gründung der Deutschen Demokratischen Republik (E) – sozialistische Diktatur; Macht liegt bei einer Partei (SED); Staatssicherheitsdienst (Stasi spioniert eigene Bürger aus); keine Reisefreiheit.
17. Juni 1953	Volksaufstand (DE) – Demonstrationen und Streiks gegen hohe Preise; Planwirtschaft in DDR funktioniert nicht.
50er Jahre	Wirtschaftswunder (R) – Wohlstand für viele Menschen; soziale Marktwirtschaft funktioniert.
ab 1955	Anwerbung von „Gastarbeitern" (DI) – die ersten „Gastarbeiter" kommen aus Italien; bald folgen Arbeiter aus weiteren Ländern (z. B. Griechenland, Spanien, Türkei).
1961–1989	Berliner Mauer (KT) – trennt den Westteil vom Ostteil; friedliche Revolution mit „Montagsdemonstrationen" gegen DDR-Regierung; Maueröffnung am 9. November 1989; demokratische Wende in der DDR.
ab 1970	Ostpolitik (AT) – Bundeskanzler Willy Brandt; Deutschland akzeptiert Ostgrenzen; Verzicht auf ehemalige Gebiete im Osten; Versuch Beziehungen zum „Osten" zu verbessern; Beitrag zur Aussöhnung; Kniefall als Bitte um Vergebung für deutsches Unrecht.
70er Jahre	Terrorismus (UR) – Rote Armee Fraktion verübt Anschläge und Gewalttaten in der Bundesrepublik; Terroristen ermorden Vertreter des Staates und der Wirtschaft.
3. Oktober 1990	Wiedervereinigung (!) – DDR tritt der Bundesrepublik bei; Helmut Kohl („Kanzler der Einheit") gewinnt erste gesamtdeutsche Wahl (ebenfalls 1990).

Chronologisch sortiert ergibt sich aus den Buchstaben auf den Karten der Satz **„Nie wieder Diktatur!"**.

S. 116/117, M8 Erinnerungsstücke

Aufgaben 1-3: Hans Fröhlich muss aus Deutschland fliehen, weil sein Leben durch die nationalsozialistische Verfolgung bedroht ist. Reisepass und Visum ermöglichen ihm das Überleben und den Weg in die Freiheit.
Nach dem Krieg müssen viele deutsche Familien ihre Heimat in Osteuropa verlassen. Familie Lange wird aus Schlesien vertrieben und muss ihren Besitz zurücklassen. Was bleibt, sind die wenigen Dinge, die sie auf dem Handwagen transportieren können. Ausgangspunkt der Vertreibung ist der von den Nationalsozialisten begonnene Krieg.
Familie Strelzyk flieht mit dem Heißluftballon vor der DDR-Diktatur in die Bundesrepublik. Die Teilung Deutschlands ist eine Folge des Zweiten Weltkrieges und der nationalsozialistischen Herrschaft zwischen 1933 und 1945.

S. 118/119, M9 Warum Blumen auf den Köpfen wachsen - oder auch nicht ...

Aufgabe 1: Die Blumen können als Symbol für das Positive, die Hoffnung oder das freie Denken verstanden werden. Die Blumen haben eine ansteckende und eine befreiende Wirkung. Sie lassen die Menschen ihre Ängste und die schlechte Laune vergessen, bringen sie zum Lachen und Reden. **Aufgabe 2:** Herr Moritz verliert die Blumen, als der Polizist auftaucht und seinen Ausweis verlangt. Angst und Unterordnung passen nicht zu den Haltungen und Gefühlen, für die die Blumen stehen: Freiheit, Mut, Individualität. Mit seinem Verhalten entzieht Herr Moritz den „Blumen" die Nahrung. Zuhause gehen ihm dann auch noch die Haare aus. Er wird „stromlinienförmig" und hebt sich nicht mehr von der Masse ab. **Aufgabe 3:** Menschen stehen oft unter dem Druck, ihre Meinungen und ihr Verhalten an die Erwartungen anderer anzupassen. Aus Angst vor Strafen oder negativen Konsequenzen verlässt viele der Mut, frei zu denken und diese Gedanken offen auszusprechen. Häufig reicht dazu schon das Gefühl „alleine zu stehen" und aufzufallen. Das Märchen kritisiert nicht nur die politischen Zustände, die für diesen Druck sorgen, sondern auch den Einzelnen, der sich den Erwartungen beugt. **Aufgabe 4:** siehe Lösungen S. 98/99.

S. 120/121, M10 Wie kommt es zur Wiedervereinigung?

Aufgabe 1: ergibt sich direkt aus den Texten. **Aufgabe 2:** individuelle Antworten. **Aufgabe 3:** „Wir sind das Volk": Forderung nach Beteiligung und Demokratie; SED-Herrschaft wird nicht mehr akzeptiert. „Wir sind ein Volk": Wunsch nach Vereinigung mit der Bundesrepublik. **Aufgabe 4:** Die fünf neuen Bundesländer heißen Mecklenburg-Vorpommern, Brandenburg, Sachsen, Sachsen-Anhalt und Thüringen.

S. 122/123, M11 Wie weit ist die deutsche Einheit?

Aufgabe 1: Der Briefschreiber ärgert sich darüber, dass manche Deutschen nicht richtig schätzen, was ihnen die Wiedervereinigung gebracht hat. Im Westen beschweren sich zum Teil auch gutverdienende Bürger/innen über die relativ geringe Solidaritätsabgabe, manche Ostdeutsche „vergessen", mit welchen Einschränkungen das Leben in der DDR verbunden war. Besonders regt sich der Briefschreiber über Vorurteile auf, die es immer noch auf beiden Seiten gibt. **Aufgabe 2:** Vorteile – Deutsche finden wieder in einem Staat zusammen; Ende der Trennung von Familien und Freunden; demokratische Staatsordnung und Grundrechte: Meinungsfreiheit, freie Wahl des Wohnortes, Reisefreiheit, Rechtsstaatlichkeit. Schwierigkeiten – immer noch gegenseitige Vorurteile; Lebensverhältnisse, Lebensstandard und Wirtschaftsleitung sind immer noch nicht gleich: unterschiedliches Lohnniveau, höhere Arbeitslosigkeit, geringeres Bruttoinlandsprodukt pro Kopf. Insgesamt verläuft die Annäherung langsam, aber stetig. **Aufgabe 3 und 4:** individuelle Antworten.

S. 124/125, M12 Wo begegnet uns die Europäische Union im Alltag?

Aufgabe 1: Wir bezahlen mit dem Euro; müssen bei Reisen in Länder des Euro-Raumes kein Geld mehr tauschen; können Preise besser vergleichen; es gibt eine große Produktvielfalt und mehr Auswahl; Anbieter aus anderen EU-Länder dürfen ihre Waren und Dienstleistungen bei uns anbieten; mehr Konkurrenz; niedrigere Preise; keine Personenkontrollen innerhalb der EU; fehlende Grenzkontrollen erleichtern Aktivitäten von Schmugglern und anderen Kriminellen; Konkurrenz (z. B. bei der Milchproduktion) setzt heimische Erzeuger und Anbieter unter Druck... **Aufgabe 2 und 3:** individuelle Antworten. **Aufgabe 4:** Deutschland hat neun Nachbarländer: Dänemark, Niederlande, Belgien, Luxemburg, Frankreich, Schweiz, Österreich, Tschechien, Polen. **Aufgabe 5:** Die EU besteht aus 28 Mitgliedsstaaten. Unterscheidungsmerkmale: Größe, Bevölkerungszahl, Bevölkerungsdichte, Wirtschaftskraft, Lebensstandard, Sprache, Geschichte, Mentalität, Regelorientierung, Feste, Traditionen, Klima, Essen, Verteilung von Religionen und Konfessionen... **Aufgabe 6:** Wie hoch die Wirtschaftsleistung eines Landes ist, hängt davon ab, welche Produkte produziert werden (z. B. Autos, Dienstleistungen oder landwirtschaftliche Güter), wie produziert wird (z. B. mit modernen Maschinen oder mit vielen Menschen), ob gut ausgebildete Arbeitskräfte zur Verfügung stehen, ob neue Produkte entwickelt werden... **Aufgabe 7:** Die EU besteht aus 28 Ländern mit unterschiedlichen Interessen. Länder mit viel Landwirtschaft sind z. B. dagegen, dass Subventionen (finanzielle Hilfen) für Bauern reduziert werden. Früher mussten bei vielen Themen alle Staaten einverstanden sein, heute reicht es oft, wenn eine Mehrheit für eine Entscheidung ist.

S. 126/127, M13 Wie hat sich die Europäische Union entwickelt?

Aufgabe 1: Wichtig war der Wunsch nach einem dauerhaften Frieden in Europa. Die Staaten haben zuerst im Bereich der Kohle- und Stahlindustrie zusammengearbeitet. Kohle und Stahl sind wichtig für die Produktion von Waffen. Durch Kontrolle und Zusammenarbeit sollte verhindert werden, dass Deutschland nach dem Zweiten Weltkrieg wieder eine militärische Bedrohung wird. Daneben waren es vor allem wirtschaftliche Vorteile, die sich die Mitgliedsländer versprachen. Mit den Römischen Verträgen und der Gründung der Europäischen Wirtschaftsgemeinschaft 1957 wurde die wirtschaftliche Zusammenarbeit zum Motor für die europäische Integration. **Aufgabe 2:** **Menschen** – leben in Frieden; keine Grenzkontrollen; eine Währung; EU-Bürger/innen können an Kommunalwahlen teilnehmen und den Arbeitsplatz und Wohnort innerhalb der EU frei wählen; größeres Warenangebot. **Wirtschaft** – Unternehmen können ihre Waren und Dienstleistungen überall in der EU anbieten; mehr Konkurrenz; Konkurrenz kann Arbeitsplätze gefährden. **Politik** – EU trifft viele wichtige Entscheidungen; EU-Parlament und Ministerrat beschließen Gesetze; EU-Kommission entspricht der Regierung; Zusammenarbeit bei der Außenpolitik und der Bekämpfung von Kriminalität; Hilfen der EU für ärmere Regionen. **Aufgabe 3:** individuelle Antworten. **Aufgabe 4** (mögliche Fragen): Wie wird man Staatsbürger? Wer darf zuwandern? Wie viel Geld wird für Verteidigung ausgegeben? Welche Bildungs- und Schulpolitik wird gemacht?

S. 128-133, M14 EU-Würfelspiel

Die richtigen Antworten sind auf den Fragekarten hervorgehoben.

S. 134/135, M 15 Was Paolo vom EU-Binnenmarkt hält

Freier Personenverkehr: Paolo lebt und arbeitet in Deutschland; Paolos Tochter studiert in Barcelona; Stefan macht Urlaub in Spanien (freies Wohnrecht; freier Aufenthalt; Gewerbefreiheit; freie Einreise). **Freier Warenverkehr:** Paolo kauft in Italien ein und bringt alles nach Deutschland mit; Stefan versorgt sich in Spanien mit Zigaretten. Hinweis: Die Mitgliedsstaaten können den Nachweis verlangen, dass Waren für den eigenen Gebrauch bestimmt sind, wenn folgende Richtmengen überschritten werden: 800 Zigaretten oder 400 Zigarillos oder 1 kg Tabak, 10 Liter Spirituosen oder 90 Liter Wein oder 110 Liter Bier oder 20 Liter Wermutwein. Bei Benzin oder Diesel gilt der Tankinhalt zuzüglich des Inhalts eines Reservekanisters als Obergrenze.

Freier Dienstleistungsverkehr: Paolo nimmt bei einer spanischen Bank einen Kredit auf und eröffnet ein Konto für seine Tochter. Stefan bekommt Konkurrenz von Malern aus Polen und Ungarn. Handwerker aus anderen EU-Staaten dürfen ihre Leistungen in Deutschland anbieten. **Freier Kapitalverkehr:** Paolo hat seiner Tochter eine Wohnung in Spanien gekauft. Mit der Liberalisierung des Kapitalverkehrs entfallen die Beschränkungen im Zahlungsverkehr und alle Mengenbegrenzungen bei der Ein- und Ausfuhr von Währungen. Devisenkontrollen gehören der Vergangenheit an, Kapital kann ungehindert fließen.

Modul 3 Mensch und Gesellschaft

S. 138-141, M1 Wie leben die Menschen in Deutschland zusammen?

S. 138/139, Aufgabe 1: Bild 1 – Patchwork-Familie; Bild 2 – Alleinerziehende/r; Bild 3 – Kern- oder Kleinfamilie; Bild 4 – unverheiratetes Paar; Bild 5 – Großfamilie; Bild 6 – Mehrgenerationenhaus; Bild 7 – Eingetragene Lebenspartnerschaft (Homo-Ehe).

Aufgabe 2: individuelle Antworten. **S. 140/141 (Gründe für Veränderungen, Auswirkungen):** **Trend 1 – mögliche Gründe:** Kinderwunsch wird häufig „nach hinten" verschoben und dann nicht mehr realisiert; Kinder bedeuten auch Verzicht (auf Wohlstand, Zeit, Flexibilität...); andere Lebensziele werden höher gewichtet; Kinderwunsch und Karriere sind noch immer schwer vereinbar... **Mögliche Folgen:** Kinder wachsen oft ohne Geschwister auf; Aufmerksamkeit der Eltern konzentriert sich auf ein Kind; Kinder müssen außerhalb der Familie lernen, Konflikte zu lösen, Dinge zu teilen... **Trend 2 – mögliche Gründe:** längere Abhängigkeit durch längere Ausbildungszeiten; andere Ziele und Bedürfnisse werden vorher verwirklicht... **Mögliche Folgen:** weniger Kinder bei später Elternschaft; siehe Folgen Trend 1. **Trend 3 – mögliche Gründe:** hohe Zahl von Trennungen; abnehmende religiöse Überzeugungen; höhere Erwartungen an Ehe und Partnerschaft... **Mögliche Folgen:** höheres Armutsrisiko; materielle Not; hohe Belastung für Alleinerziehende; Kinder wachsen oft ohne Vater auf; Loyalitätskonflikte bei Kindern; Angst vor dem Alleinsein im Alter... **Trend 4 – mögliche Gründe:** abnehmende religiöse Überzeugungen; viele Paare leben auf Probe zusammen, bevor sie heiraten; Ehe gilt vielen nicht mehr als Erfolgsmodell für eine gelingende Partnerschaft; erneute Ehe nach einer Scheidung kommt nicht für jede/n und häufig nicht sofort in Frage... **Mögliche Folgen:** Unverheiratete Paare haben weniger Kinder... **Trend 5 – mögliche Gründe:** höhere Quote von Studierenden; lange Ausbildungsphasen; materielle Entlastung von Eltern und Kindern; Bequemlichkeit auf Seiten der Kinder; Verständnis als „Service-Leister" bei Eltern... **Mögliche Folgen:** längere Abhängigkeit von Eltern; weniger Selbstständigkeit und Eigenverantwortung der Kinder... **Trend 6 – mögliche Gründe:** Beide Partner wollen oder müssen arbeiten; kürzere Babypause bei Frauen... **Mögliche Folgen:** Kinder erleben früh die Gemeinschaft anderer Kinder und profitieren davon (Sprache, soziale Kompetenzen...); Kinder haben mehr Bezugspersonen... **Trend 7 – mögliche Gründe:** hohe Zahl von Trennungen (siehe Trend 3). **Mögliche Folgen:** Kinder müssen sich an neue Bezugsperson gewöhnen; Regeln müssen neu ausgehandelt werden; Konflikte über Erziehung; andererseits: Kinder müssen nicht mehr unter der zerrütteten Partnerschaft leiden; Neustart wird möglich; Alleinsein hat ein Ende... **Trend 8** – In Deutschland leben über 16 Millionen Menschen mit Migrationshintergrund; andere Herkunft ist für viele kein Ausschlussgrund mehr für eine Heirat... **Mögliche Folgen:** Bereicherung für Eltern und Kinder (Kultur, Sprache,...); mögliches Konfliktpotential für Partnerschaft... **Trend 9** – spätere Bindung an eine Partnerin/einen Partner; hohe Zahl von Trennungen; höhere Lebenserwartung; nur ein kleiner Teil der älteren Menschen lebt bei den Kindern... **Mögliche Folgen:** Verfestigung von Gewohnheiten (bei jüngeren Singles); ohne Integration in Gruppen, Vereine etc. droht Vereinsamung...

S. 142/143, M2 Wer soll was machen? Rollenverteilung in der Familie

Aufgabe 1-5: individuelle Antworten.

S. 144/145, M3 Wie will ich leben, wenn ich alt bin?

Aufgabe 1: individuelle Antworten. **Aufgabe 2:** Hasans Vater hatte einen Schlaganfall und braucht intensive Betreuung und Pflege. Seine Mutter kann dies nicht mehr alleine leisten. Hasans Vater soll in einem multikulturellen Pflegeheim versorgt werden, die Mutter wollen die beiden vorerst bei sich aufnehmen. **Aufgabe 2 und 3:** individuelle Lösungen.

S. 146/147, M4 Medien begegnen uns überall

Aufgabe 1: Zeitungen, Zeitschriften, Bücher, Telefon/Handy, Fernsehen und Computer. Mögliche Nutzung: sich informieren; lernen und sich bilden (für Schule und Beruf); sich unterhalten und entspannen; Kontakt zu anderen Menschen haben.
Aufgabe 2-5: individuelle Antworten.

S. 148/149, M5 Das Fernseh-Programm: Die Qual der Wahl

Aufgabe 1: **Informieren und lernen:** z.B. Spiegel TV, Morgenmagazin, heute, Wetterschau, Tagesschau, Wildes Japan, FAKT, Tagesthemen, WISO. **Unterhaltung und Entspannung:** z.B. Britt, Zwei bei Kallwass, Anna und die Liebe, Rote Rosen, Seehund Puma & Co, Verbotene Liebe, Lüg weiter Liebling, Wer wird Millionär? **Action und Spannung:** z.B. Großstadtrevier, Immer Ärger mit Harry, SOKO 5113, Vermisst, Niedrig und Kuhnt, Der letzte Bulle. **Aufgabe 2:** individuelle Antworten. **Aufgabe 3:** mögliche Zeichen, dass ein Kind sich nicht wohlfühlt: nicht hinschauen können; die Hände vor die Augen halten; Fingernägel kauen; angespannte Körperhaltung; ängstlicher Gesichtsausdruck. **Aufgabe 4:** FSK heißt „**F**reiwillige **S**elbst**k**ontrolle der Filmwirtschaft". Die FSK-Kennzeichnung muss auf allen Filmen, DVDs und Computerspielen angebracht sein. Kinder sind unterschiedlich weit entwickelt: Ein Film kann zu spannend sein oder zu viel Gewalt für ein 13-jähriges Kind enthalten, auch wenn er ab 12 Jahre freigegeben ist. **Aufgabe 5:** Nein. Im Fernsehen sind Sendungen zwischen 22.00 und 23.00 Uhr ab 16 Jahre freigegeben. Der Film endet aber erst um 0.15 Uhr. Um diese Zeit sollen auch Jugendliche in diesem Alter nicht mehr vor dem Fernseher sitzen, um ausgeruht in die Schule gehen zu können. Offensichtlich ist der Film sehr spannend und gewaltvoll, was zusätzlich den Schlaf stören kann.

S. 150/151, M6 Computer und Freizeit

Aufgaben 1 und 2: individuelle Antworten. **Aufgabe 3:** Die Eltern bekommen nicht mit, was ihr Kind am Computer tut. Jugendliche haben einen größeren Medienkonsum, wenn sie einen Computer (oder Fernseher) im eigenen Zimmer haben. Sie sehen häufiger Filme oder spielen Spiele, die nicht für ihr Alter geeignet sind. Jugendliche treffen sich vielleicht nicht mehr mit Freunden, ziehen sich zurück und machen wenig Sport. Sie machen ihre Hausaufgaben nicht gründlich und werden in der Schule schlechter. **Aufgabe 4a)** **Luca:** Spielt WoW („World of Warcraft", deutsch: „Welt der Kriegskunst"). Er kann in dieser Fantasiewelt eine neue Persönlichkeit annehmen. Er fühlt sich mächtig in der Spielwelt. Alle seine Freunde spielen WoW. Mit ihnen bildet er eine Gemeinschaft, in der man gemeinsam Aufgaben löst. Man kann die anderen nicht alleine lassen und muss weiterspielen. Er ist überzeugt, dabei viel zu lernen: Konzentration, viele Dinge schnell und gleichzeitig machen. Er glaubt seinen Eltern nicht, dass er süchtig werden kann. **Nina:** Findet es wichtig, im Internet präsent zu sein, z.B. bei Facebook. So kann sie mit ihren Freundinnen/Freunden in Kontakt bleiben. Auf manchen Internetseiten kann sie anonym bleiben und mit anderen diskutieren, die gleiche Probleme haben. **Serkan:** Er kann Sendungen oder Kinofilme zu jeder Zeit bei YouTube oder auf anderen Seiten im Internet sehen. Er muss keine Filme ausleihen oder kaufen. **Kevin:** Er spielt gerne Kampfspiele, bei denen es darum geht, möglichst viele Gegner zu töten. Für ihn ist es der Kick, also etwas besonders Spannendes mit Nervenkitzel. Er kann sich so abreagieren, wenn er Wut hat. Dazu muss er geschickt sein, etwas von Taktik und Strategie verstehen und auch viel üben. Er glaubt nicht, dass er dadurch im Alltag eher bereit ist Gewalt anzuwenden. **Aufgabe 4b):** Keine Lust mehr auf Schule oder Sport haben; keine Hobbys mehr haben; nur vor dem Computer sitzen; nicht mehr auf die Eltern hören; nicht zum Essen kommen; keine echten Freunde, sondern nur im Internet; die Fähigkeit, Deutsch zu schreiben und zu lesen verschlechtert sich; Schüler wollen nicht mehr lesen; kommen unausgeschlafen in die Schule, besonders am Montag.

S. 152/153, M7 Lernen - ein Leben lang

Was verändert sich im Leben der Menschen auf den Bildern? Was lernen sie? Sie wechseln den Beruf, leben in einer neuen Umgebung oder beginnen einen neuen Lebensabschnitt. Sie lernen mit neuen Regeln, größerer Verantwortung, neuer Technik und anders mit Zeit umzugehen. Sie lernen andere Menschen, Sprachen und Kulturen kennen und können ihr Leben selbstständiger gestalten.

Lösungen

S. 154/155, M8 Bildungs-Hits
Aufgabe 1 und 2: individuelle Antworten. **Aufgabe 3a)** (mögliche Lösungen): Deutsch; Herkunftssprache; Geduld/Disziplin; Selbstständigkeit; Höflichkeit. **Aufgabe 3b):** für alle Schulfächer; um Freunde zu finden; gut mit anderen zusammenarbeiten; Höflichkeit ... **Aufgabe 3c)** Polizistin: Selbstbewusstsein; Deutsch; Herkunftssprache; gut mit anderen zusammenarbeiten; Geduld ...; Mechaniker: Werken; Geduld/Disziplin; Mathematik; mit Computern umgehen; Physik/Chemie.

S. 156/157, M9 Warum es wichtig ist, was Eltern über die Schule denken
Aufgabe 1: **positives Verhältnis** – Y. Salkim-Döbler, C. Benuti, B. Schröder; **negatives Verhältnis** – R. Pfeifer: J. Zemendis. **Aufgabe 2:** individuelle Lösungen. **Aufgabe 3:** Für Kinder ist wichtig, wie ihre Eltern über Schule denken. Sie übernehmen positive Einstellungen und Meinungen, aber auch Vorurteile und negative Bilder von Schule und Lehrerinnen/Lehrern. Wer nur negativ über diese Themen redet, nimmt Kindern das Vertrauen zu Lehrerinnen/Lehrern und die Lust zu lernen. Das heißt nicht, dass man immer alles gut finden muss, was Lehrerinnen/Lehrer machen oder was in der Schule passiert. Man sollte sich dann aber nicht nur ärgern, sondern auch darüber nachdenken, wie man solche Dinge verbessern kann. **Aufgabe 4** (mögliche Antworten): Eltern werden weniger beteiligt; Eltern müssen sich weniger einbringen; Hausaufgabenbetreuung wird durch die Schule übernommen; weniger Unterstützung durch Eltern ist erforderlich ...

S. 158/159, M10 Ein ganz normaler Tag für Max
Aufgabe 1: Frühstück, Mittagessen, Abendessen, Skateboard fahren, Aktivitäten am Abend (Fernsehen und Computer spielen). **Aufgabe 2:** zur Schule gehen, Fußball-Training. **Aufgabe 3** (mögliche Änderungen): früher aufstehen; Schulranzen am Abend packen; nicht ohne Frühstück aus dem Haus gehen; früher loslaufen, damit er pünktlich ist (Vesper und Trinkflasche nicht vergessen!); nach dem Mittagessen kurze Pause machen; danach mit Hausaufgaben beginnen; weniger Zeit vor dem Fernseher und dem Computer verbringen; gemeinsame Spiele und Aktivitäten mit den Eltern wären besser; früher ins Bett gehen (in der 3. Klasse ist 20.30 Uhr angemessen). **Aufgabe 4:** Max beginnt zu spät mit den Hausaufgaben; hat nicht aufgeschrieben, was er tun soll; wird durch seinen Bruder abgelenkt; Mutter setzt ihn unter Zeitdruck; muss seine Arbeit unterbrechen; Vater schwächt sein Selbstbewusstsein; nicht Max, sondern der Vater macht die Hausaufgaben; Englisch wird abgeschrieben; niemand fragt, ob Max noch andere Aufgaben machen muss; er packt seinen Ranzen nicht; vergisst sein Heft. **Aufgabe 5 und 6:** individuelle Antworten.

S. 160/161, M11 Wie Kinder besser Deutsch lernen
Tipps und Sätze: 1k; 2h; 3f; 4l; 5a; 6j; 7d; 8i; 9e; 10c; 11g; 12b. **Aufgabe 1:** individuelle Antworten. **Aufgabe 2:** Man kann sich in beiden Sprachen gut verständigen, Unterhaltungen führen und Briefe schreiben. Das hilft private Kontakte und Freundschaften aufzubauen und verbessert die Chancen und Möglichkeiten im Beruf. Mehrere Sprachen sprechen macht Menschen „reicher" – nicht nur materiell.

S. 162/163, M12 Traumeltern und Traumkinder
Aufgabe 1, Bild S. 162 (mögliche Antworten): Die Mutter ist in der Rolle einer Dienerin: Sie ist bereit, *alles* für ihr Kind zu tun. Ihr Sohn hat nur Rechte und keine Pflichten. Ergebnis: Er wird unselbstständig, Ich-bezogen (egoistisch), erkennt keine Grenzen und betrachtet seine Eltern von oben herab. **Bild S. 163:** Die Eltern lenken ihre Tochter und bestimmen ihr Verhalten. Sie hat keine Freiheit, eigene Entscheidungen zu treffen und kann ihre Persönlichkeit nicht entfalten. Mögliche Folgen: Sie passt sich an, entwickelt keinen Mut zu eigenen Entscheidungen und wird unselbstständig. Möglich ist aber auch, dass sie die „Schnüre" durchschneidet und sich von ihren Eltern abwendet. **Aufgabe 2:** Perfekte Eltern gibt es nicht. Einige Fragen sollten sich Eltern von Zeit zu Zeit aber stellen: Lasse ich meinem Kind genug Freiraum, um eigene Erfahrungen zu machen? Zeige ich meinem Kind, dass ich es schätze und lieb habe? Weiß ich, ob es meinem Kind gut geht? Wie verbringen wir unsere gemeinsame Zeit in der Familie? **Aufgabe 3:** individuelle Antworten. **Aufgabe 4:** individuelle Antworten. Wichtige Punkte stehen in den Lösungen zu Aufgabe 2.

S. 164/165, M13 Kinder fördern - aber wie?
Selbstbewusstsein aufbauen – Aufgabe 1: Maikes Vater zeigt, dass er keine Lust hat, sich mit ihr zu beschäftigen. Er lobt sie nicht, obwohl es gute Gründe dafür gibt. Sie hat sich überlegt, wie sie ihrer Mutter eine Freude machen kann. Sie hat sich viel Mühe mit der Karte gegeben. Seine Kritik verletzt Maike, macht sie klein und reduziert ihr Selbstbewusstsein. **Aufgabe 2:** individuelle Antworten. **Aufgabe 3** (mögliche Antworten): Kinder müssen lernen, mit Kritik umzugehen. Das sollten Eltern aber beachten: Nicht immer und nicht zu viel kritisieren; es muss nicht alles perfekt sein; nicht zu viel erwarten; Lob und (konstruktive) Kritik verbinden; bei der Kritik bedenken, wie sehr sich ein Kind angestrengt hat; Kritik darf nicht verletzen; keine Kritik, die Kinder in Schubladen steckt („du hast zwei linke Hände"); Kritik soll die Freude am Arbeiten nicht nehmen. **Aufgabe 4:** Dinge selbst ausprobieren lassen; Kinder auch Fehler machen lassen; Kindern Aufgaben und Verantwortung geben; Kinder ernst nehmen; Kinder nach ihrer Meinung fragen; Kinder „kleine Probleme" selbst lösen lassen ...
Interesse haben, neugierig sein – Aufgabe 1: Manuels Vater erklärt geduldig und auf einfache Art und Weise, was vor sich geht. Er nimmt Manuel ernst und ermuntert ihn, Fragen zu stellen. Bei dem Gespräch lernt Manuel neue Zusammenhänge kennen und verstehen. Er denkt über unterschiedliche Argumente nach und bildet sich eine Meinung. **Aufgabe 2:** Solche Antworten geben Kindern das Gefühl, meine Eltern nehmen mich nicht ernst; meine Fragen (und ich) sind nicht wichtig für sie. „Warum-Fragen" sind wichtig für Kinder. Sie wollen etwas besser verstehen. Wenn sie keine Antworten bekommen, verlieren sie das Interesse und hören auf, Fragen zu stellen. **Aufgabe 3:** Nicht immer kann man gleich so tolle Antworten geben wie Manuels Vater. Manchmal kann es sogar spannender sein, mit dem Kind gemeinsam eine Antwort in Büchern oder im Internet zu suchen. Vielleicht gibt es ja auch Experten in der Familie (Opa, Oma ...). Natürlich ist es auch in Ordnung, Fragen in der Herkunftssprache zu beantworten. **Aufgabe 4** (mögliche Antworten): bei Spaziergängen die Augen offen halten; Freizeit sinnvoll gestalten; über eigene Interessen, Erlebnisse und Erfahrungen mit dem Kind reden; sinnvoll mit Medien umgehen; über (Bilder-)Bücher sprechen; geeignetes Spielzeug wählen (man muss ja nicht alles neu kaufen).
Verantwortung übernehmen – Aufgabe 1: Die Mutter kauft den Vogel nicht sofort. So kann sie prüfen, wie stark der Wunsch ist. Die Brüder müssen herausfinden, wie man sich um einen Wellensittich kümmert. Den beiden soll klar sein, was ihre Auf-

gaben und Pflichten sind. Damit sind auch die Regeln klar, an die sich die Jungen halten müssen. So lernen sie, Verantwortung für das Tier zu übernehmen. **Aufgabe 2:** Wellensittich füttern und Käfig säubern; Plan aufstellen, wer an welchem Tag zuständig ist; dafür sorgen, dass das Tier während des Urlaubs versorgt wird. **Aufgabe 3** (mögliche Antworten): bestimmte Dinge im Haushalt übernehmen; kleine Erledigungen und Einkäufe machen; Zimmer selbst aufräumen; Kinder lernen auch in Sport- und Musikvereinen oder in Jugendgruppen Verantwortung zu übernehmen. Achtung: Die Verantwortung muss zum Alter passen. Ältere Geschwister sind kein Ersatz für Eltern. **Aufgabe 4:** individuelle Antworten.
Selbstständig werden – Aufgabe 1: Nadjas Mutter übernimmt die gleiche Rolle wie die Mutter auf dem Bild S. 162. Sie sagt alles zehnmal, ist nicht konsequent, nimmt ihrer Tochter alles ab. Die Folge: Die Tochter hört nicht zu, nimmt die Mutter nicht ernst und betrachtet sie als Dienerin. **Aufgabe 2 und 3:** individuelle Antworten. **Aufgabe 4** (mögliche Antworten): siehe Lösungen zu Aufgabe 3 bei **Verantwortung übernehmen.**

S. 166/167, M14 Kinder brauchen Regeln

S. 166, Aufgabe 1: individuelle Antworten. **Aufgabe 2: Alias Eltern** haben keine Regeln bei Tisch aufgestellt. Sie erlauben ihrer Tochter normalerweise alles. Deshalb weiß Alia nicht, was sie falsch gemacht hat und wie sie sich verhalten soll. Für Kinder muss klar sein, welche Regeln gelten. **Eren** hält sich nicht an die vereinbarte Regel. Seine Mutter ärgert sich darüber, aber reagiert zu spät und nicht konsequent. Tipp: Packen Sie Spielsachen, die nicht aufgeräumt werden, in eine Kiste. Die Spielsachen gibt es erst nach einiger Zeit wieder. Oft hilft das. **Leos Vater** reagiert aggressiv und erklärt nicht, warum Leo um 22 Uhr zu Hause sein soll und keinen Alkohol trinken darf. Leo ist in der Pubertät. Sätze wie „du machst, was ich will" bewirken eher das Gegenteil.
S. 167, Aufgabe 1: gute Beispiele: C, I, K, L M, P; schlechte Beispiele: A, B, D, E, F, G, H, J, N, O. **Aufgabe 2:** A verstößt gegen Tipp 1; B verstößt gegen Tipp 3; D verstößt gegen Tipp 5; E verstößt gegen Tipp 6; F und G verstoßen gegen Tipp 4; H verstößt gegen Tipp 8; J verstößt gegen Tipp 4; N verstößt gegen Tipp 7, O verstößt gegen Tipp 2.

S. 168/169, M15 Wege durch das Schulsystem

Aufgabe 1: Claudio – Kindergarten, Grundschule, Hauptschule, Berufsausbildung; **Annika** – Kindergarten, Grundschule, Hauptschule, Berufsausbildung; **Erkan** – Kindergarten, Grundschule, Sonderschule, Berufsvorbereitungsjahr, Hauptschulabschluss, Berufsausbildung; **Ilir** – Grundschule, Gesamtschule, Abitur, Studium; **Maren** – Kindergarten, Grundschule, Realschule, Berufsausbildung. **Aufgabe 2:** Eltern fördern Talente und stärken das Selbstbewusstsein; Kinder kommen früh in den Kindergarten und haben Kontakte zu deutschen Kindern; Kinder beherrschen Deutsch und die Herkunftssprache; Eltern stehen hinter ihren Kindern und interessieren sich für die Schule; Kinder und Jugendliche wissen, warum sie lernen und haben Freude daran; Kinder lernen Geduld und Disziplin… **Aufgabe 3:** individuelle Antworten.

S. 170/171, M16 Bildungsbausteine

Aufgabe 1: a – falsch; b – richtig; c – falsch; d – falsch; e – richtig; f – richtig. **Aufgabe 2:** individuelle Lösungen. **Aufgabe 3:** Kinder lernen, wie man mit anderen Kindern auskommt; wie man Konflikte löst; sich an Regeln zu halten. Sie bewegen sich viel, malen, basteln und sind kreativ. Sie entwickeln sich sprachlich weiter und werden auf die Grundschule vorbereitet. **Aufgabe 4 Karikatur links** (mögliche Antworten): Eine qualifizierte Ausbildung ist anstrengender und dauert länger, bringt aber später bessere Chancen im Beruf und einen höheren Verdienst. Wer keine Ausbildung macht, hat weniger Chancen auf eine Arbeitsstelle und wird schneller arbeitslos. **Karikatur rechts:** Menschen werden nur daran bemessen, welche Noten oder welchen Schulabschluss sie haben. Was Menschen können, lässt sich aber nicht alleine an den Noten ablesen.

S. 172/173, M17 Welche Schule passt zu meinem Kind?

Aufgabe 1: individuelle Antworten. **Aufgabe 2:** Kind repariert sein Fahrrad, bastelt gerne (Bastler); führt Aufträge genau aus, vergisst seine Aufgaben nicht (Lupe); kann eine Party gut organisieren (Spielmacher); spielt gerne Fußball/Basketball (Teamspieler)… Förderung durch Eltern: siehe Lösungen zu S. 164/165. **Aufgabe 3:** Unterschiede – „Kommt gut mit der Klassenlehrerin aus"; „Notendurchschnitt in Deutsch"; „Macht Hausaufgaben regelmäßig". **Aufgabe 4:** Lukas findet, dass Frau Berger ihn nicht mag, dass sie ihn ungerecht behandelt und zu wenig beachtet. Deshalb ist Lukas manchmal frech und schreit Antworten heraus. Frau Berger kann Lukas häufiger aufrufen und ihn für gute Beiträge loben. Für Grundschüler/innen ist ein gutes Verhältnis zu Lehrerinnen und Lehrern besonders wichtig. Es wirkt sich auf das Verhalten, die Mitarbeit und die Leistungen aus. Die Eltern können dafür sorgen, dass Lukas seine Hausaufgaben regelmäßig und ordentlich macht. Sie können mit ihm besser auf Diktate üben (Lernwörter). Sie sollten ihn früher ins Bett bringen. **Aufgabe 5** (mögliche Antworten): Lukas ist neugierig, kreativ und versteht neue Dinge sehr schnell. Er will Zusammenhänge erkennen und ist mathematisch begabt. Wenn ihn seine Eltern unterstützen (siehe Aufgabe 4), kann Lukas das Gymnasium besuchen.

S. 174/175, M18 Schule und Migrantinnen/Migranten

Aufgabe 1: a) – falsch, b) – richtig, c) – richtig. **Aufgabe 2** (mögliche Folgen): Die Suche nach einem Ausbildungsplatz wird schwieriger; bestimmte Berufe kommen ohne den entsprechenden Schulabschluss nicht in Frage; höhere Positionen sind kaum zu erreichen; die Gefahr, arbeitslos zu werden ist größer (Unternehmen entlassen zuerst Menschen mit geringer Qualifikation); geringerer Verdienst; niedrigerer Lebensstandard… **Aufgabe 3:** geht direkt aus der Grafik hervor.

S. 176/177, M19 Was heißt Integration für mich?

Individuelle Antworten

S. 178-181, M20 Ankommen: Integrationsgeschiche(n)

Individuelle Antworten

S. 182-187, M21 Wie erleben ich Deutschland?

Individuelle Antworten

S. 188/189, M22 Gesten und ihre Bedeutung

Bild 1 – Keine Ahnung…; Bild 2 – Bitte nicht!; Bild 3 – Bin ich blöd!; Bild 4 – Super!; Bild 5 – Jetzt pass aber mal auf!; Bild 6 – Du spinnst doch!; Bild 7 – Das ist aber teuer!; Bild 8 – Sofort raus!; Bild 9 – Vergiss es!; Bild 10 – Du Vollidiot!!!

S. 190/191, M23 Interkulturelle Konflikte in der Schule

S. 190: Aaliya will dabei sein und dazu gehören. Sie freut sich auf gemeinsame Erlebnisse mit ihren Freundinnen. Im Schullandheim können Schüler/innen Freundschaften festigen und sich in anderen Rollen kennenlernen. Diese Möglichkeit hat Aaliya nicht, wenn sie zu Hause bleibt. Sie würde sich ausgeschlossen fühlen. **S. 191, Aufgabe 1:** Aaliyas Eltern wollen nicht, dass ihre 12-jährige Tochter eine Freundschaft mit einem Jungen beginnt. Vielleicht sehen sie auch Aaliyas Ehre und die Ehre der Familie in Gefahr. Sie erfahren erst bei dem Gespräch mit der Lehrerin, dass die Kinder unter Aufsicht sind und dass ein Schullandheimaufenthalt mehr als Urlaub ist. **Aufgabe 2:** Im Schullandheim lernen die Schüler/innen selbstständiger zu werden, Aufgaben und Verantwortung zu übernehmen. Gemeinsame Ausflüge und Erlebnisse sind wichtig für die Klassengemeinschaft. Außerdem lernen die Kinder viel über die Geschichte, Kultur und Landschaft einer Region. **Aufgabe 3:** individuelle Antworten.

S. 192/193, M24 Sprache und Konflikte

Aufgabe 1: Herr Yildiz denkt, dass die Lehrer unfair zu Deniz sind und ihm schlechte Noten geben. Herr Kuhlmann weiß nicht, warum Deniz in der Schule ständig müde ist und denkt, er würde abends lange Computer spielen. **Aufgabe 2:** individuelle Antworten. **Aufgabe 3:** Aussagen, die den Konflikt entschärfen: 1, 2, 3, 6, 7, B, C, F, I. Aussagen, die den Konflikt zuspitzen: 4, 5, 8, 9, A, D, E, G, H. **Aufgabe 4**: Aussage 1 passt zu Regel 1; Aussage 2 passt zu Regel 7; Aussage 3 passt zu Regel 2, 3, 5 und 6; Aussage 4 verstößt gegen Regel 2 und 5; Aussage 5 verstößt gegen Regel 2; Aussage 6 passt zu Regel 6; Aussage 7 passt zu Regel 3 und 6; Aussage 8 verstößt gegen Regel 2 und 5; Aussage 9 verstößt gegen Regel 2. Aussage A verstößt gegen Regel 2; Aussage B passt zu Regel 7; Aussage C passt zu Regel 6; Aussage D verstößt gegen Regel 2 und 5; Aussage E verstößt gegen Regel 3; Aussage F passt zu Regel 3; Aussage G verstößt gegen Regel 2 und 5; Aussage H verstößt gegen Regel 2, 5 und 7; Aussage I passt zu Regel 3. **Aufgabe 5 und 6:** individuelle Antworten.

S. 194/195, M25 Religionen in Deutschland

S. 194, Religionen auf den Bildern: Bild 1 – Islam; Bild 2 – orthodoxe Kirche; Bild 4 – Christentum (evangelischer Kirchentag); Bild 5 – Judentum; Bild 6 – Buddhismus.
S. 195, Aufgabe 1: Die römisch-katholische Kirche, die evangelische Kirche und der Islam. **Aufgabe 2:** In der DDR gehörten kurz vor der Wiedervereinigung nur noch etwa 25 % einer christlichen Konfession an. Dieser Anteil hat sich bis heute nicht wesentlich verändert. Beide Konfessionen verlieren immer mehr Mitglieder. Mögliche Gründe: Vertrauensverlust nach Missbrauchsfällen; Festhalten an Dogmen und Zugangsbeschränkungen für Frauen (katholische Kirche); Unzufriedenheit mit den Antworten und Angeboten der Kirchen; Wertewandel (das Leben im Hier und Jetzt und die Individualisierung treten bei vielen Menschen an die Stelle von Glaube und Religiosität). **Aufgabe 2 und 3:** individuelle Antworten.

S. 196/197, M26 Der Heizungsableser

Aufgabe 1: geht direkt aus dem Text hervor. **Aufgabe 2:** **Argumente der türkischen Familie** – Räume werden als Gebetsräume benutzt; es ist ihre Wohnung, sie können entscheiden, ob Schuhe beim Betreten ausgezogenen werden müssen; Firma muss die Religion der Familie respektieren; Schuhe können schnell aus- und wieder angezogen werden;... **Argumente der Wohnungsbau GmbH** – Verbrauch muss gemessen werden, sonst kann keine genaue Abrechnung gemacht werden; Familie ist selbst verantwortlich für die hohe Rechnung, weil sie den Ableser nicht in die Wohnung lässt; An- und Ausziehen der Schuhe ist zeitaufwändig und nicht zumutbar;... **Aufgabe 3:** So ist der Streit ausgegangen: Die Stadt Lörrach und die Firma Minol-Brunata haben einen Kompromiss geschlossen: Die Heizungsableser müssen Gummi-Überschuhe anziehen. Die Kosten dafür übernimmt Minol-Brunata.

S. 198/199, M27 Religion und Integration

S. 198, Aufgabe 1: geht direkt aus dem Text hervor. **Aufgabe 2:** individuelle Antworten (Bilder auf S. 199 liefern Impulse). **Aufgabe 3:** individuelle Antworten.
S. 199, Aktivitäten zur Verständigung: Die Menschen begegnen sich; sie informieren sich über die andere Religion; sie suchen ihre Freunde unter Mitgliedern der anderen Religion; sie feiern gemeinsam und teilen Freude; sie reden über ihren Glauben und vertreten ihre Überzeugungen; sie lehren den Islam auf Deutsch; sie schaffen Vertrauen ...

Wo steht ... ?

Wo steht ... ?